迦太基與海上商業帝國

非羅馬視角的六百年地中海史

通商国家カルタゴ

栗田伸子（東京學藝大學教授）、佐藤育子（日本女子大學學術研究員）——— 著

第一次布匿戰爭前迦太基的勢力範圍
第一次布匿戰爭前迦太基的勢力範圍，但於第二次布匿戰爭前失去
第二次布匿戰爭開始前迦太基（巴卡家族）獲得的勢力範圍
腓尼基的本土
※ 地形、國界、國名、首都（黑點）名為現況，括弧內為當時的城市名稱
匈牙利
薩格勒布
多瑙河
貝爾格勒
塞拉耶佛
索菲亞
保加利亞
黑海
亞
海
希臘
愛
琴
海
雅典
安卡拉
土耳其
羅得島
克里特島
尼古西亞
賽普勒斯島
拉納卡（凱特翁）
幼發拉底河
艾爾瓦德（阿拉多斯）
敘利亞
（比布魯斯）
黎巴嫩
貝魯特
賽達（西頓）
蘇爾（推羅）
大馬士革
耶路撒冷
安曼
以色列
（非利士）
約旦
開羅
中
海
（大波蒂斯）
利比亞
埃及
尼羅河
紅
海

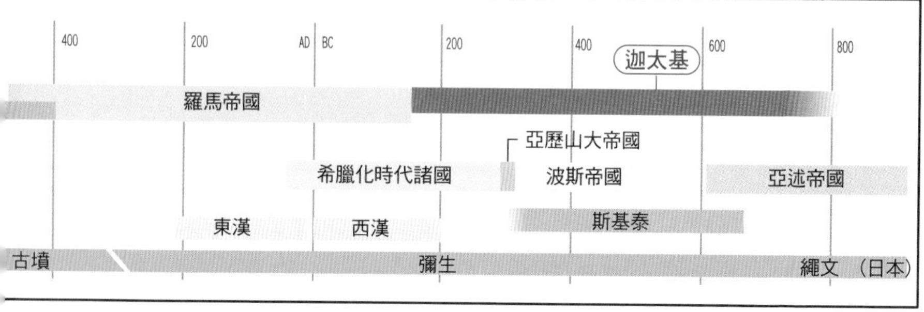
400
200
AD
BC
200
400
600
800
迦太基
羅馬帝國
亞歷山大帝國
希臘化時代諸國
波斯帝國
亞述帝國
東漢
西漢
斯基泰
古墳
彌生
繩文（日本）

迦太基與腓尼基人的城市

在《舊約聖經》中以海上商人身分登場的腓尼基人，他們的城市國家以今日的敘利亞、黎巴嫩沿岸為中心，從西元前十五世紀左右開始，商業活動便相當活躍，推羅、西頓等城市正是此時期的代表。腓尼基人所創建的小型城市國家即便受到亞述、新巴比倫尼亞王國、阿契美尼德王朝的波斯帝國等大國威脅，仍以柔軟且強韌的姿態生存下來，而免於被併吞或消滅的命運。在腓尼基人向西發展的過程中，唯一誕生的一個有別於小型城市國家的「大國」，就是迦太基。

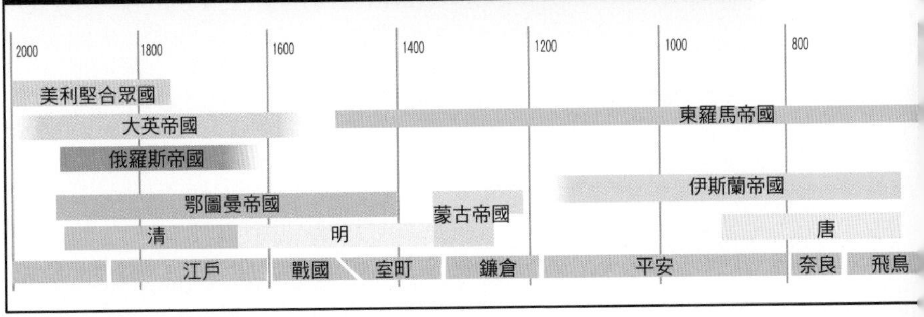

目錄

第九章　腓尼基之海的終焉

各章執筆者：栗田伸子：序章、第三～五、第七～九章、結語
佐藤育子：第一、第二、第六章

學術文庫版前言

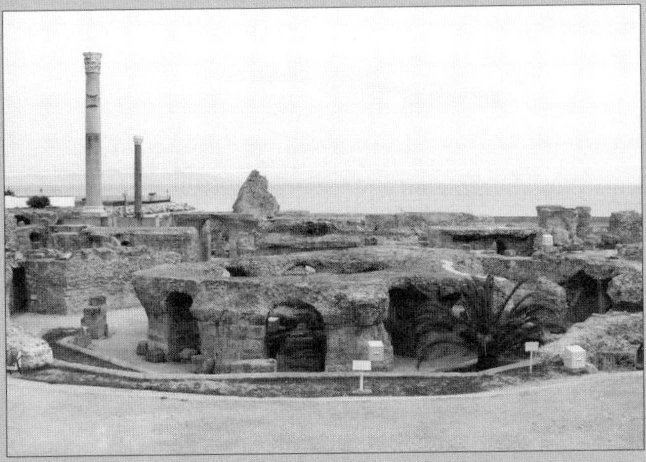

迦太基城的遺跡

本書是將二〇〇九年出版的「興亡的世界史」第三卷《通商國家迦太基》（此為日文原書的編號與書名），改為文庫版的成品。

在這七年之間筆者仍每日精進學識，持續針對腓尼基、迦太基，甚至整體古代地中海史進行研究。不過現實中發生的一些情況與個人研究狀況不同，那就是作為本書主題的迦太基地區、北非以及中東地區在二〇一一年發生了「阿拉伯之春」，因為情勢緊張，因此也以意外的形式影響到了古代史研究的條件，特別是當地的考古學調查。例如，想要前往北非的遺跡群進行考察，就比以往困難得多。

雖然如此，本書內容沒有必要做大量的修正。本書描繪的歷史樣貌，也就是地中海世界的運作機制——在古代，地中海周圍地區的諸多現象乍看之下好像各自獨立，但其實透過海洋串聯一氣、環環相扣，並產生出橫跨地域的重大變化；這樣的經驗，在目睹現今世界史變化的走向時，意外地或許可以提供某種參考的基準。

本次改為文庫版時，並沒有大幅度地修改原著，僅訂正誤記、修正研究者人名的表記方式等等而已。另外關於近期取得進展，針對迦太基宗教的考古學研究的最新動向，則在書末的「學術文庫版後記」中加以補充。

最後，筆者也要對製作文庫版時，即便作業繁瑣仍不辭辛勞的講談社學術圖書編輯梶慎一郎氏，以及擔任原版本編輯的正木盟氏，表達衷心的感謝。

二〇一六年　七月　栗田伸子

序言

地中海歷史中的迦太基

騎在大象上的漢尼拔　第二次布匿戰爭時，漢尼拔帶了 37 頭戰象穿越阿爾卑斯山脈，奇襲羅馬。1625 年繪。

提起古代的地中海，腦海中首先浮現的會是什麼？愛琴海文明（邁錫尼文明）、克里特島、希臘神話、荷馬的史詩世界、或者雅典與斯巴達等城邦（polis）興亡的歷史，還有金字塔時代以降的古埃及和托勒密王朝、亞歷山卓的繁榮，最終征服這一切把地中海變成「吾國內海」的羅馬……。這樣的聯想，沿著古代地中海文明史的繁華巔峰順時而下，大致上可稱正確。不過如此的認知仍對此一奇特的歷史背景，欠缺更深層次的理解。這些往往受到聚光燈照耀的部分，與除此之外的，泰半隱藏於燈光周緣或背後的地中海其他部分，究竟是相互連結的情況，抑或是相互斷絕呢？

這些古代地中海「主角」們的社會發展和其他各處的社會狀況，它們的發展方向有著什麼樣的關聯？或者，首先應該思考的是，除去希臘、羅馬的古代地中海世界的「普遍性」經驗，究竟是什麼樣子？

本書的主題是迦太基史，如果更廣義地說明，應該算腓尼基史，這段歷史可說是解答前述這些問題的一個入口。在文明史中，地中海的歷史受到來自美索不達米亞和埃及影響，向東方敞開大門，而西方地中海的人們接受到這股東方傳來的風潮，並非只限於西元前八世紀到前六世紀的希臘大殖民時期。大約與希臘人建設殖民城市尼亞波利（Neapolis，意為「新城」，現在的拿坡里）、馬西利亞（Massalia，現在的馬賽）同時，或者從更早的時期開始，便可在今日西班牙、義大利，以及摩洛哥、阿爾及利亞、突尼西亞、利比亞等北非沿岸地區及各島嶼上見到腓尼基商船的身影，他們在各處建立起交易所、停泊處和殖民城市。腓尼基商船的航行軌跡還走出了直布羅陀海峽，離開地中海前進到大西洋。無論是古代不列顛的人們，或是西非大西洋沿岸的人們，他們所見到的真正最早的木結構船，應該就是腓尼基的船隻。

不僅西地中海世界，即便是希臘文明，在城邦社會發展初期的重要時期，也與帶來東方（Oriental）文化的腓尼基人有所接觸。希臘語的字母，便是以腓尼基語字母為基礎，增添並轉用了一些腓尼基文字中所缺乏的母音而形成，這也表示雙方接觸的故事，是牽涉到希臘文明基礎的議題。記載有希臘字母的早期知名歷史文物「涅斯托爾（Nestor）之杯」，出土自當時的希臘殖民城市琵帖庫塞（Pithekusae），此地位於義大利半島南部拿坡里灣中的伊斯基亞（Ischia）島上。而被認為同樣來自此島的希臘式陶器，也在迦太基城遺跡最早的地層（西元前八世紀中葉）中被發現。希臘人的活動範圍在西元前八世紀左右擴大，東自敘利亞東方的俄隆提斯河（Orontes）口，西至義大利，此時期既是希臘文化「東方化」、「腓尼基化」的時代，也是希臘人與腓尼基人接觸與交融的時期。

較希臘城邦略晚一個世紀走向城市國家（city-state，即城邦）的義大利半島各城市，也

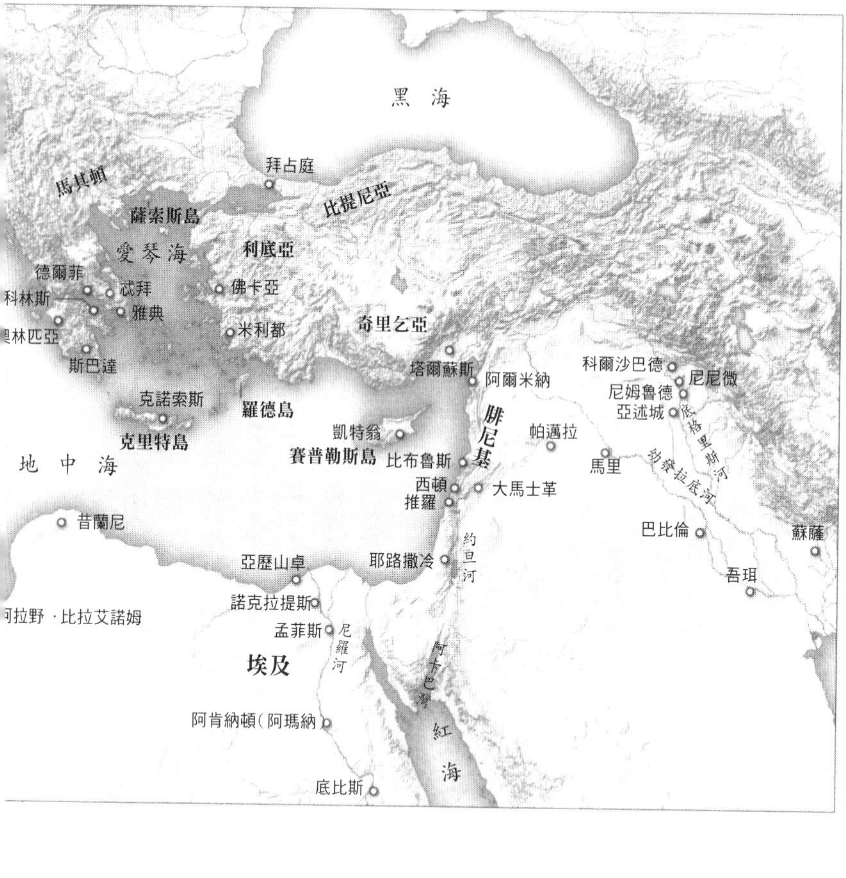
黑 海
拜占庭
馬其頓
比提尼亞
薩索斯島
愛琴海
利底亞
德爾菲
忒拜
科林斯
雅典
佛卡亞
奧林匹亞
米利都
奇里乞亞
斯巴達
塔爾蘇斯
阿爾米納
科爾沙巴德
尼尼微
尼姆魯德
亞述城
克諾索斯
羅德島
腓尼基
凱特翁
帕邁拉
底格里斯河
克里特島
賽普勒斯島
比布魯斯
馬里
幼發拉底河
地 中 海
西頓
推羅
大馬士革
昔蘭尼
巴比倫
蘇薩
約旦河
亞歷山卓
耶路撒冷
吾珥
諾克拉提斯
阿拉野．比拉艾諾姆
孟菲斯
尼羅河
埃及
阿卡巴灣
阿肯納頓（阿瑪納）
紅海
底比斯

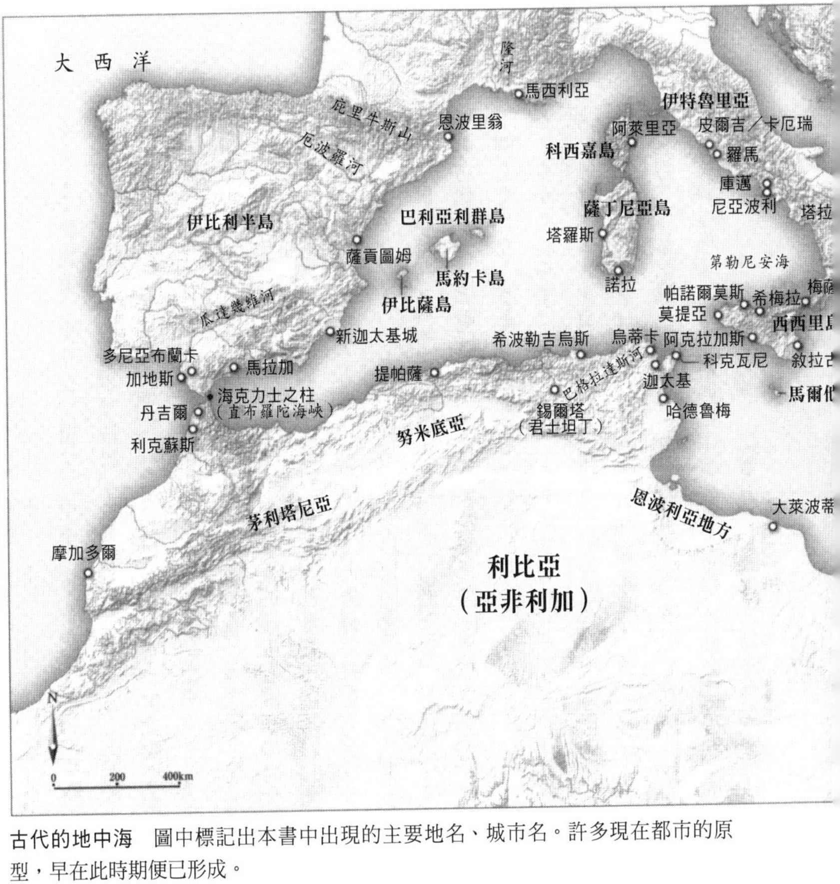

古代的地中海　圖中標記出本書中出現的主要地名、城市名。許多現在都市的原型，早在此時期便已形成。

與腓尼基／迦太基創造的地中海環境有著淵源，羅馬城自不例外。伊特魯里亞（Etruria／Etruschi）人和迦太基的長久同盟關係，從伊特魯里亞由王政轉為共和政治的第一年（西元前五〇九～前五〇八年）便開始締結，包含之後經過數次更新的羅馬與迦太基的條約等等，初期的古代義大利史一直漂浮在「腓尼基之海」上。我們可以想像這些條約的形成都是相互交織的國際關係的一部分。

即便如此，到了希臘、義大利（羅馬）的城市國家史發展的某個階段，還是把腓尼基／迦太基建構的大環境視為不尋常的狀況，加以否認及破壞。羅馬與迦太基之間發生的三次布匿戰爭（Punic Wars）的歷史，前後連綿一百一十多年（西元前二六四年～前一四六年），對於在這樣的過程中浮現出來的地中海史，有必要加以重新分析。例如羅馬在毀去迦太基的同時，也毀掉了當時西地中海社會結構中的哪些要素？這個情況又與羅馬在同一時期開始統治包含東方希臘化世界在內的地中海周遭整體區域，彼此之間存在著什麼樣的必然性關係？

本書正是一個粗淺的嘗試，針對這段思考西洋古代史時相當重要，但一直以來卻鮮少被正面討論的，所謂古代地中海「消失的一半」的歷史，進行還原。本書的主題企圖某種程度地概括描繪出腓尼基人本土及殖民城市的歷史——也就是由腓尼基人的活動和希臘勢力持續保持均衡而寫下的羅馬之前的地中海歷史，以此方式讓容易收斂在羅馬和迦太基對決的主題，能夠多少加入一些全局式的鳥瞰觀點。

腓尼基人朝向西地中海發展的過程中，某個時期以後承擔起重要角色的殖民城市迦太基的歷史，當然是本書的核心說明對象，但是，也沒有必要因此就把腓尼基人的歷史全部還原成迦太基的興亡史。不如說內文的目標是，在腓尼基史的各個階段中，迦太基城的霸權造成了什麼樣的問題，釐清該城所處的地位。當我們分析迦太基的國家制度、宗教、社會時，或許便可以提供一種線索，來解析這個從腓尼基史來看地中海歷史時，可稱之為迦太基「帝國」的階段特徵。

在這個論述脈絡中，迦太基的立足之地，北非的歷史問題也會浮現。其中第三次布匿戰爭時迦太基和鄰國努米底亞（Numidia）發生的紛爭最為知名。努米底亞的勢力可以連結至在迦太基建城之前北非的原住民，他們的崛起帶來了西元前三世紀北非社會的發展，結果卻也成為迦太基的致命傷。

最後是迦太基滅亡後殘存的腓尼基人問題，以及腓尼基／迦太基的「遺產」問題。迦太基「帝國」的滅亡並不等於腓尼基人的消滅，而就算成為羅馬的省分，屬於舊迦太基領土的西西里島西部、科西嘉、薩丁尼亞、西班牙南部，以及尤其是北非突尼西亞一帶，並沒有立刻「脫腓尼基化」。腓尼基人的社會與航海經驗可說是東方文化走出地中海時的橋頭堡，而這些遺產在逐漸被「羅馬化」的世界中，留下了什麼樣的影響呢？這個問題將在終章來討論，而且特別希望放在迦太基故地，也就是北非日後的歷史脈絡中來思考。

本書由從古代東方史的觀點，專門研究腓尼基／迦太基歷史的佐藤育子；以及站在羅馬史觀點研究迦太基／努米底亞等古代非洲史的栗田伸子，兩人共同作業完成。第一、二、六章由佐藤擔任，第三到五、七至九章及序章、終章由栗田執筆。透過我們本次的共同嘗試，如果能讓讀者一覽關於古代地中海世界的新形象，那將是執筆者們的莫大榮幸。

第一章 腓尼基的萌芽

比布魯斯之王，阿希拉姆的石棺　石灰岩製的石棺上刻鑿的裝飾，匯集了早期腓尼基美術的精隨。貝魯特國立博物館所藏。

西元前二千年的東地中海世界

◎從比布魯斯港開始

在今日黎巴嫩共和國首都貝魯特北方約三十多公里處，一處被稱為朱拜勒（Jbail）的地方，留有古代腓尼基的代表性城市比布魯斯（Byblos）的遺跡。一九八四年被聯合國教科文組織登錄為世界遺產的這座城市歷史悠久，早從新石器時代起便有人們居住的痕跡。西

黎巴嫩杉與黎巴嫩國旗　因為濫伐的緣故，黎巴嫩杉目前在該國境內所剩不多。佐藤育子拍攝。

元前三千年前半的青銅器時期，此處建立了祭祀城市的守護神巴阿拉特·迦巴勒（Baalath Gebal，巴阿拉特意指女神、女主人，迦巴勒即比布魯斯，亦即此名為比布魯斯的女主人之意）的神殿，之後這個地方便一直都有人居住，一直到十字軍時代的各式建築物，都在訴說著此地勝敗興衰的歷史。

比布魯斯繁榮的背後，有豐富的天然資源支持，那就是今日也畫在黎巴嫩共和國國旗上的黎巴嫩杉（也稱雪松）森林。此種木材不易腐蝕，粗大又堅硬，很適合建造神殿與船隻，而且芬芳的樹脂也是非常優良的芳香劑和防腐劑。

因建有金字塔而為人所知的古王國第四王朝時代（西元前二六一四年～前二四七九年）的埃及，便與比布魯斯有著熱絡的交易。古夫王（在位期間：西元前二五七九年～二五五六年）大金字塔南側發現的「太陽船」，是艘全長超過四十公尺的儀式用大型船隻，而打造該船的木材便是黎巴嫩杉。比布魯斯就是積存這種輸出給埃及的貴重木材的港口。

另外比布魯斯也從埃及大量輸入莎草紙捲軸，再轉賣給希臘和地中海沿岸各國。希臘語中稱莎草紙的詞彙「papuros」（πάπυρος）就源於此城市名，而且據說這也是聖經（Bible）的語源。

◎阿希拉姆王的石棺

一九二三年時，因為法國考古學者蒙特（Pierre Montet）發現了阿希拉姆石棺（Ahiram sarcophagus），讓具有古老歷史的比布魯斯一躍成名。此莊嚴的石灰岩製石棺現今在貝魯特國立博物館的一樓展示。

關於石棺的製作年代，圍繞著對石棺上刻字的解讀一直以來都有爭論，直到近年馬科（Glenn E. Markoe）才重新修正了過往的見解。根據他的說法，在思考早期鐵器時代（西元前十二世紀前半）的腓尼基美術時，石棺及石棺上的裝飾是非常重要的參考。面對石棺的長側面，在左側繪有一位手持蓮花及杯子的統治者，他坐在由長著翅膀的斯芬克斯（Sphinx，帶翼的獅身女怪）托起的王座上。在他的面前則置有進貢物品的桌子，在桌子另一側有連續七位侍從。石棺的寬側面有四位女子，在搔抓著頭髮或者以手擊打裸露的胸部，描繪出她們悲傷、哀嘆統治者死亡的模樣。石棺上緣處交織刻著蓮花與花蕾，這些圖像樣式都可以看出受埃及美術的影響。

另外，在石棺底座的四個角落與棺蓋上雕刻的獅子像，則讓我們想起亞述（Assyria）與西臺（Hittite）的藝術品。此處可以看到吸收周遭先進的文明，並加上自身獨特的發展，讓人感受到一股誕生於北敘利亞新生藝術潮流的氣息。

接著，透過石棺及棺蓋側緣上刻鑿的腓尼基語碑文，可以斷定棺中埋葬的人物是約西元前一千年左右的比布魯斯統治者阿希拉姆。此碑文是現存最古老的腓尼基語碑文，而碑文雕刻年代與石棺打造年代的差距，可以認為是因為這個石棺是阿希拉姆王的兒子謁巴力（Ethbaal I／或稱以素巴，Ithobaal I）王為了埋葬父親，而重複利用了這個石棺之故。

> 迦巴勒（Gebal，即比布魯斯）之王，阿希拉姆的兒子，〔以〕素巴（謁巴力），為了其父阿希拉姆打造此永眠隱居的石棺。如果眾王之中有哪位國王、總督（地方首長）之中有哪位總督，或者軍隊的指揮官膽敢進攻比布魯斯，褻瀆這座陵墓，他將失去統治的王權，他的王座也會被顛覆。比布魯斯將失去安寧。……

逃過了黎巴嫩內戰的戰火，今天能再度於博物館中看到的這個石棺，跨越了數千年的時光，讓我們得以一窺部分的腓尼基史。包含比布魯斯在內的地中海東岸的狹長沿海地帶，地理上屬於敘利亞—巴勒斯坦（Syria-Palestina；古名迦南〔Canaan〕），自古就是交通要衝，在此人流與物流匯集之處，各種文明交會、混合、融合，可說是文明的十字路口。但是另一方面，因為身為古代東方世界的陸橋，經常遭到周遭大國的蹂躪，也是一個持續受到侵擾的混亂之地。要回頭觀察此處的歷史，就必須比腓尼基人活躍的時代更往上追溯一些，得從此處還被稱為迦南的時代開始說明。

◎阿瑪納時代的大國和小國

在《舊約聖經》〈創世紀〉第十章中的諸民族列表，記載著大洪水後生存下來的諾亞子孫系譜。其中諾亞的三個兒子，閃姆（Shem）、含姆（Ham）與雅弗（Japheth），各被描繪成閃語民族、埃及語民族及希臘語民族的遠祖。值得深思的是，語言學上屬於閃語民族的迦南，此處則被描繪成含姆的子孫。事實上在這樣的描述背後，反映出了自古以來埃及與迦南間的歷史關係。

被稱為「埃及拿破崙」的圖特摩斯三世（Thutmose III，在位期間：西元前一四七九年～西元前一四二五年，在西元前一四五八年～一四五七年與哈特謝普蘇特〔Hatshepsut〕女王

比布魯斯遺跡　從前以囤放和出口黎巴嫩杉而繁榮的港口。佐藤育子拍攝。

實行共同統治），在獨自統治埃及後不久，便開始遠征亞洲，在他統治的四十二年期間總共執行了十七次遠征，並因為確立了埃及對敘利亞—巴勒斯坦的統治而知名。之後，此地作為埃及的殖民地分屬於三個省——自北而南分割為亞摩利省（Amurru，省府希米拉〔Simyra〕，現黎巴嫩朱拜勒一帶）、烏辟省（Upe，省府庫米提〔Kumidi〕，現貝魯特附近）、迦南省（省府加薩〔Gaza〕）進行統治。省府為埃及的直轄領地，不過這些接受埃及宗主權並宣示效忠的城市國家，在一定的交換條件下，可以獲得很大程度的自治，也得以保有該地區日後存續的命脈。《舊約聖經》將迦南當作與埃及一樣是含姆的子孫，就是這個原因。

經過了一個世紀來到西元前十四世紀前半到中葉，近東世界進入了所謂的阿瑪納時期（Amarna Period），這段時期被稱為是世界上最早的國際化時代。一八八七年，在今天的特勒埃爾阿瑪納（Tell el Amarna），一位農婦偶然挖掘到一片黏土板，事實上這片黏土板是從阿蒙霍普特三世（Amenhotep III）到阿蒙霍普特四世（Amenhotep IV，即阿肯納頓〔Akhenaten〕）時期，近東各國之間貴重的外交檔案——阿瑪納文書的一部分。至今為止發現的三百八十二件黏土板檔案中，大部分都是各個國家送往埃及的書信，除了其中幾件以外，都以當時的國際語言阿卡德語（Akkadian）記載。

從西元前十五世紀到前十四世紀的東方世界，在美索不達米亞平原南部的巴比倫尼亞

（Babylonia）有加西特王朝（Kassites），北部有擴張統治範圍、勢力一時壓制了亞述的米坦尼王國（Mitanni），另外在安納托利亞（Anatolia）高原上還有興起的西臺王國等等，各國列強一方面維持和埃及的友好關係，一方面互相爭霸。這些強國的諸王們在阿瑪納文書中誇耀地自稱「大王」，並把埃及的國王稱為「吾之兄弟」，強調彼此之間對等的關係。

另一方面，納入埃及統治下的敘利亞－巴勒斯坦各城市國家的領主們，則尊稱埃及國王為「吾之太陽」，謙稱自己為「僕人」，競相送去報告當地情勢的書信，為了拓展對自己國家有利的外交政策，竭力地討好埃及的法老。

在這樣的背景之下，阿瑪納文書成為貴重的一手史料，讓我們知悉東方大國們之間微妙的策略與外交舞台內幕，以及追隨大國的小國們之間存在何種齟齬，藉此得以一窺迦南地區的情況。

◎推羅王：阿比・米爾克

那麼，當時被稱為迦南的腓尼基地區又處於什麼樣的狀況呢？我們可以從比布魯斯、西頓（Sidon，今名賽達〔Saida〕）、推羅（Tyros，今名泰爾〔Tyre〕）等迦南時代城邦的各領主送往埃及的書信中，理解大致的情形。其中也有推羅的阿比・米爾克（Abi-milku）對法老提出的懇切的請願書，內容包括鄰國西頓的崔姆列達（Zimredda）王企圖與亞摩利的亞綴爾（Aziru）王聯手反叛埃及，以及他非常困擾於西頓對推羅的蠻橫行徑而希望埃及能夠出手援助。

根據一九七〇年代碧凱（Patricia M. Bikai）對推羅的考古學調查，從她的編年來看，此地在早期青銅器時代（西元前二九〇〇年～前二五〇〇年）即留下許多建築行為的遺跡。原本分為島嶼和本土兩部分的推羅，從西元前兩千年左右到西元前一千六百年左右為止，不知為何島嶼突然遭到放棄，人口遷移到位於對岸、被稱

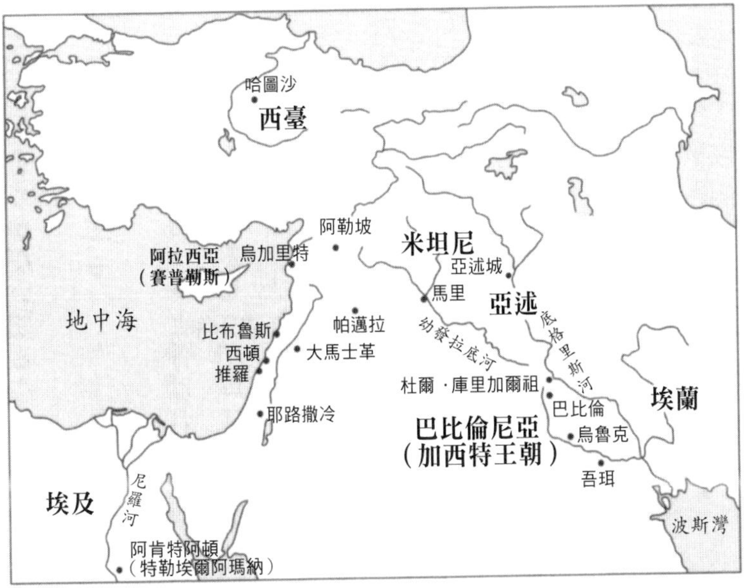

西元前兩千年中葉的東方（Orient）世界

為烏休（Usu）的本土。不過到了青銅器時代晚期（西元前一六五〇年～前一〇五〇年），島上再度開始有人居住，根據發現的大量女巫骨螺（Murex troscheli）殘骸判斷，當時興起了一陣染色產業的風潮。阿瑪納時代正好與推羅這段繁榮時期相重疊。但對岸的烏休當時被西頓占領，對住在島上的推羅居民而言，關係到性命的水和燃料補給便出現了困難。

王呀　吾主　吾之太陽　吾神　〔你的〕僕人阿比・米爾克所寫的書簡

我，在〔吾〕主、國王的足下，七伏七拜。

（中略）

崔姆列達，從敝人手中奪走烏休，我放棄了該處。因此，我們既缺水又缺木材。連埋葬死者的地方都沒有。王，吾主，請眷顧您的僕人。王，吾主，您曾書寫黏土板給我，告訴我「你聽到的所有事情，都要寫下回報」。西頓的崔姆列達與艾瓦爾德（Arwad；希臘名阿拉多斯，Àrados）的人們企圖反叛吾王而交換誓約，為了攻打有如吾王婢女般的推羅，他們正在集結艦隊、戰車、步兵。如果吾王強大的雙手籠罩此地，便能打敗敵人。他們也就無法侵略推羅了。

（《阿瑪納文書》第一四九號，翻譯節錄自摩蘭〔William L. Moran〕的英譯本）

阿比・米爾克完全放低身段，向法老阿肯納頓傾訴推羅的國情與危機，但這懇切的求援聲音，最終卻無法傳達給正在阿肯特阿頓（Akhetaten，現在的特勒埃爾阿瑪納）熱衷於宗教改革、推動阿頓神一神信仰的法老。

同時，迦南的局勢也益發緊迫起來。在這個時期，勢力擴張的亞摩利持續併吞比布魯斯。從當時比布魯斯領主李夫・阿提（Rib-Addi）徒勞無功送出的書簡中可以看到，這位領主當時充滿了苦惱。最後，亞摩利、卡迭石（Kadesh）等地勢力強大的諸侯紛紛反叛埃及，亞摩利實際上已經納入西臺的統治下，埃及對各省分的統治也開始出現動搖。雖然如此，從另一個角度來看，反目成仇而彼此間互相牽制的城邦，爭相對埃及報告迦南的情勢，對埃及而言反而是樂見的局面。

◎烏加里特的興盛

前述的阿比・米爾克所送出的書簡，不是只有告發鄰國西頓而已，還包含了對迦南整體情勢的傳達。其中對敘利亞北部的港灣城市烏加里特（Ugarit）的訊息相當有意思。在阿比・米爾克的其他書簡中（《阿瑪納文書》第一五一號），提到了烏加里特的王宮因不明原因而消失了一半。

烏加里特的遺跡名為拉斯珊拉（Ras Shamra，阿拉伯語意指「茴香之丘」），地理位置在敘利亞共和國、地中海沿岸的拉塔基雅（Latakia）城北方約十公里處。與阿瑪納文書相同，該處遺跡也是由農夫挖掘時意外發現的，根據之後的考古發掘，至今可以確認至青銅器時代晚期為止的五個文化層。烏加里特雖然在政治、軍事上受到埃及和之後的西臺所掌控，但因為地理位置處於地中海和內陸的交通要衝，因此在西元前十四世紀時達到繁榮的巔峰。

當時的烏加里特是一大國際商業城市，居住著許多為了貿易經商而前來的外國商人。此地的貿易範圍相當廣，除了在內陸的各城市間進行貿易活動，也透過外港米涅特・愛爾貝達（Minet el-Beida），對愛琴海上的克里特島或希臘本土進行活躍的交易。地中海東部沿岸各地，從安納托利亞南部的奇里乞亞（Cilicia，

烏加里特遺跡　廢墟中仍呈現著往昔生活的氣息。佐藤育子攝影。

或稱基利家／基里基雅）經賽普勒斯島一直到埃及為止，想必四處可見往來航行的烏加里特的船隻。烏加里特取得奇里乞亞（托魯斯山〔Taurus〕）的銀礦、賽普勒斯的銅礦、東方（應該是指伊朗）的錫礦、埃及的金礦等珍貴的金屬資源進行加工、轉賣，成為金屬貿易、中繼貿易的中心。要說這裡是之後鐵器時代的腓尼基城市的原型，一點也不為過。

此王國周遭擁有多達一百五十個從屬城鎮和村落，領土達到兩千平方公里，最繁盛的時期人口約有五萬人。由兩條小河包圍著的六百公尺見方的城市，不僅可兼做要塞，還有宮殿、神殿、圖書館等等，除此之外尚並排著政府官員及一般市民的住家。在當地衛城（acropolis，高地要塞之意）的巴力神殿（Baal）周圍，發現了許多石造的船錨，據信是平安結束航海的人們為了感謝神明而祭獻之物。

在國際城市烏加里特也出土了四國語言的詞彙對應表，當中還使用了阿卡德語、胡里安語（Hurrian）和蘇美語（Sumerian）。不過最知名的，是以烏加里特語所書寫的《巴力神話》（*Baal Cycle*）、《阿卡的故事》（*The Tale of Aqhat*）、《凱烈特傳說》（*Legend of Keret*）等一系列的文學文本。在迦南的城邦時代，這些神話與敘事詩具有相當的歷史價值，提供了理解此地宗教與祭典儀式的珍貴資訊。

此外，烏加里特在書寫方法上出現了驚人的發明。不把在此之前已知的楔形文字當作音節文字，而是將楔形文字當作一個字母一個聲音的表音文字來使用。僅以三十個楔形文字製作出最初的字母系統。這大幅改革了先前以美索不達米亞為中心所使用的超過五百種的複雜文字體系，甚至可以說是一種「語言革命」。

然而，在西元前一千兩百年左右，因為「海上民族」（the Sea Peoples）席捲了地中海東岸一帶，該城市因此滅亡、成為廢墟。這是青銅器時代崩解的象徵性事件之一，而楔形文字的字母系統也隨之消滅，烏加里特的身影突然從歷史舞台上消失了。

從青銅器時代邁入鐵器時代

◎西元前一千兩百年左右的大變動

關於青銅器時代為何崩解的原因，其實至今尚無定說。例如，以前盛行一時的「因為多利安人（Dorians）的入侵而破壞了邁錫尼文明」的說法，現在大致已遭否定。目前絕大多數的看法認為，與其說因為外部因素，如大地震等天災、氣候變動造成的饑饉或疾病蔓延，或者以「海上民族」為代表的民族大遷徙所造成的混亂等等理由，學界更認為問題來自內部的崩壞，像是被統治民族的反叛等等，當中關係到許多彼此牽涉的因素，才導致這樣的結果。硬要說的話，從西元前十三世紀後半開始，整個地中海東岸的區域就已經逐漸陷入困境，難以維持至今為止的社會體系。

在這樣的狀況下，西元前一千兩百年左右，近東世界及地中海東部一帶面臨了一波重大的變動。大國埃及在進入第二十王朝後便迅速衰退，在安納托利亞的西臺新王國也滅亡。隨著鐵器王國西臺的滅亡，過往由西臺獨占的製鐵技術傳播到周邊各國，因此也出現了從青銅器時代進入鐵器時代的重要變化。

當我們望向海的另一方，希臘本土或克里特島的各個宮殿也相繼遭到破壞，邁錫尼的海上霸權瓦解，愛琴海貿易也低迷不振。由多族群混合成的「海上民族」集團襲擊了安納托利亞與地中海東部沿岸，之後在這些土地上留下許多侵略的痕跡。同時，半遊牧民族的以色列人入侵敘利亞—巴勒斯坦等地，雖與當地的迦南人發生許多摩擦，但也在摸索能夠定居、彼此共存的方法。

把視線移往近東，此時期的美索不達米亞平原在米坦尼凋零後，北方的亞述勢力再度捲土重來，圖庫爾提．尼努爾塔一世（Tukulti-Ninurta I，在位期間：西元前一二四三年～前一二〇七年）接連遠征周邊各國並獲得輝煌的軍事成果，開創了中期亞述的時代。然而在他遭到暗殺後，地中海東部沿岸地區蒙受「海上民族」的攻擊，失去了與西方的貿易據點，因此導致國力急遽衰退。南方的巴比倫尼亞因為埃蘭（Elam）的迅速進擊，導致加西特王朝數百年的統治劃下休止符（西元前一一五五年）。此時埃蘭不僅帶走巴比倫的主神，馬爾杜克（Marduk）神像，也一起捲走了知名的漢摩拉比法典石碑，等到這個石碑再度重見天日時，時間已經是二十世紀了。

◎海上民族和以色列人定居迦南

在拉美西斯三世（Ramesses III，在位期間：西元前一一八三年～前一一五二年）位於梅迪涅特哈布（Medinet Habu）的神廟中的浮雕壁畫，因為繪有他治世第八年「海上民族」與埃及軍隊在陸地和海上作戰的圖像而聞名。在描繪陸地戰鬥的畫面中，「海上民族」除了戰士之外，還帶著包含女性和孩童的家族，搭乘牛車前來，可以看出他們侵略的目的，比起單純的掠奪與破壞，更希望能夠移居到豐饒的埃及。根據記載在莎草紙上的埃及語文獻史料，可以知道他們之中的一部分人，就在迦南南部的沿海地區定居下來。

其中也有在《舊約聖經》中被稱為非利士人（Philistines）的人們，關於他們最有名的一點，就是今日的巴勒斯坦（意思為「非利士人的土地」）地區，正是因為他們而得名。《舊約聖經》中記載非利士人來自迦斐托（Kaphtor），一般認為迦斐托大概是克里特島或者賽普勒斯島，而從非利士人最早期使用的陶器是承襲邁錫尼樣式的情況來看，可以判斷他們確實是來自地中海方面。

之後非利士人在巴勒斯坦海岸平原的南部組織起亞實突（Ashdod）、亞什克隆（Ashkelon）、加薩、以革倫（Ekron）、迦特（Gath）等五個城市的聯盟，並逐漸向周圍地區擴張影響力。如以陶器為主來審視他們物質文化的蛻變，可以看出非利士人融合

拉美西斯三世俘虜的人們　自左而右為利比亞人、敘利亞人、西臺人、非利士人、迦南人。此為盧克索（Luxor）的拉美西斯三世神廟的壁畫浮雕。

外來文化進入在地文化的過程。

接著，關於比非利士人更早一些來到迦南定居的以色列人，至今為止已提出了幾種重要的學說，這些學說也包含對此一時期的檢視。代表性的學說有「軍事征服說」、「和平滲透說」、「內部變革說」、「周邊遊牧民族定居說」等。征服說及滲透說（無論其型態如何）都把重點放在從外部進入的移居；與此相對，變革說及定居說則否定像是「出埃及」等可見的外在因素。然而這些學說都各有長短，即便被認為是最具說服力的「和平滲透說」也不見得能完全解釋這段歷史。今天仍舊需要基於考古學式的調查對學說進行再檢討，並綜合考量內部、外部的各種因素，追求更複合性的、跨學術領域的研究取徑。

埃及第十九王朝麥倫普塔（Merneptah，在位期間：西元前一二一三年～前一二〇三年）在統治第五年遠征迦南之際，對手的名稱中首次出現了「以色列」這個名字。亦即，這告訴我們大約在西元前一千兩百年左右的巴勒斯坦存在著名為「以色列」的集團；根據聖經的記述，當時的「以色列」形成了一個寬鬆的部族聯合團體。

對於剛開始定居的各部族而言，確保土地和維持生命安全是最重要的課題，為此就必須時時警戒與當地原住民和周遭各民族之間發生的摩擦。在這種環境下，面對危急存亡之際能出面拯救部族，具有領袖魅力、被稱為「士師」（大士師，Judges）的軍事領導者便登場了。在這個既沒有職業軍人也沒有常備部隊的年代，他們自行拿起武器，率領以農民為主的徵召軍隊和外敵作戰，這些具備軍事才能的領導者們，名副其實是一代的英雄。如此，最先開始居住在山區的以色列人和定居於巴勒斯坦南部海岸平原的非利士人，往後既是鄰居，也是彼此最大的競爭對手。

◎「腓尼基人」的誕生──從迦南人轉變成腓尼基人

從青銅器時代末期到早期鐵器時代（西元前一二〇〇年左右～前一〇五〇年）的敘利亞─巴勒斯坦地區，完全是在混亂和受難的時代。加上山多平原少的地理環境，以及以色列人、「海上民族」等等外來人群的入侵，造成此地的原住民迦南人的居住範圍被侷限在西北部細長的沿海地區一帶。

鐵器時代時可稱為腓尼基本土的地理範圍，北至帖爾．斯卡司（Tell Sukas）、南抵亞柯（Akko），是跨越現今敘利亞沿海、黎巴嫩、以色列一部分的帶狀空間。

鐵器時代具代表性的城邦，自北而南有阿拉多斯（艾爾瓦德）、比布魯斯（朱拜勒）、貝留圖斯（Berytus，貝魯特〔Beirut〕）、西頓（賽達）、推羅（又稱泰爾或蘇爾〔Sur〕）

等五個城市，透過阿瑪納文書的記載可以了解到，這些城市在青銅器時代晚期便已發展出茂盛的城市活動。

雖然在「海上民族」入侵的必經路線上，不過這些沿海城市卻與巴勒斯坦南部的狀況形成對比，考古學的調查找不出受暴力破壞或慘遭滅絕的痕跡。即便是在推羅，雖然在相當於青銅器時代末期的第十五和第十四考古層中，發現像是產業活動中斷的衰退徵兆，但與之後鐵器時代的層位之間並無斷絕的情況；推測當地青銅器時代的居民仍持續一直居住著。那麼，迦南人究竟是如何變身為腓尼基人的呢？

最初「腓尼基人」這個名稱本身，並非他們對自己的稱呼。如在荷馬（Homer）的作品中所見，希臘人把以通商為目的，從東方（Orient）前來西方（希臘世界）的人稱為「腓尼基人」。希臘語中表示腓尼基人的詞彙「菲尼克斯」（*Phoînix*，複數型為*Phoinikes*），原本的意思可能與腓尼基人特產的紅紫色染料有關。在阿卡德語中，「迦南」（*Canaan*）這個詞彙的意義也來自表示該種染料顏色的「基那忽」（*Kinahhu*）一詞。確實，自古以來該地便因骨螺紫（亦稱泰爾紫，Tyrian purple）染色產業的繁華而聞名，考古學上的考證也支持這個見解。

根據後世希臘、羅馬史學家的敘述，這個時期腓尼基人早已到達遙遠的地中海西方，在走出直布羅陀海峽的加地斯（Gādēs）、利克蘇斯（Lixus，位置接近今天的拉臘什〔Larache〕），還有北非的烏蒂卡（Utica）建立起了殖民城市。當然考古學上尚未找到腓尼基人在如此早期便開始殖民的證據，但這個傳說的背後，也反映出在希臘世界所謂的黑暗時代（西元前十二世紀～前八世紀）時，東西之間透過腓尼基人交流的狀況。

在這樣的背景之中，以青銅器時代的迦南人為核心，他們接觸並受到新來到此地的「海洋民族」所影響，並且在與以色列人的摩擦衝突中，積極地航向大海，或者該說不得不走向海洋；簡言之，可以感覺到這群人逐漸從迦南人轉變為腓尼基人。當然這樣的轉變與領土縮小和隨之造成的人口壓力等各種條件相加有關，只是當時東方各個大國的低迷，肯定也對他們的海外發展相當有利。

從青銅時代的「迦南人」到鐵器時代「腓尼基人」誕生的背景中，存在著前述的這些原因。之後一直到西元前八世紀中葉希臘人開啟大殖民時代為止，地中海便暫時成為了腓尼基人的海洋。

◎《溫阿蒙航海記》——夕陽大國埃及和腓尼基

腓尼基本土雖然沒有因為前述的青銅時代晚期崩毀（Late Bronze Age collapse）的影響而陷入崩潰狀態，但仍造成了產業活動中斷以及經濟上暫時性的衰退。

然而，我們仍可從埃及方面的史料得知西元前十一世紀腓尼基各城市逐漸從荒廢中復興的模樣。從拉美西斯三世之後，埃及盜墓賊橫行，國內情況混亂，王權在政治上完全處於無力狀態，也幾乎喪失了對亞洲的宗主權。最能夠呈現出這種狀況的著作是《溫阿蒙航海記》（*Voyage of Unamūn*）[1]，這是在二十王朝最後一位法老拉美西斯十一世（在位期間：西元前一〇九九年左右～西元前一〇七〇年左右）時，接受阿蒙大祭司（High Priests of Amun）赫里霍爾（Herihor）命令，為了採買阿蒙聖船用的木材而前往腓尼基地區的一名官吏，在回國後提出的工作報告書。

溫阿蒙的最終目的地是比布魯斯。如前所述，比布魯斯與埃及的經濟關係可以一直追溯到古王國時代。基於雙方自古以來的情誼，溫阿蒙出發前往比布魯斯的途中雖然歷經困難，最終仍舊抵達。但是面對溫阿蒙，當時比布魯斯的領主扎喀爾·巴魯（Zakar-Baal）卻反應冷淡。溫阿蒙被要求離開港口，無法順利求見領主，度過了毫無進展的一個月。最終好不容易領主接見了溫阿蒙，但交涉卻無法如願取得進展。溫阿蒙完全誤判，以為扎喀爾・巴魯會如同他的父親與祖父一般，同意採伐並輸出貴重的黎巴嫩杉給埃及，但結果並非如此。面對既沒有帶來國王親筆書信，又沒有帶上支付木材費用的溫阿蒙，扎喀爾・巴魯很不客氣地斷然說道：「我既非你的僕人，亦非那位遣你來（比布魯斯）之人的僕人！」

交付溫阿蒙此次任務的並非拉美西斯十一世，而是當時在上埃及握有大權的阿蒙大祭司赫里霍爾，這可能也是他遭扎喀爾・巴魯拒絕的原因之一。不過溫阿蒙從埃及出航之前，仍有前往下埃及謁見任攝政的斯門代斯（Smendes，日後成為第二十一王朝的開朝始祖），並取得政府當局的委任。無計可施的溫阿蒙，只好託使者請求在下埃及的斯門代斯支付木材的費用。扎喀爾・巴魯在見到當作費用送達的各種物品後，才終於下令伐木，事情總算得以了結。

更饒富深意的，是當時腓尼基沿岸的港灣中，整齊停靠著前往埃及通商的船隻。報告書中提及在比布魯斯有二十艘船，在西頓有五十艘船；比布魯斯的船和斯門代斯通商，而西頓的船則與一位稱為維爾凱特爾（Werket-el）的人交易。研究者們認為這位維爾凱特爾，應該是駐紮在塔尼斯（Tanis）的腓尼基商人。推估當時在埃及和腓尼基沿海各城市中，存在著以共同經營的形式進行海運事業的合辦企業，船上的人員則由腓尼基人擔任。

就像《溫阿蒙航海記》中所顯示的，因雙方交涉遲遲無法獲得進展而陷入困境的溫阿蒙的姿態，除了象徵著當時夕陽大國埃及的模樣，也清楚表現出埃及對亞洲影響力的衰落。埃及之後旋即進入了混亂的第三中間期，以往的榮耀不復再現。相對地，腓尼基各城市則在下一個世紀邁向海外發展，開始真正踏上繁榮之路。

◎字母系統的誕生

話說回來，為了取得木材而由斯門代斯支付的當作代償的物品當中，包含了五百卷莎草紙和五百張牛皮，此點特別值得注意。這些物資是當時作為文字記錄用品的「紙」，而且這種素材最適合書寫線形文字的腓尼基語字母。

人類有史以來最早的字母系統，可能演變自大約西元前兩千年中葉，在迦南及西奈半島所發現的文字。這些文字是留有明顯象形元素的線形文字，初期的字母數量也多達二十七到三十個，而且書寫方向可由右至左、由左至右，或是每行左右交錯的牛耕式轉行書寫法（又稱折行書），表記方式多樣，甚至還有直書的形式。

由二十二個子音字母組成，由右向左橫書，屬於西北閃語線狀字母系統的所謂腓尼基字母，大約成型於西元前十一世紀中葉。這些字母，例如表示人的頭部的「rēš」是「r」，代表水的「mēm」是「m」，依照這樣的原則，把各音節最初的單音作為一個拼音。所謂的「字母系統」（alphabet）這個詞彙，正是來自字母表最初的兩個文字，「'āleph」（意指「牛頭」）及「bēth」（意指「家」）結合而成。

因為字母系統的發明，讓過往只侷限在部分需要高度專業技術的書記人員才能使用的文字獲得普及。這套字母系統日後隨著腓尼基人的海外貿易發展傳到了希臘世界，促成原本隨著邁錫尼文明崩毀而失去自家文字系統（線形文字B）的希臘人，能夠藉由這個絕佳的契機，再度留下關於自身的記錄。人們耳熟能詳傳唱的《伊里亞德》、《奧德賽》等荷馬的英雄史詩，就是透過這套新的文字系統書寫下來，並成為文學作品流傳至後世。

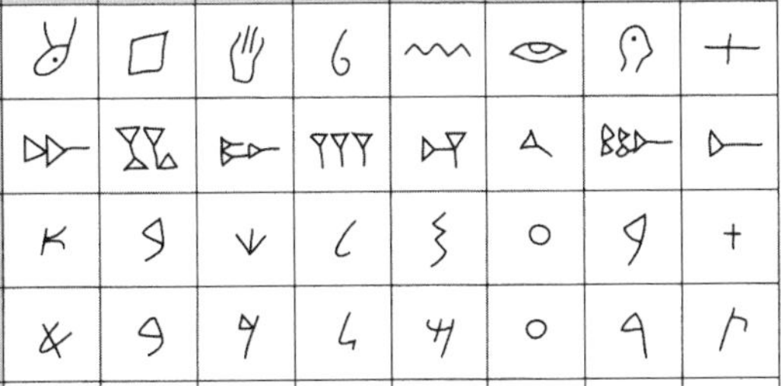

文字意義／文字種類	牛頭	家	手掌	棒子	水	眼睛	人頭	記號
原西奈文字（前15世紀）								
烏加里特文字（前14世紀）								
腓尼基文字（前10世紀）								
腓尼基文字（前6～前5世紀）								
古典希臘文字	A	B	K	Λ	M	O	P	T
拉丁文字	A	B	K	L	M	O	R	T

文字的變遷　根據 G. Garbini, "The Question of the Alphabet", in S. Moscati(ed.), *The Phoenicians,* 2001 製作而成。

然而遺憾的是，腓尼基人身為字母系統的傳播者，卻沒有留下他們著作的文獻史料。從其他的文獻中可以清楚知道在腓尼基人的各城市中擁有書寫和保管公文的制度，但因為他們用來書寫的是莎草紙、羊皮紙、蠟板等非常脆弱的材料，因此在高濕度的腓尼基沿海的自然氣候之下，不堪長久歲月而腐朽殆盡，成為了消逝了的「沉默史料」。

◎從西頓到推羅的霸權

從圖庫爾提・尼努爾塔一世之後亞述帝國的國力衰退，至帝國中期的提格拉特・帕拉沙爾一世（Tiglath-Pileser I，在位期間：西元前一一一四年～前一〇七六年）時，他再度振興亞述，並成為首次遠征至地中海的亞述國王。碑文上也記錄著，提格拉特・帕拉沙爾一世在腓尼基沿岸各城市，包括比布魯斯、西頓、阿拉多斯等地收取貢品，並且在乘船從阿拉多斯到希米拉的途中，還享受了獵「nāhiru」（意指「海中之馬」，目前推測可能是海豚）的樂趣。只是，獻上貢品的城市名稱中卻不見推羅之名。另外，推定書寫於西元前一〇七〇年的《溫阿蒙航海記》中，僅提及推羅是前往比布魯斯之前經過的港口城鎮之一，與比布魯斯和西頓相較，書中對推羅的描述明顯在級別上有落差。

後世的羅馬史家特洛古斯（Gnaeus Pompēius Trōgus）認為，在特洛伊城陷落的前一年，因亞什克隆城之王征服了西頓，出逃的難民們才建造了推羅。當然，推羅早已在阿瑪納文書中出現過，因此特洛古斯解說的這個建國時間並不合理，或許他只是把這樣的說法拿來作為說明西頓和推羅的優越性的理由之一。實際上，在荷馬的作品和《舊約聖經》中，「西頓人」幾乎與「腓尼基人」同義，因此我們可以推測當青銅器時代晚期崩潰後，腓尼基各城市中最早恢復的就是西頓。

關於從青銅器時代到鐵器時代的西頓，文獻史料並不算充分，縱使是在考古學的領域中，除了神殿和墓地之外，對於當時一般居住地區的正式調查，也是直到近年才展開。推羅以海島為據點，無論在資源上還是經濟上都必須依靠對岸本土，與這種脆弱的狀態相比，位居沿海平原上的西頓較具有地利之便，不但擁有肥沃的腹地，而且能夠靈活運用經由貝卡谷地（Beqaa Valley）與內陸進行貿易的通道。

但是進入鐵器時代後，因為發明了用混入石灰的灰泥塗抹以加固水槽的技術，在沒有漏水之虞的情況下，可以利用雨水進行長期貯水，長足地改善了推羅最擔憂的用水環節。根據碧凱的發掘結果，在西元前十一世紀的推羅第十三考古層（西元前一〇七〇／五〇～前一〇〇〇年）中，確定了當時島上的空間利用出現相當大的變化：東部的工業地區擴大，在該處有製陶、寶石工藝，甚至可能有紡織產業。也就是說，霸權逐漸由西頓轉移到推羅，西元前十一世紀後半對推羅而言，正是跨出嶄新一步的重大轉機到來的時候。

◎早期鐵器時代的考古學發現

透過考古學近年在東地中海各地出土的古物，特別是陶器的轉變，我們得以理解當時令人眼花撩亂的情勢變化。早期腓尼基人使用的典型的陶器是雙色彩紋陶器（Bichrome ware），從此種陶器出土的地點與測定時期可以確認出腓尼基人文化所及的範圍。由此我們得知，西元前十一世紀後半腓尼基人主要關注的地區朝亞柯平原和迦密山（Mount Carmel）一帶，向南方擴張。從阿克吉福（Achziv）、亞柯、泰爾凱珊（Tell Keisan）、泰爾亞樸哈旺（Tell Abu Hawam）等遺跡出土的許多古物來看，都表明此時期的物質文化強烈受到腓尼基的影響。因為該地區現今位於以色列境內，一九八〇年代以後以色列的考古成果斐然，解開了許多過往從文獻史料上無法了解的，腓尼基的政治和經濟戰略等部分謎團。

針對座落在巴勒斯坦北部、迦密山南方的港灣城市多爾（Dor）的考古發掘，在西元前一一五〇年至前一〇五〇年左右的第十二考古層中，發現了堅固的要塞城市的遺跡樣貌，這是因為在西元前十二世紀中葉，身為「海上民族」之一的特克人（Tjeker）開始在此定居。另外在《溫阿蒙航海記》中描述道，多爾是溫阿蒙前往比布魯斯時最初抵達的特克人城市，這也與考古發掘判定的時間相符。

多爾的第十二考古層於西元前一〇五〇年左右突然受到破壞，之後到前一〇〇〇年由大衛王（David）再度征服此處前的五十年間，可確認有腓尼基人居住的痕跡。根據發掘報告，在第十一層和第十層的表面出土了腓尼基特有的雙色彩紋陶器，從遺跡的規模來推估，有很高的可能性建造過幾座供公共使用的建築物。有趣的是此處也發現了賽普勒斯製的陶器破片，依照賽普勒斯的陶器編年來看，果然就是屬於西元前十一世紀後半或者更晚一些的時期。另一方面，從同時期位於賽普勒斯島西南方舊帕福斯（Palaepaphos）的公共墓地中，也發現了大量類似推羅第十三層出土的腓尼基製的陶器，這些考古學上的證據，說明了腓尼基和巴勒斯坦沿岸地區與賽普勒斯之間具有頻繁的貿易活動。

當「海上民族」入侵的餘波散去，未直接遭受破壞的腓尼基各城市進入了接收周遭難民的城市擴張時期，這也帶來推羅和撒勒法（Zarephath）的建設潮；至於往南方的發展方面，則是開發位於下加里肋亞（Lower Galilee）地區亞柯平原的農業資源，以及進一步擴展貿易路線。在多爾和上加里肋亞（Upper Galilee）地區的但城（Tel Dan）及其周邊遺跡中，可以看到此時期有遭受破壞的痕跡，因此也有學說認為這是腓尼基人進入後造成的結果。現今的考古學也指出，隨著腓尼基人活動範圍的擴大，有時可能也會使用若干軍事力量。

另外在沙崙平原（Sharon Plain）中部的奎西利（Tell Qasile）也一併出土了非利士、腓尼基和賽普勒斯的陶器。發掘的考古學者馬扎爾（Amihai Mazar）推測，在西元前十一世紀後半，非利士人和腓尼基人混居於此。二者共存的理由，是因為都對當時的以色列懷有敵意，這從《舊約聖經》中把非利士跟推羅的居民和比布魯斯、安曼（Amman）、亞瑪力（Amalek）並列，以及在其他的文獻記錄中當大衛王與非利士人作戰時敘利亞及腓尼基都加入非利士這一方，可以獲得佐證。

然而，當大衛王最終戰勝非利士人的勢力後，腓尼基、尤其是推羅，立刻與非利士切割，轉換成親以色列的外交方針。而這樣的方針，對西元前一千年時推羅大幅成長的海外發展來說，明顯是很大的助力。

◎重啟地中海貿易與遭遇希臘人

在希臘神話中出現的歐羅巴（Europa）公主，是腓尼基的推羅國王阿革諾爾（Agenor）

的女兒，她被變身為公牛的宙斯帶走，渡過地中海到達克里特島。歐羅巴的哥哥們為了尋找她的下落而踏上旅途，其中一位卡德摩斯（Cadmus）航至希臘本土，成為希臘中部忒拜（Thēbai）[2]的建國始祖。根據希羅多德的說法，卡德摩斯一夥也帶來了「腓尼基文字」。而腓尼基公主歐羅巴的名字，更成為了今天對歐洲的稱呼。

當然我們不能不加斟酌就把神話世界套用到現實世界當中，但不可否認的一件事情是，神話故事的形成必然會受到地中海東西方文化交流的影響。

如前所述，西元前十三世紀末到前十二世紀初期，侵襲整個地中海東部的大變動的潮流，阻絕了希臘世界和東方世界的文化交流。當希臘人重新把眼光投向海洋走上航海之途與東方世界接

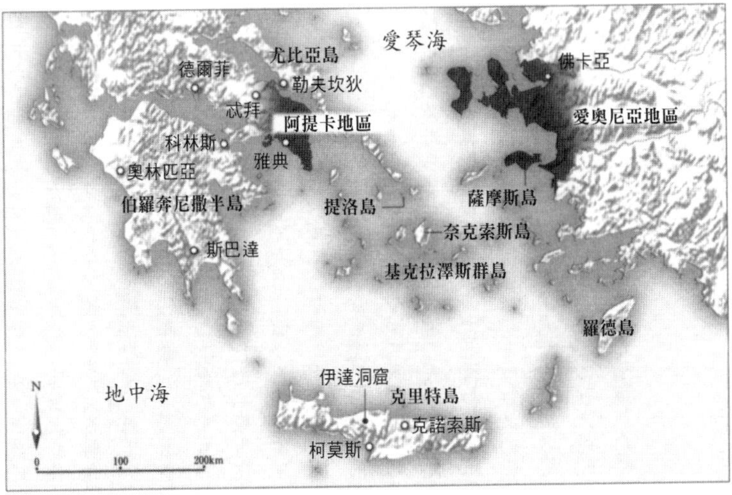

愛琴海周邊圖

觸，得等到西元前十世紀以後，而促成希臘人此一行動的契機，就是與來自東方的腓尼基人相遇。

荷馬的《伊里亞德》、《奧德賽》中描繪的腓尼基人，既是善於操縱船隻，傾銷雜貨而巡迴各地的商人，也是擅長紡織、金屬加工等手工業製品的優秀工匠集團。雖然荷馬史詩設定的時間點是在特洛伊戰爭期間，但他描繪的內容究竟是反映哪個時代的腓尼基人，仍舊留有很大的議論空間。即便如此，作品中敘述的腓尼基人的樣貌，取自從東方遠道前來和希臘人接觸的人群這點，是確定無誤的。

今日希臘考古學的發展，正在積極地找尋愛琴海各地東方文化的痕跡。例如從推估在西元前十世紀建造於尤比亞島（Euboea）勒夫坎狄（Lefkandi）的「英雄神廟」（*Heroon*）中，便出土了明顯讓人感受到東方氣息的壺與珠寶飾品；在克里特島南岸柯莫斯（Kommos）的聖域，也發現了腓尼基製的西元前九世紀的陶器碎片，以及年代在西元前八百年左右，具有腓尼基特徵的神殿遺址。而在克諾索斯（Knossos）北方德凱（Teke）墳墓區出土的青銅製的缽，推估是西元前九百年左右的古物，上面刻有腓尼基文字，表示當時腓尼基人已經居住於此。

近年來伯克特（Walter Burkert）提倡的「東方化革命」（Orientalizing Revolution）

中，值得關注的部分除了希臘文明受到東方文化的鼓舞而更加興盛的觀點之外，關於東方世界的傳播者腓尼基人的討論，也不再僅止於商業貿易的層面，更強調他們在文化面及技術面上扮演的傳遞性角色。例如，在克里特島伊達（Ida）洞窟的宙斯聖所中發現的西元前八世紀的青銅製鈴鼓及盾牌上頭，施有的精細加工，便是來自東方的工匠（很可能是腓尼基人）之手所打造。不過，不只有在技術面，他們傳達給當地人們的各種激勵與啟發，才是創造了古希臘世界中被稱為「西元前八世紀文藝復興」輝煌時代的原因。

早在西元前九世紀中葉，腓尼基便已在賽普勒斯東南方建立起了殖民城市凱特翁（Kition，在後來的拉納卡〔Larnaka〕附近），腓尼基人通過賽普勒斯島持續積極地接觸希臘世界，甚至更遙遠的西方，正是在西元前九世紀到前八世紀的這段期間。

下一章我們將針對此腓尼基人活躍的時代，將目光的焦點放在他們本身的歷史，也就是腓尼基本土的歷史上。

1 亦可譯為《溫阿蒙出使記》（*Report of Wenamun*），或《溫阿蒙歷險記》（*Story of Wenamun*）。

2 忒拜（Thēbai）現今的英文名為「Thebes」，因此常見的譯名為「底比斯」；但因埃及也有一處發音相同的古城，本書為了區隔，選擇分別以近古希臘語及英文的方式，各翻譯為忒拜及底比斯。

第二章 腓尼基本土的歷史

耶洗別之死　1866 年由法國版畫家古斯塔夫・多雷（Gustave Doré）所繪。

腓尼基的興起

◎與以色列的友好關係

距今約三千年前，當時的以色列與黎巴嫩之間的關係，擁有今日完全無法想像的蜜月期。而促成此等友好關係的中心人物，就是推羅王希蘭一世（Hiram I，在位期間：西元前九六九年～前九三六年）和以色列國王所羅門（Solomon，在位期間：西元前九六五年～前九二六年）。早在西元前十一世紀末，相較其他腓尼基城市勢力更強的推羅，在希蘭一世的父親阿比巴力王（Abibaal）的時代，便與以色列的大衛王締結友好關係，在前十世紀時主導了腓尼基向西方的海外發展。

希蘭一世的統治時期，在欠缺史料的腓尼基史中是一段例外，留下了文獻史料，並且在以色列一方的史料《舊約聖經》中，也記載了所羅門王即位時，希蘭王派遣使節獻上祝賀之事。推動和平外交的所羅門王在耶路撒冷的後宮中有多位來自異國的妻妾，其中也有腓尼基的女性，可能是希蘭王為了證明兩國的友好，而將女兒嫁給了所羅門王。從父親大衛王時代就開始的友好關係，到了所羅門王和希蘭王兩人的時代，更形成了兩國間在經濟上、技術上都相互扶持的狀態。

由於大衛王總是在與鄰近諸國戰爭，因此他一生中未能為耶和華建立神殿，這也成為所羅門王繼位後最大的願望。為了達成這個目標，需要大量優質的木材，也就是（在第一章開頭提到的）黎巴嫩杉。對此希蘭王爽快地應允了所羅門王，不僅提供木材，也派出工匠前往協助；作為報答，所羅門王也饋贈希蘭王大量的小麥和優質的橄欖油，等於兩國之間締結了某種形式的經濟協定。

所羅門王花費了二十年歲月完成的神殿與宮殿，據說壯麗得令人瞠目結舌。兩國動員了大量的人力，除了採伐和運送木材之外，從參與建設的石匠、木匠，一直到製作殿內的陳設品、傢俱、日用品等各方面，如果沒有獲得腓尼基這一方的優秀技術人才的協助，肯定無法完成如《舊約聖經》中所描述的華美建築。集迦南時代高明的建築技術與知識精隨之最的工匠技巧，的確由鐵器時代的腓尼基人繼承了下來。

◎「他施船隻」

希蘭王和所羅門王的相互援助，還不僅止於此。不久後兩人以紅海為舞台，共同著手發展大規模的海運事業。所羅門王獲得希蘭王的協助，在面朝阿卡巴灣的艾拉特（Eilat）近郊一處名為以旬迦別（Ezion-geber）的地方建造大型船隻，以航向紅海進行貿易。《舊約聖經》的〈列王記〉中也記載道，前往俄斐（Ophir）的船隊，帶回了大量的金子。今天透過在卡西爾（Tell Qasile）遺址出土的陶器破片上的銘文可以得知俄斐確實存在，雖然尚未知道其確切的所在位置，但目前最有力的說法是該地位於蘇丹到索馬利亞之間，非洲東岸面向紅海的某個地方。

〈列王記〉中在其他地方也記載著，所羅門王擁有的「他施（Tarshish）船隻」每三年一次滿載異國的珍希物品進入以旬迦別港。後文將提及的〈以西結書〉中，也把推羅與各國進行貿易時使用的船隻稱為「他施船隻」。從前述的這些內容看來，《舊約聖經》中所謂的「他施船隻」，是指具有得以航行外海裝備的大型船隻。

不過，「他施船隻」中「他施」一詞的意義，自古以來就是爭論的標的。如果是指地名的話，那麼從聲韻學上類似的發音來思考，他施等於西班牙南部的「塔提蘇斯」（Tartessus）是很有力的說法。另一方面，認為該地是與礦業相關的發想也饒富深意。「他施船隻」運回的物品清單上，大量出現金、銀、鐵、鉛、錫等當時的貴金屬，而充滿謎團的「塔提蘇斯」在古代世界中也是無與倫比的礦物資源寶庫。腓尼基人向西方發展，與獲取地中海域的金屬資源有著密切關係，此點在下一章也會繼續討論。地中海各地留下的腓尼基人遺跡，與經過賽普勒斯島、克里特島、薩丁尼亞島等等取得礦物資源的途徑相互重合，這件事相當值得我們深思。透過考古學能夠證明，從西元前九世紀到前八世紀，這種腓尼基的交易網絡如網狀般廣布於整個地中海海域。我們彷彿可以看見滿載各式各樣物品或貴重礦產的「他施船隻」，靠港在各地的港口，並縱橫航行在地中海上的模樣。

如此，以腓尼基本土為基地的地中海貿易，對於熟習海事的腓尼基人而言，就算說是他們獨占的領域也不為過。不過，在還沒有蘇伊士運河的希蘭王的時代，與阿拉伯海相連的紅海對腓尼基人來說，仍屬未知的海域。在大衛王時代迅速轉變成領土國家的以色列王國，統治區域擴展到狹長的腓尼基海岸南部的腹地，自此開啟了經由以色列前往紅海的途徑。換言之，與以色列交好，正是把紅海轉變為「腓尼基人海域」最好的前提條件。

同樣地，所羅門王如果沒有希蘭王的協助，肯定無法打造、裝配艦隊，更無法靈巧地操控船隻安全地航行至目的地。所羅門王透過讓希蘭王分享紅海貿易獲得的商業利潤，換取來自腓尼基方面建造船隻的資材和水手等龐大的技術援助。於是雙方的目標完美地達成一致，因此在西元前一千年初期圍繞著紅海，盛大的共同海運計畫，揭開了序幕。

◎城市之神美刻爾

西元一世紀時，弗拉維奧·約瑟夫斯（Flavius Josephus）在猶太人祭司的家族中出生，日後獲得羅馬皇帝維斯帕西亞努斯（Titus Flavius Vespasianus，在位期間：西元六九年～七九年）的知遇之恩，得以在羅馬過著作家生活，是一位命途多舛的歷史學家。他留下的《猶太古史》（*Antiquities of the Jews*）、《駁斥阿比安》（*Against Apion*）等著作，無論書寫的目的為何，都為我們提供了關於早期腓尼基史的珍貴史料。約瑟夫斯在書中引用了一位稱為「以弗所（Ephesus）之彌蘭多羅斯（Menandros）」之人的記錄，內容包括從希蘭王的父親阿比巴力開始，歷經數百年的推羅王室系譜，雖然並非全然完整，但仍流傳至今。根據這份記錄，希蘭王統治了推羅三十四年，於五十三歲去世。希蘭王超過三十年的統治期間，不僅在外交上有亮眼的成績，在內政方面也有飛躍性的進步。

分為島嶼和對岸本土兩部分的推羅，在希蘭王的時代，對島嶼部分快速地進行強化與重建。他擴建島嶼上的城市，改造街道外觀，拆毀舊神殿，重新建造了供奉美刻爾（Melqart）與阿斯塔蒂（Astarte）女神的神殿。西元前五世紀中葉曾造訪推羅的希臘歷史學家希羅多德，就因為樹立著黃金和祖母綠兩大巨柱的燦爛光輝，而對美刻爾神殿讚嘆不已。

推羅王系譜　參照 H. J. Katzenstein, *The History of Tyre* (2nd ed.), 1997 以及 M. E. Aubet, *The Phoenicians and the West* (2nd ed.), 2001 二者製作而成。

阿比巴力（Abibaal）	？～前970
希蘭一世（Hiram I）	前969～前936
巴力·以沙一世（Baal-Eser I）	前935～前919
阿布德·阿休塔特（Abdastartus、'Abd-'aštart）	前918～前910
穆通·阿休塔特（Methusastartos、Metu'-aštart）	前909～前898
阿休塔特·阿莫（Astarymus、Ashtar-rom）	前897～前889
斐勒斯（Phelles）	前888
謁巴力一世（Ethbaal I）	前887～前856
巴力·以沙二世（Baal-Eser II）	前855～前830
瑪坦一世（Mattan I）	前829～前821
庇格瑪里翁（Pygmalion）	前820～前774
謁巴力二世（Ethbaal II）	前750～前740
希蘭二世（Hiram II）	前739～前730
瑪坦二世（Mattan II）	前730～前729
埃魯萊歐斯（盧利）（Elulaios〔Luli〕）	前729～前694
巴力一世（Baal I）	前680～前640
謁巴力三世（Ethbaal III）	前590～前573
巴力二世（Baal II）	前573～前564
亞經·巴力（Yakinbaal）※	前564
迦勒卜（Chelbes）※	前564 / 3
阿巴爾（Abbar）※	前563
瑪坦三世※及蓋爾·阿休塔特（Mattan III & Ger Ashthari）※	前563～前557
巴力·以沙三世（Baal-Eser III）	前556
瑪哈爾·巴力（Mahar-Baal）	前555～前552
希蘭三世（Hiram III）	前551～前532

有※記號者為法官

美刻爾神的語意是「城市之王」，是推羅自古以來的男性神明，但是在西元前兩千年時似乎還不是太重要的神。祂的身形逐漸明確的時間，大致是在西元前十世紀以後，也就是希蘭王的時代。美刻爾能帶來豐饒，也掌管著航海安全，擁有多種職掌，另外從祂名字的意思看來，也擔任著推羅王室的守護神。彌蘭多羅斯（約瑟夫斯）闡述道，希蘭王是第一位慶祝美刻爾神「甦醒」（*egersis*）的國王。

根據史料，這個儀式在鹿鷹獸（*Peritios*）之月，即現在的二到三月舉行。因此也有學者認為美刻爾神的「甦醒」，亦即死亡與復甦的儀式，與東方世界自古相傳，慶祝豐饒的「聖婚儀禮」（*Hieros gamos*）有某種程度的關聯。因為兩者同樣是在從冬季轉變到春季的時期，慶賀植物的重生與繁茂，與自然循環相一致之故。

祈求國家的富庶與安寧是城邦的國王必須負擔的責任，主持此儀式的希蘭王的名望也因此水漲船高。從這個時代起，向西方的海外發展，使推羅在腓尼基各城市中居於主導地位，而其城市的守護神美刻爾最終也隨著他們的足跡，在地中海各地受到崇拜。

因為腓尼基人與希臘人的相遇，造成往後希臘英雄海克力士（Heracles）與美刻爾被視為是同一個神明。關於這個部分將在下一章詳細討論。

◎黃金時代開幕

在希蘭王的和平統治之後，他的子嗣們繼承了王位。這段期間也必須關注東方各個大國的動向，例如在美索不達米亞平原上，國力暫時衰退的亞述，在亞述・丹二世（Ashur-dan II）的領導下捲土重來，重新對周邊各國展開遠征；至於在埃及，舍順克一世（Sheshonk I）成為第二十二王朝的首位法老，並一度遠征巴勒斯坦，掠奪了耶路撒冷神殿的寶物。

腓尼基本土周邊

持續了大約八十年的希蘭王朝，進入西元前九世紀後因為政變而瓦解。阿斯塔蒂女神的祭司謁巴力殺害先王並篡奪王位。依照當時的慣例，位居高位的祭司應當與王室一族有著親緣關係，如此奪取王位的謁巴力一世（Ethbaal I，在位期間：西元前八八七年～前八五六年），統治了推羅三十二年。

此時期推羅在政治上的霸權遠及西頓，兩國之間形成了某種形式的共主聯邦（personal union）制度。在約瑟夫斯的史料中，描述謁巴力是「推羅人與西頓人之王」，以及在《舊約聖經》中則以西頓人作為腓尼基人的總稱，而稱他為「西頓人之王」，這與過往稱希蘭王為「推羅之王」不同，明顯已經跨入另一個階段。

謁巴力統治的時代，是以推羅為盟主的腓尼基正式朝海外發展和擴張領土的時代，當時在腓尼基本土內建設了波特里（Botrys，位於比布魯斯北方，為今日的拜特隆〔Batroun〕），並在利比亞（亞非利加）建立了殖民城市奧薩（Auza，位置不明）。從希蘭王時代發端的海外發展，便是從此時期開始走上了鼎盛期。

◎腓尼基公主耶洗別

接著，來到西元前九世紀後的腓尼基鄰國以色列，在所羅門王去世後已經分裂為北部的以色列王國和南部的猶大王國長達數十年。猶大王國依舊以耶路撒冷為首都，由大衛王的子孫繼承王位，相較之下，北部以色列王國的政權則不穩定，經常發生政變後篡奪王位的情況。

謁巴力即位後大約經過十年，暗利（Omri）鎮壓了北國以色列的內亂，開啟了新的王朝，之後遷都到撒馬利亞（Samaria）。此時期的腓尼基和先前希蘭王與大衛王、所羅門王父子的友好關係相同，與以色列的關係依舊良好，暗利的兒子亞哈（Ahab）迎娶了謁巴力的女兒耶洗別（Jezebel）為妻。新首都撒馬利亞便是在亞哈的時代營造完成。

但是，亞哈與耶洗別的婚姻卻帶來了極大的不幸。耶洗別性格強烈不輸男性，經常對政治提出意見，當她得知丈夫亞哈想要一處別人的葡萄農地後，她更偽造書信蓋上丈夫印章，並一手包辦幫丈夫把該信送到對方手上。

事實上有一件相當有趣的古物與此相關，現在收藏在以色列國立博物館，是一枚長三公分，寬兩公分的聖甲蟲型印章。印章上雕刻著戴王冠的斯芬克斯和有翼的太陽圓盤，風格明顯受到埃及美術的影響，但更重要的是跟圖形一起刻劃下的四個文字，明確判讀為「耶洗別」。從字體特徵看來，有學說認為可能屬於西元前九世紀到前八世紀的腓尼基語，不過要就此斷定這是耶洗別皇后的印章，還為時尚早。只是，如果我們認為她擁有自己的印章，那麼想像中的世界將一口氣擴展。

《舊約聖經》中之所以把耶洗別描繪成不世出的邪惡女性，原因在於透過她的聯姻，將巴力神崇拜從腓尼基帶來了以色列。在西北閃語中意味著「主」的巴力，是腓尼基從迦南人時代起便長久供奉的神明，也經常發生巴力信仰與當地神明結合的例子，例如在推羅美刻爾就被視為巴力。

或許是受到妻子的影響，亞哈在撒馬利亞建築了巴力的神殿並搭蓋祭壇，據說他自己成為了熱心的信奉者，供奉起巴力。根據近年來的研究，認為王國時期的以色列在宗教上並非只是耶和華的一神信仰，並指出其宗教系統中已經融入了多神教的元素，而巴力信仰可能就

刻有耶洗別銘文的聖甲蟲型印章　摘自 N. *Avigad, Corpus of West Semitic Stamp Seals,* 1997。

是一個顯著的事例。

亞哈在與阿拉米人（Aramaeans）的作戰中死亡後，兩人的兒子相繼即位，在這段期間耶洗別仍掌握大權介入政治。她的權力保障，來自於實質上統籌了巴力祭祀而取得的經濟基礎。

然而，持續了三十幾年的暗利王朝，終於在耶戶（Jehu）將軍的謀反中落幕。察覺自己死期將近的耶洗別正裝打扮，以毅然的態度面對耶戶，卻被推出窗戶墜樓而死，悲慘地迎向了人生最後一刻。她的屍首被棄置在以色列平原的荒野，任憑野狗啃食，等到人們想要埋葬她時，只剩下了些許的殘骨。

耶洗別的一生，既悲且憐，但仍是一部身為腓尼基公主值得自傲的女性故事。耶洗別和亞哈的婚姻確實造成了宗教上的摩擦，不過也為北國以色列帶來了商業經濟的振興與建設事業的繁榮，這是不爭的事實。亞哈在撒馬利亞建設的宮殿被形容為「象牙之家」，據說是因為宮內四處陳列著精美的象牙製奢華日用品和家具。藉由這樣的描述也可以知道，擁有嫻熟工匠技術的腓尼基人，他們無與倫比的技能也在建設宮殿時大為發揮。

另外，亞哈在對外政策上也繼承了父親暗利王的外交路線，其中特別值得一書的就是對分裂之後一直充滿紛爭的南方猶大王國採取了協調外交策略。作為兩國和平的證明，亞哈把女兒亞她利雅（Athaliah）嫁給了猶大王約蘭（Jehoram）；亞她利雅的母親很有可能就是耶洗別。

其實這位亞她利雅，是唯一一位在王國時代的以色列、猶大，同時擔任六年兩國國王的女性。只是她的王位並非合法取得，而是在他兒子死後篡奪來的王位。因此在這段她統治的期間中，猶大王國自統一王國以來代代相傳的大衛王家族的統治，暫告中斷。

如此看來，耶洗別和亞她利雅兩人的存在，在當時父系社會的世界中，可說是少數例外中的例外。而她們在古代以色列社會中身為「異邦人」的事實，也值得我們注意。

◎國際商業城市推羅的繁榮

進入西元前九世紀，腓尼基人身為國際商業民族的活躍，使得他們在世界貿易中的聲望和信譽也更加提升。尤其是以推羅為中心的國際貿易網鋪展至地中海各地，關於這部分在《舊約聖經》的〈以西結書〉中留有詳細

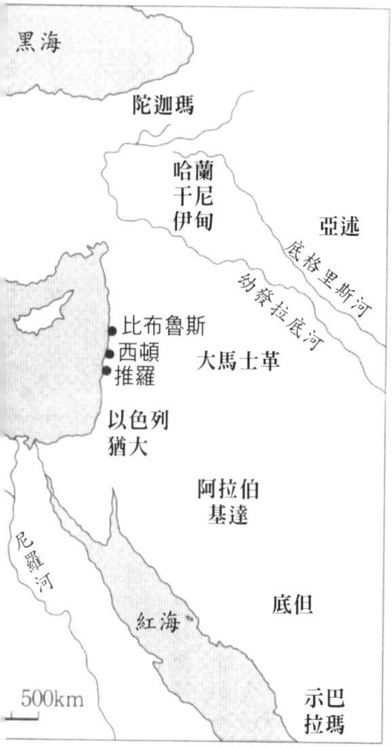

的史料。

和〈以賽亞書〉、〈耶利米書〉並列為《舊約聖經》中三大預言書的〈以西結書〉，其作者以西結本身，是生活在猶大王國末期動盪年代中的人。西元前五九七年第一次猶大王向巴比倫尼亞投降，王室和上層精英皆成為俘虜之際，以西結便是跟隨國王約雅斤（Jehoiachin；亦稱Joachin）一同被擄走的人之一。

以西結在他鄉異國收集聽聞到的推羅舊日美好時期的繁榮景象，並記下推羅和其他國家貿易物品的清單，載於〈以西結書〉

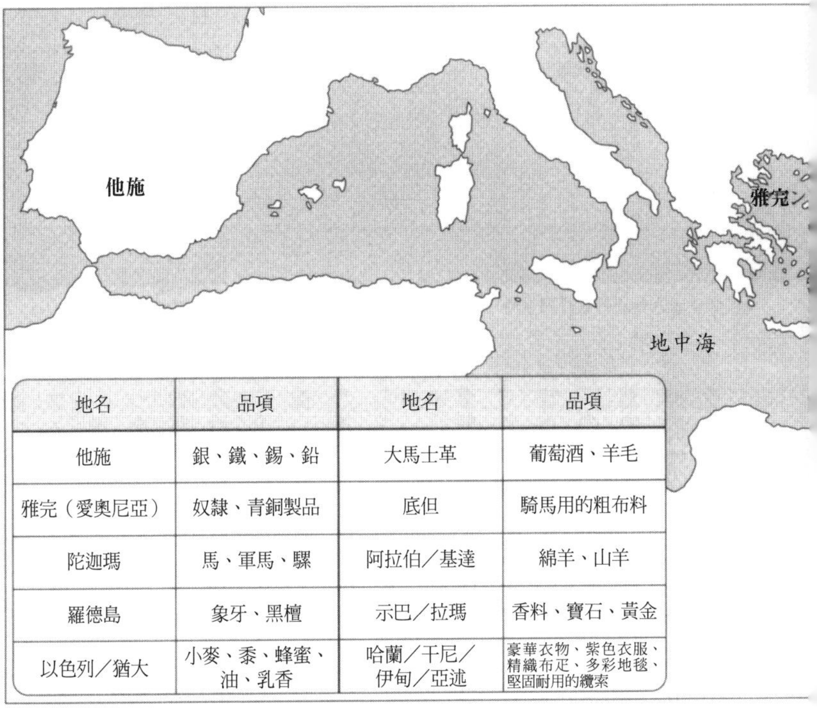

地名	品項	地名	品項
他施	銀、鐵、錫、鉛	大馬士革	葡萄酒、羊毛
雅完（愛奧尼亞）	奴隸、青銅製品	底但	騎馬用的粗布料
陀迦瑪	馬、軍馬、騾	阿拉伯／基達	綿羊、山羊
羅德島	象牙、黑檀	示巴／拉瑪	香料、寶石、黃金
以色列／猶大	小麥、黍、蜂蜜、油、乳香	哈蘭／干尼／伊甸／亞述	豪華衣物、紫色衣服、精織布疋、多彩地毯、堅固耐用的纜索

與推羅貿易的國家　根據《舊約聖經》〈以西結書〉第27章製作。

第二十七章第十二節到第二十四節中。然而根據現在的研究，這份清單是日後才插入的，且內容並非反映的是以西結生存的年代，而應該是描述從謁巴力一世到西元前八世紀，推羅全盛時期的景況。推羅商人們販售各地的物品，以轉口貿易馳名天下，在《舊約聖經》中的一節如此謳歌他們的活躍情形：

> 推羅本是賜冠冕的，他的商家是王子。
> 他的買賣人是世上的尊貴人。
> （〈以賽亞書〉第二十三章第八節　中文和合本）

這段詩句清楚地呈現出，當時收集世界各地的商品，積極進行貿易的國際商業城市推羅的興旺景象。

根據〈以西結書〉，推羅從鄰近的猶大和以色列取得高品質的小麥、黍、蜂蜜、油、乳香，從大馬士革運來香味濃郁的葡萄酒、羊毛；與哈蘭、干尼、伊甸等美索不達米亞地區的王國，交易華麗的衣服、堅固纜索、各種顏色的布料；阿拉伯半島各國則帶來騎馬用的布疋、綿羊和山羊；示巴和拉瑪的商人們則攜來香料、寶石與金子。

接著，再從亞美尼亞地方的陀迦瑪（Togarmah）購入軍馬、馬匹和騾子；與小亞細亞愛奧尼亞地方的人們交換奴隸、青銅製品；從愛琴海中的羅德島獲得象牙、黑檀木。以及平時西班牙南部礦物資源豐富的他施，也會充分提供推羅銀、鐵、鉛、錫等各種金屬，而此地便是地中海貿易最西端的位置。

若試著將和推羅進行貿易的國家放上地圖來看的話，從美索不達米亞平原北部到阿拉伯半島、小亞細亞，從愛琴海到地中海西方，都包含在以推羅為中心的貿易網絡當中，且約在西元前八百年左右（最慢也只到前八百年中葉），推羅就已確立了這樣的貿易地位。

◎建設迦太基的背景

依據約瑟夫斯記載的彌蘭多羅斯的史料，從謁巴力一世往下數三代，也就是庇格瑪里翁（Pygmalion，在位期間：西元前八二〇年～前七七四年）統治時期，他的一位姊妹出逃並建立了迦太基城（Carthage）。傳說中這是發生在西元前八一四年時的事情。考古學上能夠支持迦太基確實「存在」的時間，只能上溯到西元前八世紀初，不過在前九世紀時腓尼基人向西方發展的趨勢已經很明顯，因此我們可以把迦太基的建立，也放在這一連串的動向之中來看待。

腓尼基人在大海的彼方不斷找尋據點，並航行前往這些地方的理由之一，便是已經看準當時在東方世界逐漸蛻變成大帝國的亞述所構成的威脅。亞述有古老的歷史，在西元前兩千年之初，便以獨立城邦的姿態，於政治舞台上登場，直到西元前六一二年被新巴比倫王國和米底王國聯軍攻陷首都尼尼微城（Nineveh）為止，是維持了一千幾百年國運的強國。亞述對周邊地區反覆進行遠征，因為他們期望從被征服國取得戰利品及納貢，並以這樣的形式帶來經濟上的效益。亦即，對位於美索不達米亞內陸，缺乏資源的國家而言，以擴張領土為目標，對他國進行軍事性侵略是必要之惡。特別是針對當時擁有森林資源、又是繁榮的國際港的腓尼基各城市進行遠征，在亞述歷代國王的眼裡，絕對是可以獲取前所未見的異國商品的大好契機。

自西元前十二世紀末到前十一世紀初在位的提格拉特．

帕拉沙爾一世，首次向地中海發起正式的軍事遠征，這點已在前章述及。進入西元前九世紀後，亞述國王阿淑爾納西爾帕二世（Ashurnasirpal II）及沙爾馬那塞爾三世（Shalmaneser III）父子，更是將地中海遠征常態化。

現今在大英博物館可以看到一件複製品，其原件是在伊穆爾　恩利爾（Imgur-Enlil，現在的巴拉瓦特〔Balawat〕）的宮殿遺跡中發現的，一條在大門上的青銅製裝飾品，上頭雕刻的內容述說著在沙爾馬那塞爾三世統治的第一年（西元前八五八年），遠征推羅和西頓居民後的狀況。從圖中可以看到，用小船從島上運來的各種貢品，送抵在本土等候的亞述王跟前。兩艘船首雕刻成馬頭形狀的船，是被稱為「hippos」（「馬」的希臘語）的沿海航行用船隻。

在島上目送小船的王族，大概是謁巴力一世與其王妃。謁巴力一世雖然是拓展推羅的霸權、推動海外發展的國王，但同時在面對強國亞述時，卻又不得不屈服。

巴拉瓦特門的青銅製門扉裝飾條　以船隻運送來自推羅的貢品前往對岸的本土。右方數來的第二人，就是等待接受朝貢行列的沙爾馬那塞爾三世。大英博物館收藏。

不過，一旦認同了納貢的意義，對此時的腓尼基各城市而言，也並非是如此痛苦之事。要能夠和平地進行經濟活動，政治上的安定是首要條件，而納入強國的保護傘下，某種意義上來說也保證了和平。同樣地對亞述而言，其著眼點在於，與其蹂躪腓尼基領土後強制併入本國的政治管轄之下，不如讓他們維持在世界貿易中的實力，以戰利品、納貢等方式間接地汲取他們的利益。畢竟，亞述也了解腓尼基人身為海洋商業民族的特質。

然而，究竟該於大國保護傘下甘心受到某種程度的掠奪，或者該為追求真正的自由、獨立而踏上前往新天地的旅程，此問題在推羅的王室之中很可能發生過政治上的對立。事實上在西元前八五三年時，包含阿拉朵斯（Arados）等腓尼基各城市在內，組成了沿海十二個王國的聯軍，在奧龍特斯河畔（Orontes）的夸夸（Karkar）和亞述有過一次交戰，且之後仍有一段時期持續頑強的抵抗。

後面第四章將會提到，特洛古斯筆下的迦太基建立緣由，是因為王室內部出現對立，或者王室和宗教方的神殿勢力發生財產上的爭執，因而造成王室成員出逃，屬於一種逃亡類型的傳說。當然，當中很明顯並未記載和亞述之間的關係。但是要從此一傳說中看出西元前八世紀逐漸明朗的、與東方各國間的關聯，並非不可能的事情。無論如何，從西元前九世紀到前八世紀，腓尼基向西方的海外發展，在「建立」迦太基之時，迎來了最巔峰的時刻。

黃金時代的終結

◎國際關係的結構

從西元前九世紀到前八世紀上半，是擁有優秀造船技術和航海術的腓尼基人獨占地中海海上貿易的時代。日後在地中海的殖民活動上成為腓尼基人對手的希臘人，在這個時期尚未真正開始向外發展。從腓尼基本土望向東方世界，大國埃及當時正處在第三中間期的混亂當中，而國力顯著成長的亞述，也還沒有到達會對腓尼基造成政治威脅的階段。

亞述在阿達德尼拉里三世（Adad-nirari III，在位期間：西元前八一〇年～前七八三年）的治理之後，國內產生分裂也有疾病流行，國力一時出現衰退。之後終止這波內亂，將亞述再度發展為當代首屈一指強國的君主，就是提格拉特．帕拉沙爾三世（Tiglath-Pileser III，在位期間：西元前七四五年～前七二七年）。他斷然改革軍事制度，強化軍事力量後，不斷遠征周邊各國，將新併吞的國家改制為省，或者以屬國的形式歸入亞述的統治之下，且以身為推動亞述中央集權化的國王而聞名。為了防止被征服的人民反抗而採行的強制移居政策，也從提格拉特．帕拉沙爾三世起擴大規模、大幅度地執行，這種做法之後還被新巴比倫尼亞時代所承襲。

到西元前七三八年左右為止，除了比布魯斯之外，腓尼基北部沿海各城市（地理位置大致包含從今天的拉塔基亞〔Latakia〕周邊到的黎波里〔Tripoli〕為止的區域），和北敘利亞的阿拉米人國家一起被吸收、合併成亞述的行省。但是，腓尼基南部代表性的城市推羅雖然遭遇了諸多困難，但政治上仍舊未遭干涉，甚至在某些條件下被承認擁有經濟活動的自由；要說推羅是被當作擁有特別優惠待遇的屬國也不為過。在亞述的史料中，與比布魯斯王一同獻上高級貢品的君主名字中，也出現了推羅王希蘭二世（在位期間：西元前七三九年～前七三〇年）。另外在腓尼基語史料中也可確認，當時地中海最大的銅礦產地，賽普勒斯島的城市凱特翁，是由希蘭二世派遣的總督統治。

被納入亞述統治範圍的行省或屬國中，會設置管轄河川或港灣的駐地機構，並派遣直屬於國王的專職人員負責對該處交易的商品徵收關稅或收繳貢品。希蘭王的下一任國王瑪坦二世（Mattan II，在位期間：西元前七三〇年～前七二九年）必須繳納給提格拉特・帕拉沙爾史無前例的一百五十他連得（talent，又譯塔蘭特，古代希臘、羅馬、中東地區的貨幣或重量單位）的高額黃金。推羅的經濟很明顯地逐漸遭到亞述的蠶食。在沙爾馬那塞爾五世（Shalmaneser V）的短暫統治後，繼承王位的是薩爾貢二世（Sargon II，在位期間：西元前七二二年～前七〇五年）；他是第一位渡海遠征賽普勒斯島的亞述王，並獲得了七位國王的直接進貢。藉由跨海遠征以擴展亞述控制領域的行為，表示至今為止透過腓尼基人收取利潤的模式已經無法滿足亞述。往後推羅雖然在政治上依舊保持獨立，但亞述對腓尼基經濟活動的壓迫，也愈來愈加強。

◎西頓人之王——盧利的出逃

在西元前八世紀結束之時，推羅是由一位名為埃魯萊歐斯（Elulaios，在位期間：西元前七二九年～前六九四年）的國王所統治。根據《猶太古史》，他是在位三十六年的推羅國王；亞述一方的史料則稱呼這位國王為盧利（Luli）。

西元前七〇一年，亞述國王辛那赫里布（Sennacherib，又譯西拿基立）在他即位後第三年發動遠征，推羅陷入領土將遭受侵犯的危機。畏懼亞述強權的其他腓尼基諸城市陸續背叛推羅，換言之，這次的遠征導致了長達一百五十年以上的推羅和西頓的共主聯邦就此結束。而且不只西頓，包括在推羅本土部分的烏休、南方的阿克吉福、亞柯等原本推羅的威權所及的整個領域，都被亞述套上枷鎖，置於麾下。能夠倖免於難的只有推羅的核心，也就是島嶼部分而已。

盧利（埃魯萊歐斯）逃奔向大海，不幸死於賽普勒斯。此時期賽普勒斯島被納入亞述的直接掌控之下，即便是腓尼基人，賽普勒斯島也不再是他們能夠安住的地方。

以盧利逃亡為主題的浮雕摹本，現存於大英博物館。製作此摹本的是十九世紀時在東方考古學研究中留下巨大足跡的萊亞德（Austen H. Layard）。很遺憾地，從尼尼微的辛那赫里布的宮殿遺址中發掘出來的浮雕原件，現今下落不明。從這幅名為《盧利的逃亡》的素描畫中可以知道，推羅的城鎮有高大的城牆圍繞，城牆的塔樓之間掛著盾牌。圖畫中的城鎮樣貌和《舊約聖經》中〈以西結書〉的記錄相符。

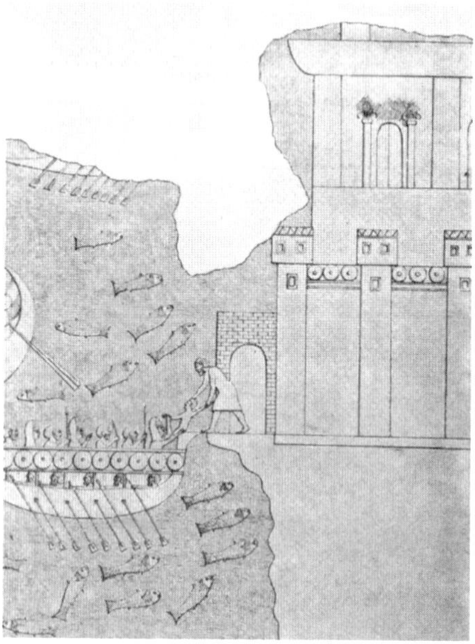

《盧利的逃亡》浮雕摹本　描繪從城堡出逃的王室一族。時間約西元前 700 年左右。引自 D. Harden, *The Phoenicians,* 1980。

在畫中描繪的場景裡，盧利並沒有出場。隨從在城門處把小孩交給船上像是奶媽的女性，這個小孩或許是盧利的王子。至於坐在持長槍與弓箭的武士之中的高貴女子，也許是盧利的妃子。雖然這艘船的船頭朝著岸邊停靠，但這幅摹繪圖其實還有左半邊，且該部分描繪

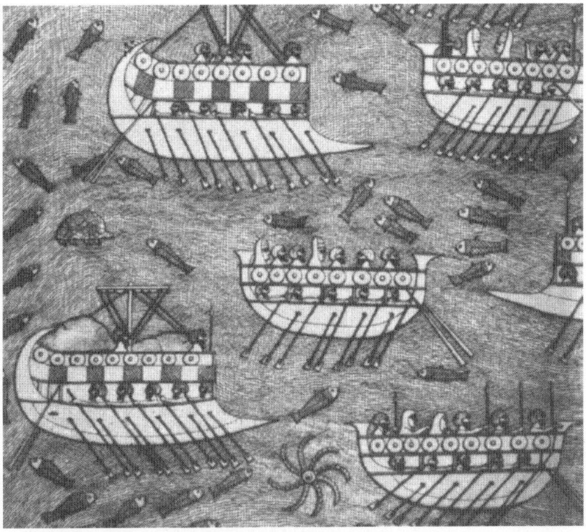

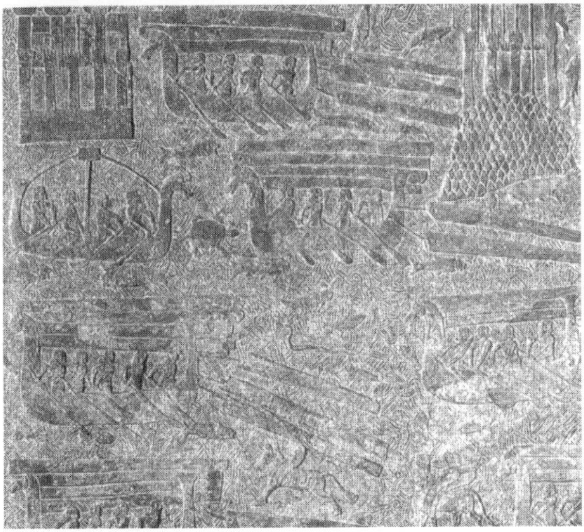

（上）**腓尼基的船隻**　腓尼基的商船與軍艦。因為同樣都是雙層槳的船隻，因此在遠距離的貿易中，兩者混編成船團，一起航行於海上。《盧利的逃亡》左半邊部分。引自 D. Harden, 1980。

（下）「**木材搬運圖**」　右上方可以看到島嶼和宮殿，是位於科爾沙巴德的薩爾貢二世宮殿外牆的浮雕。時間為西元前八世紀末。收藏於羅浮宮博物館。引自 D. Harden, 1980。

了腓尼基代表性的兩種船隻。

一種是裝備桅杆和船帆，具有尖銳衝角（naval ram）的大型船，可充分承受長距離的航行，也擔任著軍艦的角色。另一種是船艏和船尾高高地翹起，整體給人圓渾印象的船隻，平時此種船用在商業活動。除了這兩種船以外，也有用於淺灘與沿岸的近距離航行船隻，以及在前述的巴拉瓦特青銅製門扉上、或科爾沙巴德（Khorsabad）出土的薩爾貢二世宮殿牆壁的浮雕上，「木材搬運圖」裡出現的河川用船隻。

根據亞述方面的史料，盧利的船隻航行目標是賽普勒斯島，但是在該島上等候他們的卻是悲慘的命運。在西元前八世紀末，腓尼基人擁有真正的獨立、自由，掌握著海上貿易霸權的時代，已逐漸成為往日雲煙。

◎腓尼基的餘暉

辛那赫里布命令托巴魯（謁巴力）取代盧利成為西頓國王，藉此樹立了亞述的傀儡政權。托巴魯似乎扮演好亞述忠實的僕人，此後二十餘年間並未見到記錄下腓尼基各城市與亞述之間有緊張關係的史料。

辛那赫里布在選擇王位繼承人的政爭中遭人暗殺，之後繼承王位的是他的么兒以撒哈頓（Esarhaddon，在位期間：西元前六八〇年～前六六九年）。西元前六七七年，以撒哈頓遠征舉起反旗的西頓，搗毀城市，並於翌年處死西頓國王阿迪米基提（Abdi-Milkutti）。另一方面，推羅的巴力一世（Baal I，在位期間：西元前六八〇年～前六四〇年）則持續加深對亞述的服從，在之後兩國間締結的條約中，推羅必須甘願接受在亞述的管制下進行交易。

如此一般，表面上對亞述宣示效忠的腓尼基各城市，總會企圖造反，而在背後援助他們的支持者，就是逐漸重整勢力的埃及。亞述以推羅獲得埃及支援而背叛為理由，於西元前六七一年時進攻埃及，以撒哈頓以美索不達米亞之王的身分，首次跨越尼羅河，成功征服了孟菲斯（Memphis）；雖然控制期間並不長。接續以撒哈頓即位的是亞述巴尼拔（Ashurbanipal，在位期間：西元前六六八年～前六二七年），他分別在西元前六六七年與前六六三年兩次鎮壓埃及的反叛，最終攻陷了底比斯（Thēbai）。在他首次遠征埃及時，向他進貢與提供軍艦、水手的敘利亞—巴勒斯坦的二十二位諸王中，推羅王巴力的名字也與阿拉朵斯、比布魯斯的國王並列。但是亞述下一次的攻擊目標，就是再度背叛的推羅。孤懸海上遭到封鎖的推羅，等到儲備物資耗盡後，只能選擇投降，此時包括推羅王巴力的女兒在內，王族的女性們都被當作人質，押送往亞述巴尼拔的後宮。

即便是如此盛極一時的亞述，在英明的君主亞述巴尼拔的政權結束後，國勢便突然衰退。埃及在第二十六王朝普薩美提克一世（Psamtik I）法老的治下，於西元前六五五年脫離亞述統治取得獨立，而疲於在帝國各地鎮壓叛亂的亞述，已無法再恢復過往的光輝。西元前六一二年，米底王國和新巴比倫的聯合軍隊攻陷亞述首都尼尼微，三年之後亞述的氣運徹底根絕。

新亞述帝國瓦解的西元前七世紀最後的二十五年，在某種程度上，或許對腓尼基的城邦而言，是個可以享受自由和休息的時期。根據希羅多德的說法，這段期間因為埃及第二十六王朝的尼科二世（Necho II，在位期間：西元前六一〇年～前五九五年）的建議，腓尼基人花了三年時間以順時鐘方向繞行了非洲一圈。在近代開端的大航海時代時，達伽馬航行通過了好望角，但早在兩千多年以前，腓尼基人便已從反方向航行過此處。

◎尼布甲尼撒二世包圍推羅

尼布甲尼撒二世（Nebuchadnezzar II，在位期間：西元前六〇四年～前五六二年）是新巴比倫王朝的開國者那波帕拉薩爾（Nabopolassar）的兒子，也是把新巴比倫推上最強盛時期的國王。他以熱衷於重建古都巴比倫而聞名；近年伊拉克的薩達姆．海珊也看中這段歷史而標榜自己是尼布甲尼撒三世，此事依舊讓人記憶猶新。

敢於反抗新巴比倫者的下場，便是遭遇無情的打擊。即便是猶大王國的首都耶路撒冷，也在西元前五八六年時屈服在尼布甲尼撒的攻勢之下；接續著一百多年前北國以色列的首都撒馬利亞遭亞述攻陷之後，與腓尼基人有著深厚關係、《舊約聖經》記載的以色列人民，便從歷史的舞台上消失了。尼布甲尼撒二世還強制猶大王國的人們遷移到巴比倫的領土內（歷史上稱之為「巴比倫囚虜」），這與亞述帝國以民族更替為目標的雙向型強制遷居政策不同，而是單方向地強制對方遷入巴比倫的境內。這種與北國以色列不同的遭遇，也造成了後來猶太人命運的分歧。

尼布甲尼撒二世下一個矛頭所指的目標，正是推羅。立於海上的最後堡壘，也就是島嶼部分至此依舊健在，據說尼布甲尼撒圍攻推羅竟長達十三年。根據約瑟夫斯的說法，當時推羅由謁巴力三世（Ithobaal III，在為期間：西元前五九〇年～前五七三年）所統治，這座堅固的島嶼歷盡艱辛地堅持了十多年。這場戰爭新巴比倫一方並未取得壓倒性的勝利，但謁巴力投降後，王族及上層階級的市民都被押送往巴比倫。在謁巴力三世之後繼位的是巴力二世（Baal II，在位期間：西元前五七三年～前五六四年）。關於他的出身並不清楚，推測可能是尼布甲尼撒樹立的傀儡政權。

不過，後來推羅的王室出現了一個特殊變化。至此為止一脈相傳的世襲王政暫時中斷，在新的政治舞台上登場的，是五位法官。在巴力二世的十年統治之後，短期間內依序被任命的法官們，在新巴比倫官僚的監視下，只能握有受限制的權力。關於這部分將在第六章詳述。

沒有國王的時間持續了七年，接著在西元前五五六年，推羅的王政再度復辟。另一方面在新巴比倫，尼布甲尼撒二世於西元前五六二年過世後，到那波尼德（Nabonidus）於西元前五五五年即位最後一任國王為止，國內因王位繼承問題而分裂。因為缺乏史料，此時期兩國間的狀況尚不明確，推羅的王政復辟有可能也對巴比倫造成了一些影響。然而，巴力・以沙（Baal-Eser）即位後僅一年便過世，推羅王室的支持者們前往巴比倫，迎回遭囚禁的王族瑪哈爾・巴力（Mahar-Baal）。他在位四年後便過世，之後由他的兄弟希蘭（三世）從巴比倫返國即位，並統治了二十年。那波尼德熱衷於崇拜月神欣（Sin），他對政治的漠不關心，也造成了新巴比倫尼亞的亡國。當波斯阿契美尼德王朝（Achaemenid Empire）的居魯士二世（Cyrus II）讓新巴比倫尼亞自願開城投降的時候，推羅正由希蘭三世所統治，時為西元前五三九年。

◎腓尼基的繁榮與自治——在波斯的統治之下

從米底王國中獨立之後，陸續消滅了利底亞（Lydia）、新巴比倫尼亞，還有埃及，最終稱霸整個東方世界的，正是阿契美尼德王朝的波斯。其開國君主居魯士二世，因為尊重被征服民族的宗教、文化習慣，而被稱為「寬容的征服者」聞名於世。當他進入巴比倫城後，隔年便下詔，要求釋放遭尼布甲尼撒囚禁的人們，准許他們各自歸國；而且進一步歸還了被集中到巴比倫的各城市的守護神，並允許在原城邦重建這些神明的神殿。回到耶路撒冷的猶太人重建神殿時，腓尼基人也主動協助：

> 他們又將銀子給石匠、木匠，把糧食、酒、油給西頓人、推羅人，使他們將香柏樹從利巴嫩運到海裡，浮海運到約帕，是照波斯王古列（居魯士）所允准的。（《舊約聖經》〈以斯拉記〉第三章第七節　中文和合本）

這讓人腦中鮮明地浮現出四百多年前，希蘭王和所羅門王最初建造神殿時的事情。只是這座第二代神殿的建造極為困難，花了超過二十年以上的時間，至西元前五一五年才終於完成，此時已是第三代波斯國王大流士一世（Darius I）的統治時期。

接續居魯士坐上王位寶座的是他的兒子岡比西斯二世（Cambyses II）。西元前五二五年岡比西斯二世擊潰了埃及第二十六王朝，並由波斯建立了第二十七王朝。希羅多德記錄下岡比西斯二世在侵略埃及之後，還計畫了三次遠征，其中之一就是遠征迦太基，但這個計畫被加入波斯海軍的腓尼基人嚴峻地拒絕了。拒絕的理由是，腓尼基各城市雖然提供波斯軍隊海軍，但這終究是自發性的行為，更何況竟然要求攻擊對腓尼基人來說宛如掌上明珠一般的城市，簡直是豈有此理。岡比西斯二世也只能不情願地吞下腓尼基人的請求。

但是反過來說，這便是位於地中海彼方的迦太基成為獨立國家並獲得急速成長的證據，事實上從西元前六世紀中葉以降，關於迦太基的文獻和碑文史料，都出現飛躍性的增加。

著手重整帝國的下一任君主大流士一世，為了統治廣大的領土，將整個帝國切割為二十多個行政區，並派遣總督（satrap）前往各地統治，藉此推進阿契美尼德王朝的中央集權化政策。此時期腓尼基的諸城市與敘利亞—巴勒斯坦、賽普勒斯島同樣被登記在第五行政區。與其他行政區相較，此區的納稅額相當低廉，可以明顯看出波斯方面在政治上的顧慮。雖然在阿契美尼德王朝的統治下，但腓尼基各城邦仍與過往相同，當地的王政依舊存在，行政和法律慣習也照舊。例如西元前四世紀時比布魯斯曾發行過以腓尼基語刻印國王名字的硬幣。

由阿拉朵斯、西頓、推羅的居民在波斯時代新建設的特里波利斯（Trípolis，在希臘語中為「三個城市」之意），成為三個同盟城邦的中心，遇到需要協議的重要事項時，便會在此舉辦評議會。

在波斯時代能夠容許腓尼基各城邦大幅度保持自治的理由，與阿契美尼德王朝的諸王為了確保地中海東部沿岸一帶的勢力，不得不大力仰仗腓尼基持有的海軍力量有關。

◎碑文中訴說的西頓榮光

波斯時代的腓尼基城邦之中，推羅已經不再占據首位。西元前六世紀前半歷經尼布甲尼撒十三年的包圍後，推羅的經濟力明顯受到重大打擊，取而代之登場的是推羅過往的競爭對手——西頓。除去波斯時代的最後幾年不看，西頓在腓尼基各城邦中擁有的優勢地位，可以從西頓發行的貨幣分布範圍廣泛獲得證實。

根據十九世紀後半的考古發掘成果，從西頓的大墓園（necropolis）中發現了許多貴重的石棺。從石棺上鐫刻的銘文可以復原出從西元前六世紀中葉到前五世紀為止統治西頓的王室系譜。

其中現展示於伊斯坦堡考古學博物館的塔伯尼特（Tabnit）王石棺，在腳部的地方刻有一段碑文：

> 我塔伯尼特是阿斯塔蒂的神官、西頓人之王。是阿斯塔蒂的神官、西頓人之王艾休姆．阿薩爾（一世〔Eshmunazar I〕）的兒子。長眠於此棺。無論誰發現此棺，皆不許開啟。不可打擾我長眠。我沒有攜帶銀子，也沒有攜帶金子，甚至是任何珠寶。棺內只有我獨自長眠。切勿開啟。切勿妨礙我長眠。

塔伯尼特王的兒子艾休姆．阿薩爾二世也使用與父親相同的石棺來埋葬，不過這個石棺收藏於巴黎的羅浮宮美術館。艾休姆．阿薩爾二世在他統治第十四年的布勒月（*Bul*，現在的十月到十一月）之間過世，石棺上的銘文自豪地訴說著生前和母親共同治理的政績：

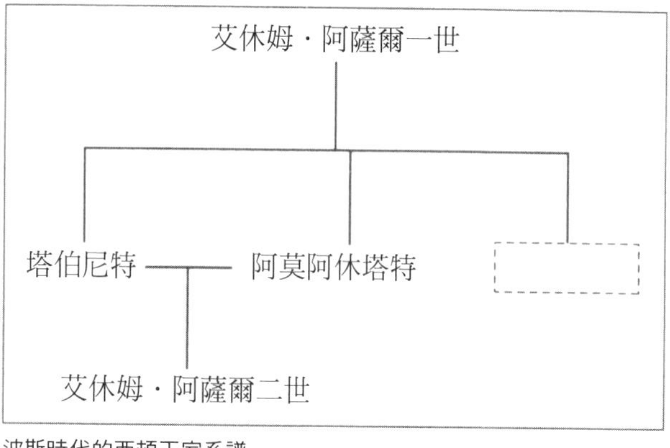

波斯時代的西頓王室系譜

我們是打造諸神宅邸（神廟）的人。在「海之土地」的西頓，建造〔阿斯塔〕蒂〔之家（神廟）〕。（中略）此外……建造了聖明的〔君王〕艾休姆的宅邸（神廟）。（中略）我們在「海之土地」的西頓建造西頓人的神明——謁巴力（即伊斯蒙神）宅邸（神廟），以及「名為巴力」的阿斯塔蒂宅邸（神廟）。且眾王之主（指波斯王）更因為我優秀的作為，賜予我們在沙崙平原上名為多爾和雅法（Joppa）的，大袞（Dagan）神的

塔伯尼特王的石棺　埃及樣式的石棺。塔伯尼特王時代被重複使用，鐫刻上新的銘文。伊斯坦堡考古學博物館所藏。佐藤育子攝影（下）。

偉大土地。我們將這些土地納入我國的疆界，希冀永世成為西頓人的土地。

從這段碑文可以理解，西頓施行世襲制的王政。艾休姆．阿薩爾二世能夠替自古以來的城邦神明伊斯蒙神（Eshmun）和阿斯塔蒂建造神廟，並自行舉行宗教儀式，且王室和神官一族關係匪淺。此外在波斯王的特殊安排下，許可西頓越過推羅向南方擴張領土。可以看到與新亞述時代的推羅一樣，西頓此時也被賦予特惠國的地位。

不過另一方面銘文中對盜墓賊的提防，也讓人不禁失笑，塔伯尼特王幾近懇求的呼籲，顯露出即便身為一國之君仍舊懷抱著無力感。此處已經感覺不到西元前一千年左右，比布魯斯的阿希拉姆王石棺上可見的那種身為國王的威嚴與驕傲了。

雖然還是要臣屬於阿契美尼德王朝的統治之下，但腓尼基諸城邦以西頓為核心，享受了長達約兩百年的自由和自治。

◎在波斯海軍的旗幟之下

原本不習慣海戰的阿契美尼德王朝，因為從統治底下的各民族中獲得軍艦和水手，撐起了波斯帝國海軍的架構；在這之中最優秀的，便是腓尼基派遣來的艦隊。

西元前五世紀初，在阿契美尼德王朝統治下的小亞細亞，愛奧尼亞各城邦的叛亂為日後的東方及希臘世界掀起巨大的波瀾，亦即造成波希戰爭爆發。西元前四九〇年大流士一世派出的大軍，在馬拉松戰役（Battle of Marathon）中遭米太亞德（Miltiades）率領的雅典軍隊奇襲而慘敗。大流士一世的兒子薛西斯一世（Xerxes I，在位期間：西元前四八五年～前四六五年）繼承父王的遺志捲土重來，親自率領遠征軍進攻希臘本土。

依據希羅多德的記載，此時波斯徵用的三層槳戰船（trireme）達一千二百零七艘，其中大約四分之一是由腓尼基人與敘利亞人所提供。西頓由泰川納斯特斯（Tetramnestos）王、推羅由瑪坦（Matten）王、阿拉朵斯由瑪伯勒斯（Merbalos）王等親自率領艦隊參戰。在波斯王席前的軍機會議上，由西頓王居上座，其次為推羅王。此外，當薛西斯在船上指揮時，搭乘的也必定是西頓的船隻。西頓在波斯時代之所以能夠獲得優遇，理由就在於西頓擁有如此優異的海軍力量。

然而在西元前四八〇年的薩拉米斯海戰（The Battle of Salamis），波斯軍卻受到嚴重打擊，輸給了活用地利之便的雅典海軍，腓尼基艦隊也遭到痛擊，只能逃離戰場。同一時間地中海的西西里島上，也發生了迦太基和希臘一派城邦的戰爭，史稱希梅拉戰役（Battle of

Himera），此處也以迦太基大敗做終。令人意外的是，地中海東部與西部同時發生希臘和腓尼基、迦太基的相互對峙，難道這純屬偶然？對此希羅多德的史料中並沒有說什麼，但如果從狄奧多羅斯（Diodorus）的記錄及其他史料來看，就算母城邦推羅和殖民城邦迦太基之間存在任何密約，也不是什麼不可思議的事情。

阿契美尼德王朝的統治，從開國後經過約一個世紀，來到西元前五世紀的最後幾年，可以逐漸看出開始分崩離析的徵兆。西元前四〇四年，埃及終於脫離了超過一百年以上的波斯統治，且之後成為政治上不穩定的存在，持續威脅著阿契美尼德王朝。西元前四世紀中葉，以安納托利亞為中心的帝國西部的總督們發生大叛亂，此事加速了阿契美尼德王朝的衰退。

在這樣的歷史背景中，因為反感於阿爾塔薛西斯三世（Artaxerxes III，在位期間：西元前三五八年～前三三八年）的高壓統治，西頓和埃及聯手，計畫反叛波斯。狄奧多羅斯記載道，西元前三五一年到前三五〇年叛亂發生，他們破壞了設置在西頓的波斯王家的設施，並且逮捕派駐在西頓的波斯官僚，加以處刑。

面對這種情況，阿爾塔薛西斯三世採取堅決報復的手段，徹底蹂躪西頓。見到西頓的悲慘狀況後，推羅和其他腓尼基城邦大為驚恐，因此放棄了無謂的抵抗而投降。西頓的優勢地位在此暫告崩毀。從此經過了十幾年之後，又發生了亞歷山大大帝進攻腓尼基之事。

從「希臘化」到羅馬時代

◎亞歷山大大帝攻陷推羅

為支配東方世界的阿契美尼德王朝劃下休止符的，是來自馬其頓的年輕風雲人物，亞歷山大（Alexander III）。他的父親腓力二世（Philip II）壯志未酬便遭暗殺，亞歷山大繼承父親遺志，踏上東方遠征的道路，時為西元前三三四年的春天。

遠征軍經由小亞細亞，首先在伊索斯會戰（Battle of Issus）中打敗首次對決的大流士三世，並使其敗走。到了西元前三三三年的深秋，亞歷山大已經來到腓尼基的沿海地帶。阿拉朵斯、比布魯斯、西頓等各城邦選擇不戰鬥，直接對亞歷山大表示歸順之意。羅馬時代的歷史學家阿里安（Flavius Arrianus）寫道，當時在海上執行軍務的阿拉朵斯及比布魯斯國王，獲知他們的城邦打開城門後，便率領自己的艦隊離開波斯海軍轉投靠亞歷山大一方。另外，先前蒙受過波斯毀城暴行的西頓，居民更是自願投向亞歷山大的陣營。

投降時締結的協定中，應該包含了保證歸順後城邦經濟活動的內容。亞歷山大的大軍在遠征內陸之前先平定海岸部分的做法，成為一種先例，目的是先確保東地中海沿岸一帶的安全。

然而，這些腓尼基城邦中只有位於最南端的推羅下場不同。雖然推羅曾表示歸順，但卻拒絕了亞歷山大要求向美刻爾（海克力士）神廟獻祭的要求。因為推羅城的守護神美刻爾也被視為是西元前四世紀希臘世界的英雄海克力士，而亞歷山大自豪於馬其頓王室的家譜可以上溯到海克力士，所以認為祭祀美刻爾乃理所當然之事。在亞歷山大遭到拒絕後，便決心要徹底攻陷推羅。

西元前三三二年一月，亞歷山大對與本土分離的推羅外島，展開了圍攻。依循自古以來的傳統而回到母城邦奉祀美刻爾神的迦太基使節團，此時正好在推羅，他們向推羅市民打氣，說迦太基的援軍即將到來。一些老弱婦孺則在戰鬥正式開始之前，以安全為理由被送去迦太基，使得整座城市的緊張感更為高漲。

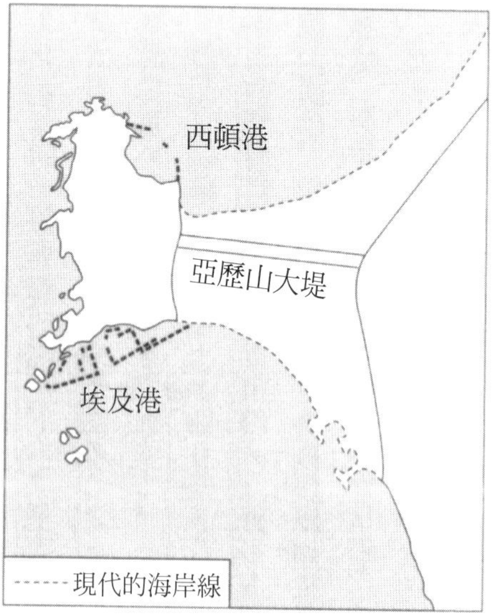

推羅的地形　根據 S. Moscati (ed.), *The Phoenicians*, 2001 製作而成。

兩軍歷經長達七個月的殊死攻防後，島嶼終於被攻陷。至今為止，推羅是受到多位國王攻擊卻總是無法打下的堅固要塞城市，這次首度屈服於亞歷山大大帝之下。當時亞歷山大為了攻城，從本土向著岸邊的島嶼建造了一道堤防，而堤防後來形成了沙洲，連接起本土和島嶼；今天此處的地貌已經完全轉變成半島的景觀。

在慘烈的巷戰之後，許多市民遭到屠殺，或者被當成奴隸販售，受到波及的人數有數萬人之多。只有逃進美刻爾神廟中的阿澤米卡斯（Azemilcus）王及部分貴族，以及迦太基使節團獲得赦免，得以保存性命。美刻爾神廟很明顯地發揮出一種「聖域避難所」的功能，那是即便亞歷山大也忌憚褻瀆神明的領域。他對美刻爾神獻上祭品後，舉行了陸、海軍的盛大閱兵儀式，並且還在神廟的境域內舉辦了各種體育競技以及火炬賽跑。

結果迦太基的援軍並未前來，亞歷山大也未對迦太基宣戰。不過在其他腓尼基城邦陸續服從亞歷山大大軍的過程中，推羅和迦太基的深厚關係，仍因為迦太基承繼了推羅「地中海女王的寶座」而未被中斷地持續下去。

腓尼基的代表性城邦推羅的陷落，表示一個時代確實落幕了。雖然歷史沒有「如果」，但假如亞歷山大能夠活得更長久，或許他的野心總有一天也會指向迦太基也說不定。

◎接受希臘文化的城邦

西元前三二三年，亞歷山大在十一年遠征的最後，在快到三十三歲之前患上了熱病而於巴比倫去世。他遺留下來的廣袤疆土及未完成的帝國，旋即成為繼業將軍們爭奪領土的舞台。包含腓尼基沿海地區的敘利亞—巴勒斯坦地方，統治者的更迭令人目不暇給。在這個過程中，曾經遭到徹底破壞的推羅，也迅速重建起來。在波斯統治時代便因為與愛琴海地方熱絡的貿易而傳入希臘文物的腓尼基，也被這波希臘化潮流的浪潮所覆蓋。西元前一九八年以後希臘化急速進展，此地脫離托勒密王朝的統治，納入塞琉古王國統治的敘利亞之內。

此外，第二次布匿戰爭時的將軍兼政治家漢尼拔，在迦太基失勢後，便流亡到塞琉古王國的安條克三世（Antiochus III，在位期間：西元前二二三年~前一八七年）底下，也正是在這個時候，他造訪了迦太基人的故鄉推羅。安條克三世之子安條克四世（在位期間：西元前一七五年~前一六四年）是希臘文化的熱情信仰者；在猶太人眼中，他則是反對他希臘化政策的人們發起馬加比起義（The Maccabean Revolt）所針對的君主。在安條克四世的統治下，希臘文化更加擴散，傳播力道也更提升。

如此一來，在進入西元前一世紀時，腓尼基諸城邦的希臘化大致都已完成。肯定也有希臘人進入到這些城市中定居下來，造成文化上的影響。有教養的人們說著通用希臘語（koine）、擁有希臘語的名字，希臘式的祭禮、戲劇、體育競技等，滲透到人們的生活之中。

不過，當地的文化與宗教並沒有完全消逝，這從出土於推羅近郊烏姆·埃爾·阿門德

刻有腓尼基語碑文的墓碑　出土自烏姆·埃爾·阿門德。收藏於貝魯特國立博物館。

的腓尼基語碑文可以證實。即便當地持續接受新的文化，但仍可窺見持續維持舊有傳統的人們。

雖然當地的國王遭到廢黜，但從留下的碑文殘片中可以確認，推羅與迦太基一樣存在著公民大會與政務官蘇菲特（sufets）一職，具有某種程度的共和政體機能。除了使用塞琉古紀年，他們也被准許使用城邦各自的紀年法，各城邦也能發行自己的貨幣。實際上希臘化時代的腓尼基也擁有一定的自治空間。

◎龐培的登場

塞琉古王朝的統治，經常圍繞著繼承問題出現內亂，統治的基礎從立國之初便非常脆弱。在這種情況下，安條克四世的死亡（西元前一六四年）立刻成為稍後內亂爆發的序曲。

尤其在西元前一四五年以後，塞琉古王朝的內部同時擁立了多位國王，分裂的狀態浮上檯面，西元前一二九年的安條克七世之死，更加速了塞琉古王朝的解體。

這種狀況也替王國內部一直壓抑的被統治民族的獨立趨勢，燃起了旺盛的火花。腓尼基沿海地區的阿拉朵斯、推羅、西頓等地都興起了脫離塞琉古王朝的獨立運動。在政治鬥爭中失敗並逃至推羅的德米特里二世（Demetrius II），在當地遭到暗殺的事件（約西元前一二六年）也印證了這樣的情勢。之後，推羅發行了沒刻上塞琉古國王名字的貨幣，西頓也在西元前一一一或前一一〇年以後，比照推羅發行了自己城邦的貨幣。塞琉古王朝與同樣是希臘化王國的托勒密王朝長年對峙，在面對從內部冒出的獨立自治的浪潮時，因王位鬥爭而衰微的王國，至此已經無力鎮壓。

其實從一九九九年起，日本也以日本西亞考古學會的成員為核心，持續在推羅（泰爾）充滿幹勁地進行學術調查。在二〇〇三年的發掘調查中，發現了刻有坦尼特（Tanit）女神（參見第六章）的砝碼，引起了相當大的話題。根據發掘者泉拓良的解釋，這個砝碼可能是推羅民族主義高漲的象徵。之後調查仍在持續進行，日本考古隊或許還能發現新的遺物，為歷史

刻有坦尼特女神的砝碼　日本考古隊的發掘調查中，於 2003 年出土的鉛製砝碼，有正（左）反（右）兩面。泉拓良提供。

添上新的一頁，這樣的夢想也許並不遙遠。

進入西元前一世紀後，趁亂入侵敘利亞的亞美尼亞王國（Kingdom of Armenia）的提格蘭二世（Tigranes II），在西元前八三年至前六九年為止，仍接受塞琉古王朝的支配進行統治，但這也僅是短暫的時間而已。至於在地中海的另一側，羅馬已經消滅了迦太基和馬其頓，正虎視眈眈地想要朝西方和東方世界擴展霸權。

西元前六四年，羅馬的龐培結束了塞琉古王朝長年的內亂，終結了塞琉古王國。敘利亞的塞琉古王朝自此名實俱亡，腓尼基各城市改隸屬於羅馬廣大領土中的敘利亞行省。

在最終成為地中海世界霸者的羅馬帝國之下，腓尼基城市的命運又將如何？這又屬於另一段故事了。

◎從腓尼基人身上學到的事情

從第一章到第二章，我們以腓尼基本土為焦點，概觀了從迦南時代到羅馬時代開始為止約一千多年的歷史。

腓尼基人搭乘著地中海上最好的船隻，騁馳在大海上，是少見能夠活躍於國際貿易的商人。西元前九世紀以後，身為海上與陸上貿易連接點的地中海東部沿岸地區的腓尼基城邦，因為是當時世界上物品的一大集散地而繁榮，成為國際商業城市。而他們也不只是單純從事轉手貿易的商人，由於承襲了迦南時代的傳統，本身也是擁有染色與紡織產業、金屬加工與象牙精工的熟練工匠集團；除此之外，還是擅長砍伐與搬運木材、建築、造船等領域的專家。他們不僅能運輸物品，還會創造物品，此點便是他們隱含的強大實力。

觀察亞述、波斯等具代表性的東方大國與腓尼基城邦的小國之間的關係，並不見小國遭大國完全吸收而消滅的情況。反而我們可以看見腓尼基城邦以自身的經濟力和技術為武器，在大國的夾縫間柔軟但充滿生命力地生存下來的鮮明形象。他們這種柔軟卻強韌的生存方式，正是能夠給予在現代國際化社會中求生存的我們，許多指引與借鑑的地方。

擁有自己的國王和政治體制、崇奉固有城市神明的腓尼基城邦，屬於一個個獨立的城市國家，在他們漫長的歷史當中，從未在政治上形成一個統一的政體。當遭遇到什麼狀況時，互相採取臨機應變的態度加以對應，偶爾也會做出讓人難以接受的見風轉舵的行為。但反過來說，能夠不受限於既成框架，由各城邦、個人的自主意識進行判斷，背後其實有著無與倫比的自信在支撐，而這種自信又來自於可謂是某種天賦的腓尼基人的資質。

腓尼基人前往各地貿易時想必體驗過各種異文化的衝突，他們從中學習到許多經驗，並體會出如何以柔軟的態度處事，發展出屬於自己的一套生存之術。

腓尼基城邦的人們並不理會大國的更迭，在激烈變動的一千多年中持續生存了下來。他們把目標放在海洋另一端的新天地，最終成為君臨地中海的霸者。在下一章我們將以地中海西部的腓尼基人為主，考察他們的活動。

第三章

腓尼基人向西方的發展——傳說與史實

諾拉石碑　出土於薩丁尼亞島的諾拉。時間在西元前九世紀後半～前八世紀初。藏於卡利亞里的國立考古學博物館。

地中海西部的腓尼基殖民傳說

◎消失的地圖

那不勒斯（今拿坡里）、錫拉庫薩（今敘拉古）、馬西利亞（今馬賽）、拜占庭（今伊斯坦堡）……等等，這些散布在地中海周邊的港口城市，過去全都是由迦太基人建造的殖民城邦。西元前八到前六世紀，巴爾幹半島、小亞細亞的愛琴海沿岸等已經進入城邦時代的希臘人，因為原居住城市的內亂和人口過剩，為了尋求新天地而展開大規模的殖民運動，結果希臘人的活動範圍擴張至包含黑海沿岸在內的地中海全域。以往的世界史常識告訴我們：地中海被人們認為是一片連通的內海、成為一個完整的歷史舞台的過程，與希臘人活動的軌跡完全一致。

然而此種想法有一個很大的缺陷。有許多港口遭到人們遺忘，數量之多甚至可以構成一張消失港口的地圖。包括利克蘇斯、加地斯（腓尼基名加地爾〔Gadir〕，現名加迪斯〔Cádiz〕）、馬拉加（Malaka，現名 Málaga）、伊比薩（Ibiza）、西西里島的莫提亞（Motya）、馬爾他島、北非的烏蒂卡等等，這些人們大概不甚熟悉的地名，其實是被稱為腓尼基人的迦南人，遠航至西地中海，甚至到大西洋沿岸活動所留下來的遺跡。譬如像位於西班牙的加地斯，以及位於摩洛哥的利克蘇斯，皆處於大西洋沿岸。

這些港口有些擁有令人無法置信的古老起源傳說。例如羅馬帝國時代初期（西元一世紀中葉）的地理學者龐伯尼斯．梅拉（Pomponius Mela）便記載道，在加地斯有推羅人建立的「埃及的赫丘力士（Hercules，即希臘人的海克力士）」神廟，該處埋葬著赫丘力士的遺骨，而神廟的起源可以追溯到（荷馬描述的）特洛伊時代。因為在希臘傳說中特洛伊戰爭發生於西元前一一九〇年或前一一八四年，梅拉因而主張加地斯市的誕生時期比此更早，應該在西元前十二世紀前便建立了。

梅拉出身於西班牙南部的廷根特拉（Tingentera），這個城鎮就位於加地斯南方近郊，因此這樣的記述或許多少混入了在地人對本國的驕傲情感。廷根特拉城很可能也是腓尼基人的殖民地，在梅拉的時代，也就是羅馬皇帝克勞狄一世（Claudius）的統治時期，此地尚居住著從非洲渡海而來的腓尼基人的子孫。

至於在其他傳說之中，加地斯城是在特洛伊滅亡的八十年後，也就是約西元前一一一〇年或前一一〇四年時，由腓尼基的艦隊所建造，稍後他們也在北非的突尼斯近郊建設了烏蒂卡（根據西元一世紀的歷史學家帕特爾庫魯斯〔Marcus Velleius Paterculus〕的說法）。

羅馬帝國初期知名的地理學者斯特拉博（Strabo）和博物學者老普林尼（Gaius Plinius Secundus）也都認為加地斯建立於特洛伊滅亡後不久。老普林尼還提及了北非大西洋沿岸的利克蘇斯，並認為利克蘇斯城中也有海克力士的聖域，而且比加地斯的更為古老。

◎特洛伊時代的腓尼基殖民？

這些傳說究竟訴說了些什麼呢？西班牙歷史學家歐貝特（María Eugenia Aubet）認為，在伊比利半島等地中海西部，西元前八世紀之前幾乎沒有考古證據可以證明腓尼基人曾在此進行過殖民。在她的著作《腓尼基人與西方》（*The Phoenicians and the West*）一書中指出，帕特爾庫魯斯所謂的加地斯建成於特洛伊滅亡後八十年的記載並不值得採信，她的大意如下：

帕特爾庫魯斯的敘述中，關於腓尼基人來到西方的年代和地點有著極大的混亂，這種特徵屬於希臘化時代（亞歷山大大帝死亡之後）歷史學的產物。希臘化時代的歷史記錄，把荷馬史詩當作歷史事實，而且有一種傾向，就是把西方各城市的起源，與「特洛伊陷落」後英雄們返回（西方）——即所謂的返鄉歸國神話（*nostoi*）——串接起來。加地斯的建設與英雄（半神）海克力士的西方遠征連結在一起，便屬於這種狀況。前述梅拉認為希臘的半神海克力士死於西班牙的想法，也是自於此。

這些傳說產生自西元前二世紀到前一世紀，正是加地斯城的繁榮時期，也與漢尼拔或尤利烏斯・凱撒（Julius Caesar）等名人造訪海克力士神廟的時期相重合。首先在西元前四世紀，希臘半神海克力士在腓尼基人的根據地推羅，開始和美刻爾被當作是同一神明，從這個時期起，在雅典就產生出了關於海克力士前往伊比利半島的神話。因為當時人們已經熟知加地斯的海克力士神廟「歷史悠久」，所以加地斯城的人們也把城市建造者腓尼基人向西方的航行，和「海克力士／美刻爾」的西征連結、混同在一起。

倘若海克力士真的踏上往西班牙的旅程，那麼為了將該旅程和加地斯的神廟——即希臘化時期真實存在的赫拉克萊奧（Heracleion，即希臘式的海克力士神廟。這就表示當時已經不存在推羅的腓尼基樣式的美刻爾神廟〔筆者註〕）——連結上關係，就有必要把這些事件安插進特洛伊戰爭後「海克力士的孩子們」返回希臘的歸國神話之中。如此一來，利克蘇斯和烏蒂卡等西方的（腓尼基人）殖民城市的建成年代，就必須全部移到特洛伊戰爭時期左右。

傳說中把腓尼基人來到西地中海、大西洋沿岸的時間訂在西元前十二世紀，便是如此操作的結果，但這無法承受現代歷史學嚴密的驗證。

這一段議論稍嫌複雜，簡要而言，就是原本希臘英雄海克力士與腓尼基城邦推羅的城市神美刻爾各不相干，而兩者被視為是同一神明的背景，則是來自於希臘化時代的歷史學家，他們為了給神殿及加地斯的「歷史悠久程度」加分，而將當時知名的加地斯海克力士神殿的由來，與希臘英雄海克力士的西方旅行相結合。因為加地斯有一個更加腓尼基式的名稱叫加地爾（意為「被包圍的場所」、城砦），所以確實是腓尼基人的殖民城市，因此希臘化時期加地斯的海克力士神殿，到某個時期為止應該的確是直屬於推羅的美刻爾神殿。

西元二世紀傾希臘一派的羅馬元老院議員阿里安在《亞歷山大遠征記》（*Anabasis Alexandri*）中，描述一座應該是加地斯卻被稱為「塔提蘇斯」的城鎮，認為這是腓尼基人的殖民城市，並說道城市中建有海克力士神殿，且祭拜方式也屬腓尼基風格。關於希臘化時代加地斯的海克力士神殿，歐貝特也曾提到一段逸事，那就是擔任財務官時的凱撒在此神殿中見到亞歷山大大帝像後，興起了征服世界的野心。

無論如何，將腓尼基的美刻爾神和希臘海克力士「混淆」，甚至視為同一神明的結果，造成了加地斯神殿的建造年代，被從最初的建造者腓尼基（推羅）人的西方殖民年代，提早到英雄海克力士活躍的特洛伊戰爭之前（梅拉說法），或者是在特洛伊戰爭的二到三世代之後，「海克力士的子孫們」（*Heracleidae*）返回伯羅奔尼撒半島（Peloponnese）的時期（帕特爾庫魯斯說法）；因此，才出現了一系列傳說，主張「腓尼基人於西元前十二世紀時已經穿過直布羅陀海峽進入大西洋沿岸殖民」。

◎「前殖民階段」假說

如上所述，我們必須說腓尼基人抵達西方的歷史，即建設加地斯、利克蘇斯與烏蒂卡的時間，從薄弱的史料根據來看，實在難以追溯到西元前十二世紀。即便如此，對於有確切考古證據的西元前八世紀之前的時代，學者們仍做出了「前殖民階段」的有力假說，認為在西元前十世紀甚或更早之前，腓尼基人便已來到西方。這類學說認為，此階段的腓尼基人為了取得貴金屬的礦石，饋贈裝飾品等誇示威信的物品給西地中海地區的原住民，藉此進行以物易物的交易，並未進到建設殖民城市的程度，因此「前殖民階段」也就沒有留下考古學上的證據。

如同歐貝特也批評的一般，這類學說是為了填補從帕特爾庫魯斯主張的西元前十二世紀腓尼基人便航行到西方的古典文獻，至西元前八世紀以降有確實考古資料之間空缺的時間間隔，因此是帶有強烈妥協論調的學說。不過，在這種論點不斷出現的背後，我們也不能忽視一件事，那就是被視為「前殖民階段」開始的西元前十二世紀的這個時期，包含腓尼基人的故鄉迦南地方在內，對整個地中海東部而言，確實是重要的歷史轉捩點。

西元前十二世紀是青銅器時代結束，人類開始進入鐵器時代的時期。當時青銅器時代地中海東部的文明中心——新王國時期的埃及，因為受到「海上民族」的入侵而衰退，接著西臺帝國滅亡，邁錫尼文明（在城邦時代之前，屬於此文明的希臘各個王國攻擊、破壞了位於小亞細亞的特洛伊城的事件，便是所謂的特洛伊戰爭）也面臨毀滅。包括「迦南之地」，亦即日後被稱為腓尼基人的迦南人所建立的眾多城邦分布的敘利亞地區，在這場變動中也無法置身事外。其中主要城市之一的烏加里特，最終在西元前一千兩百年左右遭破壞並被放棄，以及西元前一二三〇年左右古以色列人（希伯來人）入侵，加上「海上民族」特別是非利士人的入侵與破壞，進而占據迦南南部的海岸地區（西元前一一八〇年左右），都讓迦南人的社會受到嚴重打擊，不得不順應時代而改變。迦南人的居住地被縮減，只侷限於西北部海岸地帶，而這個地區也開始被稱為腓尼基。

迦南地方的「黑暗時代」，也就是青銅器時代結束，轉變至鐵器時代的西元前一二〇〇年前後持續到大約西元前一〇五〇年的時期。在此時代總算結束時，過往的迦南地方已然解體，分裂成迦南（腓尼基）人居住的西北部沿海、阿拉姆人（Arameans）各族群居住的敘利亞內陸、建立起古代以色列王國的南部區域等三大地區。原本已形成農耕社會的迦南人，不得已搖身一變成為古代世界少見的「商業民族」腓尼基人，他們從事商工業，特別是專精礦石貿易與金屬加工。轉變的契機很明顯肇因於「黑暗時代」造成的居住地區縮小所帶來的人口過剩等各種狀況，因此，認為「黑暗時代」可能是迦南人／腓尼基人前進西方的活動準備期的說法，即便遭歐貝特的否定，作為假說仍有一定的說服力。

西向發展的實際年代

◎諾拉石碑

無論如何，今日發現的能夠證明腓尼基人在西地中海活動的考古學證據，大部分都是西元前八世紀之後的資料。當中最古老的資料，是西元前九世紀後半到前八世紀初，出土於薩丁尼亞島南端諾拉（Nora，今普拉〔Pula〕）的一塊石碑。這塊碑文只剩下八行文字，內容是關於建造一座神廟獻給名為普瑪伊（Pummay）的神明，推測應是漂流至此的腓尼基航海者為了紀念生還而建立神廟之時，所殘留下的石塊；與腓尼基人在加地斯或利克蘇斯建造神廟獻給美刻爾（海克力士）神屬於相同的慣習。關於此石碑的解讀和解釋有多種說法，其中東方學學者愛德華．李平斯基（Edward Lipiński）將碑文英譯如下：

第一行　往（在）他施，
第二行　然後他們被吹往
第三行　薩丁尼亞。
第四行　他們獲救了，獲救了，
第五行　水手們也，
第六行　「女王」號的（其他讀法也譯成「凱特翁之王的」）。這個建築物
第七行　是布告官（nāgir）建的，
第八行　為了獻給普瑪伊（神）。

第一行的「他施」是第二章提過在《舊約聖經》〈列王記〉等篇中出現的，腓尼基船隻航海的目的地，是帶回金、銀、鐵、鉛、錫等礦物的謎樣地點。最有可能的說法是，位於西班牙南部靠近加地斯的一處稱為「塔提蘇斯」的地方，就是當時的他施。

從這塊碑文可以了解道，此處記錄的腓尼基一行人想要前往「他施」，雖然確定已經接近該處了，卻遭遇船難漂流到薩丁尼亞島（碑文記載為b-šrdn），好不容易在諾拉得救上岸，應是為了表達獲救的感激之情，所以建造了神廟獻給「普瑪伊」神。第七行被譯為布告官（碑文記載為ngr）的官員，根據李平斯基的說法，可能與在烏加里特監督外國船隻名為「nāgiru」的官僚，或者在美索不達米亞的馬里負責徵稅的同名官僚有關。至於這位「布告官」是否也搭乘遇難船隻，或者是因為之前在諾拉就有腓尼基人停泊船隻的基地，而該官員負責常駐該地，便不得而知了。

總之，從這些文字我們可以想像，在西元前九世紀後半左右，已經有腓尼基船隻航行到比義大利半島更西方的薩丁尼亞島，而且與其說是僅此一次的冒險式航海，更可推斷應該是先決定了目的地，且有著某種程度上固定航路的正常航海才對。而「布告官」這樣的官僚的存在，也顯示在這個時期腓尼基人對於向西方航海已習以為常，因此為了監督、控制這些航行船隻，才會產生「布告官」的官僚制度，這也證明向西航行已是一種常態。

◎進入西地中海的時間是在西元前九世紀後半嗎？

諾拉石碑的年代最早能夠推到西元前九世紀後半，這也是傳說中建設迦太基城的時期。迦太基城的實際建設年代，根據考古學資料大約在西元前八世紀中葉，而根據古典時代史料《蒂邁歐篇》（*Timaeus*）的殘篇來看，則是在西元前八一四年到前八一三年。

一般認為建設迦太基城的人物，是腓尼基推羅城邦的公主愛麗莎（Elissa，也稱為狄多〔Dido〕），但因為同樣屬於推羅的國王，謁巴力一世在北非建立了名為奧薩的殖民城市，而他在位的年代是西元前九世紀中葉（西元前八八七年～前八五六年）。簡言之，針對腓尼基人進入西地中海的年代，西元前九世紀後半這個數字，應算相當正確。

之後將近一百五十年的期間，腓尼基人完成了從本土的推羅經由西進據點的賽普勒斯島，連接西西里島、馬爾他島、薩丁尼亞島，接著路經北非的烏蒂卡、迦太基等中繼站，一直航行到出直布羅陀海峽的加地斯、利克蘇斯的西向貿易網的航路原型。

古典史料把加地斯、利克蘇斯、烏蒂卡的建設年代推到特洛伊戰爭時代，遠早於建設奧薩、迦太基及賽普勒斯的凱特翁等殖民城市的時間，這樣的說法雖然應當加以批判，但從這類傳說中我們也能夠理解到，腓尼基人的西向發展，是在很短的期間內一口氣抵達地中海西端。如果腓尼基人先控制位於地中海東西向中央位置的迦太基、西西里島後，直到許久之後的時代才來到位於西端的伊比利半島的加地斯附近，那麼傳說中把建設加地斯、利克蘇斯的年代提前到迦太基城之前的主張，便難以成立。

◎西元前九世紀至前八世紀的東方世界

腓尼基人會這麼早就來到位於西班牙南部的加地爾（加地斯）等地方，其中一個重要的理由，便是這附近正好是穿越直布羅陀海峽進入大西洋時，非常重要的停泊港。但是，就像十五、十六世紀大航海時代的葡萄牙人和西班牙人並非只是為了地理學上的好奇而想要去找尋「印度」一樣，對腓尼基人而言他們的目的也不是前往地中海的盡頭探險，甚至進入大西洋；他們真正的目標，是要去尋找當時地中海東岸逐漸稀缺的金、銀、銅、鐵、鉛、錫等礦石，尤其是銀礦。

西元前九世紀到前八世紀的東方／東地中海世界中，尚未出現金屬錢幣，因此金、銀的稀缺問題並非因為是貨幣材料，而是因為國王、神官等統治階級的人們，需要透過燦爛耀眼的服裝配飾、寶座、家具、宮殿裝飾等物品來彰顯自己的威信，將自身的地位可視化、神聖化之故。此外進入鐵器時代後東方發達的農業社會，也需要多方面地利用鐵、銅等工具方能生存。而鐵器作為武器的重要性，自然不在話下。特別是在西元前八世紀至前七世紀，歷史上第一個統一包含埃及在內整個東方世界的亞述帝國（新亞述帝國），可說就是因為大量使用鐵器才能建立起來的；薩爾貢二世的宮殿遺跡中，也曾發現過重達一百六十噸的鐵。

依據歐貝特的說法，在大量使用金屬的情況下，在西元前一千年左右以降的東方世界，白銀成為交易時的基準單位，銀與金、銅、錫的交換比例也固定下來，開始使用一種以白銀重量為基礎的「貨幣」單位（錫克爾，Shekel）。供給亞述帝國金、銀的城市中，數量最多的首推腓尼基的推羅，大馬士革等城市則跟隨其後。亦即，推羅透過長途貿易從地中海各地供給東方、亞述帝國白銀，成為這個新成型的商業貿易經濟得以順利運轉的中心地。

◎西班牙的白銀之鄉

關於推羅在西方的殖民，有必要順著上述提供東方金屬流通的關係來考察。撰寫布匿戰爭歷史的波利比烏斯（Polybius）也認同，提到古代的伊比利半島，最有名的就是金、銀。推羅人建立的「被包圍的場所」加地爾，位於西班牙南部東西流向的瓜達幾維河（Guadalquivir）注入大西洋的入海口附近，這條河川與西邊鄰近的紅酒河（Rio Tinto，或稱廷托河）流域，是堪稱古代黃金國（*El Dorado*，此處更應該說是白銀國）的白銀產地。

下一章也會介紹，與其說腓尼基人自行開採銀礦，實際上更像是他們和當地原住民透過以物易物的方式取得白銀。當地原住民以貴重的銀礦，換來橄欖油、葡萄酒、各種雜貨等。瓜達幾維河流域自古就存在著被統稱為「塔提蘇斯王國」的原住民居住地帶，從這些地方的遺跡中也發掘出了西元前八世紀以後的雙耳瓶（amphora，兩側有握把的壺）等腓尼基人的搬運工具，以及裝過香料、香水的各種小罈子、象牙精工製品、金、銀、珠串飾品等大量腓尼基人製作的物品。「塔提蘇斯」的貴族墳墓（威爾瓦〔Huelva〕的拉霍亞〔La Jolla〕墓地）在西元前七世紀託輸出白銀之福而豪華富麗，且明顯表現出受到腓尼基和東方文化的影響。

加地爾以塔提蘇斯的原住民社會為腹地，建造於瓜達幾維河偏東方的瓜達萊特河（Guadalete River）河口外海的兩、三個小島上。希臘、羅馬人的書籍中把加地爾稱為「加地斯」或者「加地拉」（Gadira），無論哪一個名稱都是複數形，因為此地建築在複數的島嶼上。這些小島因為地形變化現今已與本土相連，所以我們無法得知過往加地爾城的真正樣貌。隔著細長海峽在眼前如鼻尖的陸地上有著塔提蘇斯人們的聚落，從該處發現了西元前七七〇年到前七五〇年左右的腓尼基製的輸入品。到了西元前八世紀中葉，腓尼基人的交易如前所述已經廣及瓜達幾維河流域內陸的塔提蘇斯聚落。加地爾透過與這些原住民社會接觸取得金、銀、鉛，並成為往推羅等腓尼基本土和東方輸出白銀的港口。西元前十至前八世紀，東方世界的人們趨之若鶩地前往西方「淘銀」而非淘金，其終點就是加地爾。直到有證據證明此城確實建立的西元前八世紀為止，從推羅到加地爾之間的地中海及直布羅陀附近都成為「腓尼基人之海」，而他們的探險也暫告一段落。

青銅製水壺　出土自西班牙威爾瓦。引自 M. E. Aubet, *The Phoenicians and the West,* 2001。

海克力士的西方之行

◎海克力士的足跡

腓尼基人何時到達西方的問題先討論至此，接下來想再多探討一下海克力士／美刻爾的西征傳說。關於美刻爾神已在前一章詳述，此處僅對希臘方面的傳說，也就是知名英雄海克力士與西地中海、大西洋的關係，嘗試進行整理。透過這樣的思考，也可以更明白希臘、羅馬人抱持的西方印象，並揭開隱藏於背後的腓尼基人身影。

希臘的海克力士不是神明而是一位半神，父親是諸神之王宙斯，母親是人類女性阿爾克墨涅（Alcmene）。因為海克力士的誕生導致宙斯妻子赫拉（Hera）的憤怒，受到詛咒的海克力士陷入瘋狂殺害了自己的妻小，並成為阿爾戈斯（Argos）統治者歐律斯透斯（Eurystheus）的僕人，被交付了十二項艱難的任務。他達成這些困難任務的舞台，如同搏殺出沒於涅墨亞（Nemean）峽谷的獅子時一般，都在希臘本土的阿爾戈斯附近；剩下幾項被描述成在天涯海角，位於世界的邊緣。他前往冥府栓上並帶回的地獄魔犬刻耳柏洛斯（Cerberus）——並用以威脅歐律斯透斯王——的第十二項任務最為困難。至於任務距離最遠的行程，則有摘取赫斯珀里得斯（Hesperides）的金蘋果與抓走巨人革律翁（Geryon）的牛群。

黃金蘋果是女神赫拉結婚時大地之母蓋亞致贈的禮物，該蘋果樹由稱為「赫斯珀里斯們」（Hesperis，即赫斯珀里得斯）的姊妹數人看守，種有該蘋果樹的聖園則位於遠方——在大部分版本的故事中位在阿特拉斯山脈的另一側。關於這個傳說中的庭園，博物學者老普林尼認為茅利塔尼亞（Mauretania，今摩洛哥）的利克蘇斯城市的河口有一株錦葵的大樹，該處便是赫斯珀里得斯看守的庭園。如前所述老普林尼也說道，此樹位於「傳說比加地斯更古老的海克力士神殿附近」，並以此作為西元前十二世紀時腓尼基人殖民利克蘇斯的根據。海克力士殺死了守護黃金蘋果樹的巨龍拉冬（Ladon），另一種說法則是海克力士暫時代替扛著天空的巨人阿特拉斯，讓阿特拉斯幫他取回蘋果，最終順利完成了這項困難的任務。赫斯珀里得斯的庭園在阿特拉斯山脈的另一頭，即大西洋沿岸的某處，相當難到達，這個觀念想必成為了此項困難任務的基礎設定。

◎橫渡大洋的海克力士

關於革律翁牛群任務的地理觀念又更加模糊曖昧。擁有三個身體的怪物革律翁，把他的牛群飼養在厄律提亞島（Erythiea），亦稱為「紅之島」的地方，而《希臘神話與英雄傳說》（*Stories of Gods and Heroes*）的作者湯瑪斯・布芬奇（Thomas Bulfinch），則認為此處「紅」便是指夕陽暮色，意味著太陽下沉的西方，因此讓人聯想起西班牙。

在前往厄律提亞島的途中，海克力士把一座山一分為二，在隔開非洲與歐洲的海峽兩邊各放置一半，也就是所謂的「海克力士之柱」（直布羅陀海峽）。在擊殺負責看管牛群的巨人歐律提翁（Eurytion）及雙頭的看門犬後，海克力士取得了牛群，隨後又射殺了追趕而來的革律翁，回程中在羅馬附近又發生牛群被巨人卡庫斯盜走的插曲，最終才回到希臘的歐律斯透斯王之處。

其中令人感興趣的部分，大概是尋找革律翁牛群的過程中海克力士渡過俄刻阿諾斯（Oceanus，大洋、大西洋）的傳說了。海克力士乘著太陽之盃航行於俄刻阿諾斯的圖

描繪橫渡大洋的海克力士的阿提卡盤子　摘自 W. H. Roscher(hrsg. von), Ausführliches Lexikon der griechischen und römischen Mythologie, 1886-1890(rep. 1978).

案，也被畫在西元前五世紀初的阿提卡（Attica）盤子上。

圖中海克力士右手持著他慣用的武器棍棒，左手握弓則為其特點。據說海克力士在前往革律翁的島嶼途中，曾朝著從俄刻阿諾斯（大西洋）上持續升起的太陽拉弓，亦即此圖上海克力士的大洋航行，呈現的是找尋革律翁牛群那段故事的一個場面。根據希臘神話的集大成者阿波羅多洛斯（Apollodoros）表示，海克力士在旅途中，因為不耐炎熱所以拉弓射日，太陽有感於他的豪氣而贈與他黃金之盃，他便乘坐此盃渡過大洋。並且自厄律提亞島返回的途中，海克力士渡海至「塔提蘇斯」，並在該處將黃金之盃還給太陽。

橫渡大洋的海克力士的形象，確實讓人聯想到腓尼基的美刻爾神。而且乘坐太陽之盃，攜帶為了射日的弓去航海，這種觀念也讓人聯想到某種涵蓋了地理學、天文學知識的遠洋航行技術，如太陽在頂點時的角度。

希臘半神海克力士的西征傳說，除了表現出希臘人最遲至西元前五世紀左右已經出現對北非、伊比利半島、大西洋方面的關注，同時也反映出對他們而言前往西方、大洋的困難；甚至得描寫成英雄的偉業之一。除了意識到困難性之外，希臘人恐怕還對更早抵達大洋的腓尼基人懷抱著強烈的競爭意識，如同歐貝特所指出的一般，這裡也存在著把腓尼基人的神明美刻爾納入自己「海克力士」傳說中的，希臘人將對方「同一化」的過程。

無法否認在世界各地都很有名的海克力士傳說，其中有相當多的部分，是來自於希臘人對於比自己還要先環繞世界的腓尼基人的合成情節。

梅拉訴說的故事

◎海克力士死於西班牙？

因此，當我們重新審視這些由希臘、羅馬人傳承的地中海西方各個城市的建設傳說，也就是「海克力士／美刻爾西征傳說」時，總是給人好像哪裡不對勁的感受，像是本章開頭介紹過的，出身西班牙的地理學者龐伯尼斯．梅拉的敘述。梅拉明白表示加地斯城中由推羅人（腓尼基人）建立的神殿，是獻給「埃及的赫丘力士」的。在梅拉的描述中我們可以讀到，他主張的這個赫丘力士，與完成十二項偉業的那位海克力士，是不同的人物。在文中同樣的地方，他也說明此神殿是「赫丘力士」的埋骨之地。

希臘的半神海克力士，因為新婚妻子以為他移情別戀，讓他穿上染了半人馬（centaur）

血液的罩衫，以為藉此能夠挽回海克力士的心意，不料半人馬血液蝕膚沁骨，海克力士為了從痛苦中解脫，在希臘北部的色薩利（Thessaly）堆起柴火自焚而死。因此，埋於西班牙加地斯的海克力士的遺骨終究是別人的吧。換言之，梅拉的想法，並不是把希臘的海克力士與其他不同民族的神明（美刻爾？）視為同一神明，而是透過區別希臘的海克力士與「埃及的赫丘力士」，主張後者才是與加地斯城創建有關的存在。

更有趣的是，這種「死於西班牙的是另一個赫丘力士」的觀念，並非梅拉一人所獨有。西元前一世紀的歷史學家撒路斯提烏斯（Gaius Sallustius Crispus）在《朱古達戰爭》（*Jugurthine War*）中，有一個篇章說明了北非各種族的起源，當中寫有北非該地區（特別是鄰接迦太基的努米

印在封泥上，持弓與棍棒的海克力士　出土於迦太基。約西元前五世紀末～前四世紀初。引自 F. Rakob (hrsg. von), *Karthago* II, 1997。

底亞地方）居民相信「赫丘力士逝於西班牙」的報告。

因為梅拉的故鄉位於西班牙南部，如果是在西地中海腓尼基人勢力中心的迦太基城所在的北非一帶，流傳著逝於西班牙的並非希臘的海克力士，而是另有其人的傳說，那麼與其認為這是起源於希臘本土英雄海克力士的傳說散播後出現地方化的現象，不如視為確實存在某種不同體系的——一種腓尼基人殖民區域中特有的，應該是與美刻爾相關的傳說——反而更為合理。梅拉因為自覺到自己的說法是立基於這種「腓尼基式」的傳說之上，而想要強調自己故鄉附近的加地斯城，是由來自腓尼基本土的推羅人所建設完成的。

◎逆時針方向描述的世界地誌

關於梅拉在《地誌》（*De Chorographia*）一書所展現的世界觀，最近羅傑·巴遜（Roger Batty）發表了很有意思的研究。巴遜在一篇名為〈梅拉的腓尼基地理學〉（Mela's phoenician geography）的論文中，論證梅拉的自我認同是紮根於從北非來到西班牙南部的腓尼基人的殖民地；他是為了與自己同樣擁有腓尼基認同的讀者書寫，所以採取傾向腓尼基方面的地理學，而與斯特拉博等希臘地理學不同。

書中值得注目的，就是梅拉描述世界各地的地誌時，環繞的順序深具特色。梅拉沿著海岸的敘述方式，正好如同船隻的航海日誌一般，先繞行地中海，接著環行世界。像這樣的環繞共有三回。第一回是鄰地中海的各地方，依照北非↓埃及↓腓尼基↓小亞細亞↓希臘↓義大利的順序，在西班牙結束。第二回描寫浮於地中海及黑海內側的諸島，由西班牙的加地斯眾小島開始，經黑海的島嶼↓東地中海↓北非沿岸↓愛琴海北部↓轉向歐洲海岸之後，又再回到西班牙周邊。最後第三回的巡迴，則由西班牙開始向北而行，經不列顛群島後，抵達斯堪地那維亞半島與歐洲外圍，之後經過色列斯（Seres，即中國）、沿著印度與亞洲東端南下，再到波斯灣、紅海、繞行非洲大陸的大西洋沿岸，最後從利克蘇斯回到直布羅陀海峽作終。

如巴遜所指出的，採取環繞航行記（拉丁語稱 Periplus）的形式沿著海岸敘述的寫作方法，在斯特拉博的書中也可見到，如果只就這個形式，並無法說明其著作具備「腓尼基式」、航海民族式的特色。但是在梅拉的著述中，環繞航行式的敘述高達三次，構成《地誌》全書的骨幹，的確是一大特點。而且梅拉繞行的方向如方才所述，只要在地中海範圍之內必然是「逆時針進行」，這與斯特拉博的著作正好是相反的方向。

◎腓尼基人的地中海航路

在西元前八世紀左右成形的腓尼基人前往西地中海的航路、貿易網，究竟是什麼樣子呢？歐貝特的著作中，曾針對地中海的海流、風向等對此問題進行檢驗、考察。先從結論說起，依照這種方式復原的腓尼基人的地中海航路，剛好是逆時針的航向。地中海的海流因季節而變化，也會受到風向左右，大致上是順著海岸以逆時針方向流動；此外，大西洋一方的海水水面較地中海為高，直布羅陀海峽處的海水經常都是由外洋流入地中海，據說以每小時五、六節（knot）的速度流入。

腓尼基船隻滿載在伊比利半島南部透過以物易物獲得的礦石、金塊，從加地斯返回腓尼基本土推羅時，因為逆著海流難以前進，所以順著逆時針往南方的海流，由直布羅陀↓現在的摩洛哥、阿爾及利亞沿岸↓迦太基↓現在的利比亞沿

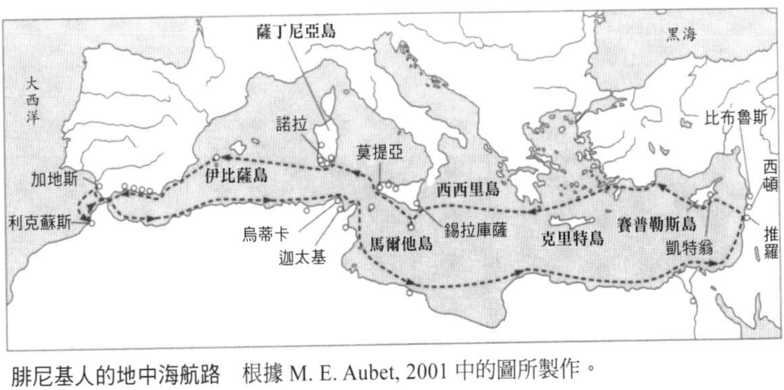

腓尼基人的地中海航路　根據 M. E. Aubet, 2001 中的圖所製作。

岸→埃及→敘利亞、腓尼基地方，這樣的前進方式更為自然。

相反地從推羅城出發往西地東海的時候，便需避開沿著非洲北岸來自西方的海流，從腓尼基地方→賽普勒斯島→小亞細亞南岸→希臘→西西里島西端的莫提亞島→薩丁尼亞島→巴利亞利群島（Balearic Islands）中的伊比薩島等等，沿著靠地中海北方的諸島前進到伊比利半島的南部，並穿過直布羅陀海峽後至大西洋沿岸的加地斯附近。

如此航海最困難之處，在於要穿過因季節變化吹拂強勁西風、東風的直布羅陀海峽，尤其是從地中海方面要出大西洋必須逆流而出，因此需要對海流、風向、地形都具備相當知識的縝密計畫。伊比利半島南部安達魯西亞（Andalusia）海岸邊的馬拉加、托斯卡諾斯（Toscanos）、塞克西（Sexi）、阿布迭拉（Abdera）等腓尼基人的港市，除了可以控制海岸地區，也是用來等待合適風向、季節的待風港。

如此看來，在梅拉《地誌》中出現，逆時針的環繞航行式的敘述，特別是以加地斯等西班牙南部城市為起點，朝北非沿岸往東前進，直到埃及、腓尼基的描述順序，可以說反映出了過往腓尼基船隻的地中海航線（加地斯—推羅航線）的記憶。更進一步來說，這條航線並非隨著迦太基滅亡，便成為無用的數百年前的舊航路記憶，某種程度上這也是梅拉自身的時代，也就是羅馬帝政時代初期，搭乘船隻時非常實用的地中海航行記。當然，這或許只限定在伊比利半島南部，對以加地斯港為母港的人們才有效。

如此一來，把地中海的海洋當作一個整體來理解的航行知識與技術，確實從最初掌握這些知識與技術並化為腓尼基式傳統的人群手中，傳承至後世；無論是之後希臘人的到來，或是被羅馬人征服了，這些傳統在西地中海的各個地區仍未遭到抹煞。對此種傳承一種極為可能的假設是：這條航線最大的難關，同時也是地中海與俄刻阿諾斯（大西洋）的區分點，亦即掌握從地中海望向全世界的關鍵之鑰的直布羅陀海峽；在此難關附近此種「腓尼基式傳統」的深奧航海知識留存了下來，並透過類似梅拉《地誌》的形式被持續重新詮釋。

第四章

迦太基的海上「帝國」

迦太基的埃涅阿斯和狄多　克勞德·洛蘭（Claude Lorrain）以羅馬方面的傳說為基礎所描繪。1675年。

建設迦太基

◎一張牛皮大的土地

某日，在北非的海岸……是什麼季節並不清楚，大約是冬季吧。根據古代的傳說，時為西元前八一四／三年，但也可能是半個世紀後的事情。靠近現在突尼西亞共和國首都突尼斯（古代的突涅斯〔Tūnus〕）附近的海岸，地中海在此形成了一個壯觀的港灣，如果從上空往下望，可以看到宛如船錨形狀的岬角伸入地中海內。海相雖然平穩，但夏日的氣候絕對稱不上舒適。一來到八月，溫度往往超過四十度，被白燦燦的眩目陽光一照，即便海風吹來也無法消去暑氣。

西元前九世紀末的這個時候，腓尼基人的身影在此地已屬司空見慣。稍微沿著海岸線向北走，就會見到當地最大的河川巴格拉達斯河（Bagradas，今邁傑爾達河〔Medjerda River〕）河口。在河川對岸腓尼基人已建起了名為烏蒂卡的城鎮。傳說中烏蒂卡與加地斯的建設時間一樣都在西元前十二世紀，但實際上應以西元前九世紀左右為妥。烏蒂卡城中的「阿波羅」神殿的大樑，是在這個城市建造之際以腹地努米底亞地區產的杉木所造，老普林尼描述道，這個神殿就這麼聳立了一千一百七十八年的時光。

北非這附近因為正好處於加地斯到推羅航路的中間點，從加地斯出發運送白銀的腓尼基船隻，會在烏蒂卡稍作停留、修繕船隻，補給物資與飲水後，急忙踏上歸途趕回腓尼基本土的推羅。當時航行在地中海上的船隻，不只是腓尼基的船，所有船隻都還無法承受真正遠距離的航行，因此停泊幾日，或者將船拉上岸進行修繕，都是不可或缺的。所以目前一般的通說認為，腓尼基的船隻並非從中央橫切地中海航行，而是沿著海岸線維持隨時可以上岸休憩整補的距離，在看得到陸地的情況下向前航行。因為這樣的緣故，住在突涅斯近郊這個有如船錨的岬角上的居民們，從數十年前開始便已看慣腓尼基船隻航行於岸邊的風景。

然而幾天前在岬角出現的船隻，樣子與平常來自加地斯並在烏蒂斯停泊的船隻有所不同。造型雖華麗——某些人說那是「王家的船隻」——但或許承受了長

迦太基周邊　參照 S. Gsell, *Histoire ancienne de l'Afrique du Nord*, III 1921-28(rep. 1972) 製作。

途且嚴苛的海上航程，傷痕觸目可見。這時開始有流言散播，說這艘船並非是為了停靠整補，而是流亡而來，並且想要在此買一塊土地。接著交涉展開，那艘腓尼基船上的人們的說法是，他們「只想要一塊一張牛皮可以覆蓋的土地，讓長期航海而疲倦的同伴們休息後，就會出發」。

領導這艘船的是一位女性，她的名字是愛麗莎（Elissa），是推羅國王庇格瑪里翁的姊妹，庇格瑪里翁是真實存在於西元前八二〇年到前七七四年統治推羅的國王。岬角居民很爽快地答應了，因為他們以前一直想與外國人進行交易。於是腓尼基人拿出了牛皮。他們將牛皮切成了一條一條的細條，做成了長繩，接著用這條長繩圈出了一片土地。「一張牛皮可以覆蓋的土地」最終包含了整個岬角山丘。因此，建設起城市國家迦太基的這塊土地被稱為畢爾莎（Byrsa），也就是希臘語中「皮」的土地之意。

◎挖掘到牛頭和馬頭

以上是西元前一世紀末左右，羅馬人歷史學家特洛古斯的《腓力史》（*Philippic Histories*，書名是指馬其頓國王腓力二世的歷史，但其實是地中海全史）經由查士丁

（Justinus）的抄錄本（西元三世紀左右）記錄下來後，所見到的迦太基城建設的情景，是多少摻雜了一些想像重現的故事。從推羅城逃離自己兄弟庇格瑪里翁王的迫害，抵達此地的愛麗莎公主，巧妙地取得了當地居民的土地，而當地居民也沒有出現像樣的抵抗，反而很歡迎腓尼基人的入駐。

查士丁接著記錄道，腓尼基人獲得畢爾莎之地後，附近的人們期待能賺取利益，紛紛帶著商品前來、居住，從人聲鼎沸的狀況中衍生出了一種類似城市的樣子。接著，烏蒂卡城來了同族（腓尼基人）的使者，除了問候與饋贈禮物外，也勸這些新來的族人們在偶然圈選到的該地建設一座新的城市，「亞非利加的人們」也熱切期望愛麗莎公主一行能夠留在此地。如此在所有人的同意之下建設了迦太基城，且為了使用城市中的土地，也與當地人們定下每年需繳交的貢租（地租）。

「一張牛皮覆蓋的土地」並非完全成為腓尼基人的所有地，而是以「租借地」的形式固定了下來，《腓力史》記載道，一直到西元前五世紀為止，也確實「每年向亞非利加人繳交貢稅」。根據查士丁的說明，西元前五世紀初波斯戰爭的時候，在西西里敗給希臘人的迦太基，又發動對北非內陸的毛里人（Mauri）和努米底亞人的戰爭，在這種情況下「亞非利加人」也不得不免除迦太基自建城以來繳交的貢稅。

回到建城過程，為了營造迦太基城的地基開始挖掘土地後，挖出了一個牛頭。因為這是象徵著雖然豐饒卻將多苦多勞的預兆，因此又換了一處挖掘，這次則掘出了一個馬頭，此意味著國民將強大且好戰。

實際上「馬」對迦太基人而言，算是一種特殊的符號。日後迦太基的貨幣也經常出現馬頭或者馬匹的全身像，此外近年來從迦太基神殿的藏書庫遺跡中發現的封泥刻印，也可見到許多雕刻優雅的馬匹像。

雖然迦太基城看起來建設順利，但接下來卻有意外在等著愛麗莎。那就是原住民馬克希塔尼（Maxitani）人的國王亞爾巴斯（Iarbas）強行要與愛麗莎結婚。亞爾巴斯先找了十位迦太基的有力人士出來，威脅他們如果拒絕他的要求，自己將發動戰爭，藉此要求女王愛麗莎嫁給他。這十位有力人士先對女王隱瞞真相，以布匿（迦太基）式的手法來處理此事。

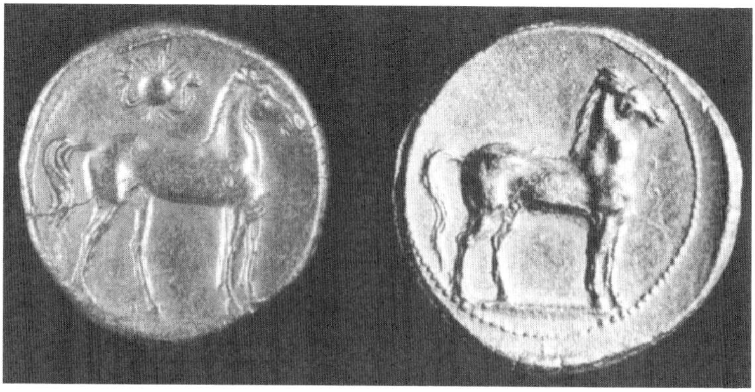

迦太基貨幣上刻有馬匹圖案　（左）西元前 260 年～前 240 年左右。藏於突尼斯的巴爾杜國家博物館。（右）薩丁尼亞島出土，藏於卡利亞里的國立考古學博物館。

他們先對女王說：「亞非利加人的國王（亞爾巴斯）跟他的臣民們想要找人教導他們過更文明的生活，可是我們之中會有人想要離開自己的血親們，去到野蠻人——過著野獸般生活的人們之中嗎？」愛麗莎聽罷怒斥這十人說：「有必要的時候，甚至該為祖國奉獻生命，現在不過是去過稍微嚴苛一點的生活而已，豈可就此拒絕？」此時這十人趕緊說出真相，並反過來要求女王，說愛麗莎剛剛如此命令眾人，現在女王自己也應該這麼做，就這麼給自己的女王設了圈套，逼其就範。

◎女王的過去

其實，愛麗莎先前在推羅失去了自己的丈夫。說來這件事情也是導致她在外漂流的原因之一。推羅國王牧特（也就是瑪坦一世，Mattan I）死後留下了美貌的女兒愛麗莎與兒子庇格瑪里翁等兩個繼承人，而人們選擇了時為少年的庇格瑪里翁為王。

愛麗莎與她的叔父阿克爾巴斯（Acerbas）結了婚，她叔父是海克力士（美刻爾）的祭司，地位僅次於國王，但庇格瑪里翁國王因為忌妒阿克巴爾斯私藏的財寶，故而殺了他。之後愛麗莎與同樣痛恨國王的其他推羅城貴族、元老院議員們一同出逃。查士丁記載道，愛麗莎逃亡之際，似乎帶走了財寶與美刻爾神的祭器，或者曾對美刻爾神獻祭。前述的經緯，透過活躍於西元前四世紀後半到前三世紀，出生於西西里的希臘歷史學家提麥奧斯（Timaeus）留下的部分記載可以獲得確認，此一說法可視為古代希臘、羅馬世界的通說。

逃離推羅的愛麗莎船隊，最初登陸的是賽普勒斯島。該島上的朱庇特（Jupiter，或稱朱諾〔Juno〕）神的祭司提出要與愛麗莎同行的要求，在他的協助之下，愛麗莎帶走了約八十位賽普勒斯人的女孩，她把這些女孩作為自己推羅人部下們的妻子。這些女孩是從遵循賽普勒斯人的習慣，即結婚前在海邊賣春的女孩中挑選而出；這種婚前賣春，據說是為了賺嫁妝，同時也為了購買貢品進貢給維納斯（阿斯塔蒂），以祈求婚後的貞節。因此，根據查士丁的說法，生活在愛麗莎一行人打造的迦太基城中的市民們，父親方面血源來自推羅（腓尼基）人，母親方面則是賽普勒斯人。

事實上，賽普勒斯島與迦太基的建設似乎有著某種關聯。前章所提薩丁尼亞島出土的諾拉碑文中出現的普瑪伊神，是賽普勒斯島凱特翁城（拉納卡）所信仰的神明，在腓尼基系統的國王中可見到普瑪伊亞頓（Poumiaton）的名稱，據說就是來自普瑪伊神。「普瑪伊亞頓」與「庇格瑪里翁」（Pygmalion）的發音也非常相似。凱特翁位於賽普勒斯的東南方，是腓尼基人最早打造的海外殖民地。

有一種說法是，凱特翁舊時也稱「迦太基」（迦爾特．哈達休特〔Qart Hadasht〕）。「加爾特．哈達休特」在腓尼基語中是「新的城市」之意，這是與宗主城相對比，用以指殖民城市的稱呼。傳說西元前十世紀推羅王希拉姆一世鎮壓了發起叛亂的凱特翁城居民，因此幾乎可以確定，這個時期推羅曾將賽普勒斯的一部分置於自己的統治下。

無論如何，作為北非迦太基建城的前提，我們可以從愛麗莎曾登陸賽普勒斯的傳說中，理解道前往西方的前哨基地賽普勒斯，在腓尼基人看來是有多麼重要了。

從賽普勒斯出發後，愛麗莎是經過了什麼航路抵達北非海岸，傳說中並未說明。不過提麥奧斯的片斷記錄中說明，她歷經了許多磨難後才登陸北非，亞非利加的原住民因為她的各種經歷而稱呼她為「狄多」（Dido），此稱呼意味著「漂泊流離的人」。

◎愛麗莎傳說

背負著如此過去的女王便是愛麗莎。就在迦太基城已然完成，開始可以看見繁榮的跡象時，方才提起的亞爾巴斯逼婚的事情突然從天而降。透過搬弄言語讓女王掉入陷阱的十位有力人士，都是從推羅出逃時同甘共苦的心腹夥伴們。女王因此發出悲鳴而號泣，不斷呼喚著自己亡夫阿克爾巴斯的名字。最終，她表示自己願意走向這座城市（迦太基）和自己命運所註定的方向。

於是愛麗莎開始做起準備，花費了三個月時間在城市的制高點堆起了如山的柴薪，宛如為了在再婚之前弔慰亡夫的亡靈，屠宰了許多牲畜作為供品，接著她持劍登上柴薪推起的小山上，面向人們宣布：「如各位所願，我這就前去亡夫的所在之處。」說罷便以劍自戕。抄錄《腓力史》的內容中又附帶說明道：日後，在迦太基強盛不敗的期間，一直將她當成女神來崇拜。

以上就是迦太基城建造時關於愛麗莎的有名傳說，往後羅馬人也把愛麗莎與肇建羅馬城時有所相關的特洛伊英雄埃涅阿斯（Aeneas）扯上關係並加以利用。根據奧古斯都（Augustus）時代的詩人維吉爾（Publius Vergilius Maro）的說法，埃涅阿斯自特洛伊逃脫後四處流浪，最後在迦太基上岸，並成為狄多（愛麗莎）的情人。但在眾神的催促下他捨棄愛麗莎返回義大利，狄多看著他的船漸行漸遠，然後便自殺。在現實中消滅迦太基的羅馬，彷彿覺得這樣還不夠，甚至在神話世界中還要在雙方建國者的關係上做文章，捏造故事把自家英雄塑造為「拋棄女人的男性」，以確立自身的優越位置。

但這終究只是羅馬人創作的傳說。關於迦太基的創建，在希臘人、羅馬人的世界中流傳著迦太基人並未留下自己記錄的見解，但前述查士丁的《腓力史》抄本中有關愛麗莎的部分，其實可視為她的傳記。特別是其中與提麥奧斯的內容重疊的部分，也就是愛麗莎的兄弟推羅王庇格瑪里翁殺害她丈夫，迫使愛麗莎出逃至北非建立迦太基，接著又被亞非利加（利比亞）人的國王逼婚並自殺（雖然提麥奧斯指出愛麗莎是投火自殺），這段故事在提麥奧斯活躍的西元前四世紀到前三世紀已屬人盡皆知的傳說。

提麥奧斯可能活到了西元前二六四年第一次布匿戰爭（羅馬對迦太基）開始為止，但他確實並未活到可以得知戰爭結果（西元前二四一年）、迦太基失去了西西里島的時候。因此很難說他記錄下的愛麗莎傳說中「愛麗莎自殺」的情節，是反映出迦太基面對羅馬時將會敗北的不祥結果。那麼，這個傳說的核心構成是什麼呢？

◎出逃是因為宗教上的原因？

查士丁認為，愛麗莎的自殺——爬上為了獻祭而堆成的柴薪之山上而死——與日後可見迦太基人經常進行的活人獻祭，特別是犧牲幼兒獻給神明的做法，兩者間有著關聯。根據他的說法，迦太基市的人們為了從不幸中獲得救贖（尤其是疾病），出現把成人或無辜的兒童獻給神明，以祈求保佑的做法。抄錄的《腓力史》對愛麗莎傳說的記載，正是在提及此迦太基的祭祀儀式中結束。關於迦太基是否犧牲幼兒進行祭祀，真偽諸說繁多，詳細的內容我們將在第六章討論，不過希臘人、羅馬人相信迦太基人有祭獻幼兒的習慣，這可以從西西里的狄奧多羅斯（Diodorus Siculus）等其他史料中證明。查士丁（特洛古斯的抄錄）把這個概念當作「基礎知識」介紹給他的羅馬讀者，並以此為前提，將「愛麗莎自殺」說明成迦太基幼兒獻祭的起源。

如果我們把這個所謂希臘、羅馬的有色眼鏡脫下來觀察，愛麗莎傳說至少有以下三個要點。首先，根據愛麗莎傳說，雖然迦太基是推羅城腓尼基人的殖民城市，但並非是由推羅王直接建立的「正規」殖民城市，而是受推羅王迫害的王族女子所打造的逃亡者城鎮。這點說明迦太基與謁巴力一世同樣在北非建立的奧薩城，以及查士丁認為由推羅送出年輕人建立的烏蒂卡城並不相同（根據考古學的成果，迦太基和烏蒂卡雖說皆為腓尼基系統的城市，但確有顯著不同，這可從他們個別具有不同的殖民宗主城來判斷：一個是推羅城，一個是西頓城）。

至於第二點是，建立迦太基城的流亡者們，在宗教上比推羅國王更具「正統」性。因為愛麗莎不僅是托羅國王的姊妹，而且還是推羅城的主要神明美刻爾的祭司夫人，她為了躲避以不義手段殺害丈夫的推羅王，以丈夫宗教的守護者身分，出逃尋找新天地，而且也的確在逃出之際，還對美刻爾神獻上祭品祈求保佑（史料在這個部分不易解釋，可以理解成「拿出美刻爾的祭器」）。從此點來看，迦太基的建設等於是把美刻爾信仰的「本宗」從推羅搬移到迦太基。愛麗莎一行人的逃亡旅程，某一部分與在英國受迫害而以新大陸為目的地出逃的五月花號清教徒們相似。

第三點也是最後一點，這些古代移民先人的指導者愛麗莎，因為前述的原因，才不能當亞非利加的亞爾巴斯王的妻子，必須維持美刻爾祭司遺孀的立場而死。建國者的丈夫是死於非命的祭司又是推羅王族阿克爾巴斯，以及新的聖城是在美刻爾神明守護之下打造的，如果此二點是迦太基建國的理念，那麼只有當女王愛麗莎為了替亡夫守貞而死，這個論述才能成立並顛撲不破。

祭獻美刻爾神的愛麗莎　引自 E. Gubel, E. Lipiński, B. Servais-Soyes(eds.), (Studia Phoenicia I-II), 1983。

羅馬帝政後期推羅城發行的一系列貨幣中，有一款刻著愛麗莎離開推羅前為海克力士／美刻爾神祭祀的身姿。這可說是一項寶貴的證據，它顯示了愛麗莎建造迦太基的動機是為了維護美刻爾信仰的宗教信念，亦即整個傳說整體的「核心」，並說明了這件事情即便到了古代末期，宗主城推羅的人們依舊記得當年的事蹟。

◎考古學的證據

不過，以上所述仍只算是傳說。而且關於建造迦太基的故事，除了前面所舉提麥奧斯及查士丁的愛麗莎傳說之外，還有其他數種版本，其中還有迦太基的建立時間比特洛伊戰爭（西元前十二世紀）更早的說法。那麼，考古學究竟弄清了什麼事情？先從結論說起，提麥奧斯等人所說的西元前九世紀末（西元前八一四／三年）的建設年代，終究有點太早，實際上真正開始殖民迦太基的時間，應該是在西元前八世紀後半，大約在西元前七三〇年代到前七二〇年代之間。

傳說中的畢爾莎之丘現在是聖路易（Saint Louis）之丘，從這個山丘往北到鄰接的茱諾（Juno）之丘、再往海岸一直到岱爾麥修（Dermèche）附近，分布著西元前八至前六世紀的迦太基城墓地，其中最古老的茱諾之丘墓地，大約就是從這個年代開始啟用。一九八〇年代德國考古隊在「畢爾莎之丘」南側發掘出了西元前八世紀的居住遺址和城牆，暗示著此地區可能是最早期的墾殖地。畢爾莎意為「牛皮」的說法，聽起來雖然像童話故事，但或許其實存在著某種契機，才會圍繞著這個山丘形成此傳說也說不定。

從畢爾莎之丘向南行，到了沿岸地區是迦太基時代的港口，目前仍留有圓形的軍港和長方形的商港。迦太基時代的遺跡，因為遭到羅馬的徹底破壞，幾乎看不到任何顯著的遺跡，在這種情況之下，因為港口是地形結構所以才能延續到今日，算是少有的例子。在港口附近有一處叫做莎藍波（Salammbo）的遺跡，被認為是迦太基獻祭幼兒的場所。因為《舊約聖

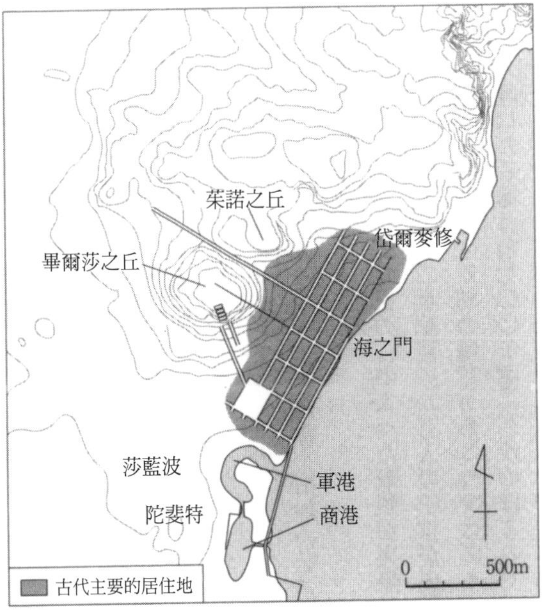

迦太基的城市計畫 依據 W. Huss (hrsg. von), *Karthago*, 1992 的圖所製作。「海之門」似乎在西元前二世紀便已不存在。

經》中把腓尼基人（迦南人）進行活人儀式的場所叫陀斐特，而考古學家認為這個莎藍波遺跡證實了舊約的記錄，因此習慣將之稱為陀斐特（Tophet）。

「陀斐特」確實有出土裝了嬰幼兒遺骨的壺甕，美國的考古學家已下了結論，認為從西元前四百年到前兩百年的兩個世紀之間，約有兩萬個孩童被活人獻祭；不過，也有其他解釋否認了幼兒獻祭行為的存在。「陀斐特」中最古老的考古層，被稱為塔尼特一號（Tanit I）層，最早可以追溯到西元前七百年。這也是迦太基建城於西元前八世紀後半的第二個證據。前頁的圖，是根據考古學者們的研究所製作的布匿時代末期的迦太基城市計畫。可以看到從畢爾莎到南方的軍港，以及向北到岱爾麥修為止的沿海狹長的長方形地帶中，是城市的主要部分。

海上霸權的形成

◎迦太基的位置

如此一來西元前八世紀末迦太基城正式出現在舞台上，不過這個階段的迦太基也只是腓尼基人在西方建設的無數殖民城市的其中之一而已。迦太基的地理條件也忠實遵照了腓尼基人打造港口城市時的一般原則。像是水深較淺，以及有容易下錨的港灣，加上帶有突出到海上的小岬角。有岬角的話港口便可設於南北兩側，因應風向與季節不同，分別使用。岬角與陸地相連的根部——雖然今日的海岸線已經改變了——形狀像頸部一樣，因此只要防守住此處，便可以防堵來自陸地方面的敵人。而且岬角上的山丘，如畢爾莎之丘與茱諾之丘等，都可當作絕佳的堡壘使用。

類似這樣的地理條件其實與腓尼基本土的城市也有共通之處。例如西頓城也建在收束的岬角上，推羅城則位於與陸地隔著狹窄海峽的小島（這也是可設置多方位的海港，滿足容易防守的地理條件）。這些具備岬角、小島或潟湖特徵的地形，考古學家們稱之為「腓尼基人的風景」。

那麼，在這麼多類似的腓尼基人殖民城市當中，迦太基城如何脫穎而出進而占據重要地位？其實在希臘、羅馬人的文獻當中，「腓尼基人」這個詞彙幾乎與「迦太基人」同義，可見迦太基的強大存在，能夠代表腓尼基人的整體勢力。

迦太基在地緣政治上也具備優勢。環視整個地中海時，很明顯地可以看出迦太基無論在通商或者戰略上都占據著重要的位置。她不僅在地中海幾乎正中央的位置上，且與西西里島相對，掌握著從北非到義大利半島這南北縱貫線的其中一端。除了以地中海為範圍之外，如果把包含到地中海外的大西洋沿岸為止的區域當作是腓尼基人的一個大貿易圈，那麼自然可以推想出迦太基城在這個海上貿易網中占據著重要的位置。只是，這種見解可能會被當成是事後附會，畢竟滿足同樣地理條件的殖民城市，例如位於迦太基稍微北方的烏蒂卡等，在其他地方也有不少處，而且這個以迦太基為中心的說法，是以腓尼基人已經完成西地中海的海上貿易網為前提，才得以成立的。

在推測是迦太基與烏蒂卡建立的西元前八世紀時期，這種延伸至東西南北，廣及各個港灣的細緻海上網絡，尚不存在。當時有的，大概是如前一章所介紹的加地斯—推羅航線，也就是從直布羅陀海峽外的伊比利半島南部，把金、銀、銅、錫、鉛運回遙遠東地中海腓尼基本土的礦石、鑄塊（原礦）的輸送路線。從組織這種礦石貿易的腓尼基本土城市、例如從推羅的角度來看，在航路的中間點上冒出來的迦太基，究竟是什麼樣的存在？

◎推羅對迦太基

推羅與迦太基之間的關係，依筆者個人的推測，他們彼此應當是重要的夥伴，但也是難以對付的貿易對手。

腓尼基人的交易方針是極度「重金主義」（Bullionism）的，其目的就在於用盡方法多獲得一些貴金屬。例如西西里的狄奧多羅斯就對伊比利半島的銀山有如下的介紹。以往琵內耐亞（Pyrénia，今稱庇里牛斯〔Pyrenees〕）山脈因為放牧者放火而造成大規模火災，在燒盡森林後地表流出了大量銀礦，有如熔岩一般。但因當地人不知如何利用此種金屬，腓尼基人聽聞這個消息後，用便宜的物品透過以物易物的方式從當地人手中大量獲得這些銀礦，接著再運至希臘、亞洲等其他種族居住之地，藉此賺取了大量的財富。據說腓尼基商人們非常熱衷於追逐利益，當船載已經過重而仍留下大量銀礦時，他們甚至把原本鉛製的船錨切斷，改以銀礦作為船錨。

腓尼基人就這樣利用原住民的無知，拿東方陳舊的雜貨類物品，盡可能地多交換一些銀礦等貴金屬，並帶回白銀逐漸枯竭的東方，以高價販賣，這便是腓尼基人的商業手法。也因為這樣，在伊比利半島等地裝載白銀後，除了要補給飲水和修整船隻不得不靠岸之外，應該會盡可能不繞道，也就是不在中途停靠的港口卸下白銀，盡速回到東地中海各地，這對像是推羅人的腓尼基商人而言，應是貿易的鐵則。迦太基的存在，以及她作為貿易中心獲得發展的原因，或許就出在這個不可能發生的「繞道」之上。

如果迦太基城發展到某種程度後成為商品的集散地，並且能夠生產東方風格的手工業製品，那麼用來以物易物的所有商品不見得都必須從遙遠的腓尼基本土運來，只要在途中的迦太基置辦即可，乍看相當方便。這也可能形成一種轉變，那就是讓取得礦物資源的航線起點，從推羅等腓尼基本土城市西移到迦太基。若朝著這個方向徹底發展下去，結果將會是迦太基透過自家城邦生產的商品以物易物，獨占了西地中海的礦物資源，再輸出給東方，在如此的貿易結構下，腓尼基本土的城邦將失去出場的機會。

西元前七世紀以後，迦太基取代推羅的可能性成為現實。當推羅受到亞述王以撒哈頓、亞述巴尼拔，以及新巴比倫王尼布甲尼撒的攻擊而處於衰退狀態時，根據傳說是在西元前六五四年，而考古學的證據顯示則大約是在西元前六世紀左右，迦太基在巴利亞利群島的伊比薩島建立殖民地；這也意味著迦太基持續從腓尼基本土獨立出來，並在西地中海建構了自身的貿易圈。圍繞迦太基建設的愛麗莎傳說，如前所述把迦太基描繪成為了逃避推羅王迫害而建設的逃亡者城鎮，在推羅與迦太基處於對立立場的背景之下，兩個城邦會在商業上出現微妙的摩擦（雖然或許只是潛在性的……），仍是極有可能的事情。

◎迦太基「帝國」

如此，迦太基最初（西元前九世紀～前八世紀）透過改變以推羅為起點的獲得礦物資源貿易的方式，而到西元前六世紀為止形成了自身的貿易網。而且這並非單純的貿易網，還可以看到腓尼基人殖民城市時前所未見的軍事性格。過往西地中海上的腓尼基人貿易網，似乎具備殖民城市、交易所、停泊地等水平式的貿易網絡；或許至多只是腓尼基本土的推羅或西頓與其建立的各城市間，具有的宗主城和殖民城市間的「上下」關係。與此相對，西元前六世紀中葉以後迦太基城在西地中海各區域進行的新殖民，透過重整既存的腓尼基人定居地的方式，可以看到迦太基打造出以自身為中心，一元且垂直的貿易網絡。某些論者把此一新的階段稱為「迦太基帝國」。帝國這個詞彙讓人聯想到之後的羅馬帝國（由羅馬統治的地中海世界），雖然稍嫌誇張，但用來對照西元前九世紀到前七世紀腓尼基人於西方發展的階段與西元前六世紀以降的階段，確實有明確的區別效果。

在西地中海地區迦太基文化逐漸取代了一般的腓尼基人文化。例如迦太基崇拜的塔尼特女神的信仰開始普及，獻祭幼兒給塔尼特與巴力·哈蒙（Baal Hammon）的儀式場地「陀斐特」也開始出現，這些都是「迦太基化」的證據。包括西西里島西端的小島莫提亞、薩丁尼亞島的蘇爾其斯（Sulcis）、蒙特・希拉依（Monte Sirai）、塔洛斯（Tharros）、諾拉等處，都發掘出「陀斐特」遺跡，且出土的石碑等物品，都很類似屬於迦太基「陀斐特」的物件。

同時迦太基城似乎也使用了這些地區出產的石材來建設自身的防禦城牆和其他建築。如果考量到古代採石場使用像奴隸等從屬性勞力來進行嚴苛的工作，便可認為西西里西部或薩丁尼亞各地的石材產地，都開始受到了迦太基控制。不過在薩丁尼亞的情況則是，原本當地就存在著原住民的文化，其特徵是擁有被稱為努拉給（nuraghe）的石塊構造的建築物，而來自迦太基的殖民者與努拉給文化仍能相互共存。

迦太基的陀斐特　右圖為遠景，地表上排列著發掘出來的石碑。左圖為石碑之一。迦太基的莎藍波遺址。1986 年，栗田伸子攝影（二幅皆是）。

◎希臘人的威脅

從腓尼基人的西方發展階段轉換到迦太基的海上霸權階段的論述，其實目前仍僅是假說。義大利考古學家薩巴提諾．莫斯卡提（Sabatino Moscati）指出，西班牙的歐貝特大膽地發展出的此一說法，其根據之一，就是在西元前六世紀於西地中海上的腓尼基人面臨了一種情勢上的變化，使迦太基城周遭不得不開始集結軍事力量。這個變化，就是希臘人正式以貿易競爭對手的姿態，出現於西地中海上。

腓尼基人和希臘人接觸的歷史相當古老。荷馬的《奧德賽》中便把腓尼基船隻描寫成會綁架人的海盜船。但如同某些研究者把建於拿坡里灣伊斯基亞島上的希臘人港市皮帖庫塞（Pithecusae），形容成（尤比亞島的）希臘人與腓尼基人的「混合殖民地」一般，這兩個民族的關係未必一定是敵對的。在皮帖庫塞已發現腓尼基製造的輸入品，同樣在迦太基也挖掘出極可能是從皮帖庫塞輸入的希臘陶器。

這些希臘陶器屬於西元前八世紀中葉到前七世紀初期的物品，出土於迦太基陀斐特遺跡最古老的考古層；換言之，這也顯示出迦太基城從建設當初就與希臘人有所交流。此外，在許多其他的腓尼基人的殖民城市也出土過希臘陶器。

因此，希臘人進入西地中海本身並不見得會立即對腓尼基人造成威脅。問題似乎還是出在伊比利半島的礦山地區。在希羅多德的記述中，希臘人遠洋航海的先驅者佛卡亞（Phocaea，又譯福西亞）城的人們，在走過亞得里亞海、伊特魯里亞等地的同時，也「發現」了伊比利半島和塔提蘇斯。據說，塔提蘇斯的國王阿爾幹卓尼歐司（Arganthonios）十分中意他們，勸他們移居到塔提蘇斯。

如同前章說明的，只有加地斯的腹地「塔提蘇斯」（威爾瓦附近），才是腓尼基人透過長年接觸，在伊比利半島打開交易的主要銀礦生產地。希臘人公然挺進塔提蘇斯的原住民社會，討好原住民的國王後，國王甚至勸佛卡亞全部的人民都遷居過來——希羅多德明確記載道國王勸他們離開「愛奧尼亞」移居來此。可見塔提蘇斯的社會並不穩定。結果佛卡亞人並未應邀，阿爾幹卓尼歐司國王便改

迦太基出土的希臘製陶器　西元前八世紀中葉～前七世紀初期。迦太基，陀斐特中出土。引自 M. E. Aubet, 2001。

贈與他們黃金。因為他從希臘人那裡聽說「米底王國（或許是指波斯）的勢力」增強，擔心佛卡亞而給他們黃金，讓希臘人有財力能在佛卡亞城周圍築起城牆。

希羅多德的敘述是否能照字面上來解釋，此處暫且不論，但小亞細亞的希臘城邦佛卡亞在西元前六世紀時因為波斯勢力抬頭而嘗試前往伊比利半島南部，應當屬實。佛卡亞於西元前六世紀從義大利半島南部的所謂大希臘（Magna Graecia）地方（有大量希臘人殖民城市的區域），建立起連通到伊比利半島的貿易網，且也在法國南部的隆河（Le Rhône）口建立（可能在西元前六百年左右）馬西利亞（今馬賽〔Marseille〕）。馬西利亞城的佛卡亞人更進一步於西班牙地中海沿岸的北部建立恩波里翁（Emporion，此名有交易所之意，今安普里亞斯〔Ampurias〕），並從此處沿海岸線南下，穿過直布羅陀海峽，進而抵達「塔提蘇斯」。西元前四世紀馬西利亞的希臘人航海家皮西亞斯（Pytheas），從加地斯北上大西洋繞行大不列顛島。可以看出馬西利亞人很快便把關注焦點拓展到直布羅陀海峽之外。

◎西元前六世紀的危機

我們大致可以下這樣的結論：為了對抗希臘人（佛卡亞人）的貿易網，而且尤其要阻止他們登上伊比利半島，便是迦太基要殖民伊比薩、薩丁尼亞、西西里，並形成軍事性網絡的目的。最初會征服伊比薩，應該就是為了阻止馬西利亞方面接近伊比利半島。如果我們更仔細地觀察，便可看出從「腓尼基」的階段轉移至「迦太基（布匿）」階段，似乎有著更為複雜的過程。

西元前六世紀的某個時期，直到當時為止的腓尼基本土，特別是與推羅連結的西方腓尼基人的殖民城市、交易所、港市等同時呈現衰退狀態，接著到迦太基開拓殖民與確實展開「迦太基化」之前的這段時間，似乎出現了數十年的空白期。研究者們將這段空白稱為「西元前六世紀的中斷」或「西元前六世紀的危機」。

根據前述歐貝特的說法，伊比利半島發生的變化和塔提蘇斯文化的衰退是相互連動的。瓜達幾維河流域豪華的墳墓不再出現、眾多的聚落遭到放棄，發生居民集中到少數據點的情況。隨著以加地斯為核心的腓尼基人活動減弱，原住民文化也從塔提蘇斯文化轉變為更加希臘化的圖爾德泰尼（Turdetani）文化。

圖爾德泰尼文化的伊比利亞人從西元前五五〇年到前五〇〇年襲擊加地斯，從查士丁的記事中可以推測出，加地斯城應是從迦太基獲得援助，才勉強得救。自此，開始了「迦太基化」的時代。換言之，加地斯及其腹地的腓尼基勢力消退，並非因為只是單純敗給佛卡亞人，而是在佛卡亞人到來之前便突然因為什麼緣故而導致了「中斷」。

箇中原因出在腓尼基本土，以及整個東方世界整體的大變遷。西元前六一二年亞述帝國滅亡。透過推羅和西方貿易網從西地中海各地（尤其是伊比利半島）吸取礦物資源的泵浦源頭突然停止了。當然，雖說亞述滅亡了，但東方對於貴金屬、銅、錫、鐵的需求並不會就此消失。在統一整個東方的勢力消失後，形成了新巴比倫、利底亞、米底、埃及四國割據的狀態，這想必導致了至今為止的金屬交易通路變得混亂，也變得更加複雜。而且推羅城本身遭到新巴比倫王尼布甲尼撒長達十三年的包圍，最終在西元前五七三年陷落。雖說之後獲得復興，但西元前六世紀前半推羅及腓尼基地方確實是處在一個明顯不穩定的環境。

亞述帝國滅亡的震盪，導致推羅及其西方殖民城市，尤其是加地斯和安達魯西亞地方的托斯卡諾斯、塞克西等城市衰退，結果便在西地中海腓尼基人的貿易網絡上造成了空白。另外在希臘人方面，佛卡亞人趁著這個空白期嘗試進入伊比利半島。馬西利亞為了與「塔提蘇斯」交易甚至在馬拉加近郊建設了殖民城市麥那克（Menace）。對西方的腓尼基人而言，拯救這個危急狀態的，正是迦太基。愛麗莎傳說把迦太基描繪成不是直屬於推羅王的殖民城市，而是逃亡者們的城市，反映出迦太基與推羅在政治上保持的距離；然而當推羅的貿易網絡面臨沒落的局面時，迦太基反而因為這樣得以倖存。估計迦太基並沒有受到亞述崩毀的直接影響。

此外，因為推羅受到包圍、陷落時，人們從腓尼基本土逃往西方更容易前往未受戰災的迦太基。迦太基城的墳墓數量從西元前七世紀的第七十五年到五十年間數量驟增，表示此時期的人口大量增加。這與亞述王以撒哈頓包圍推羅的時代（西元前六七一年）相一致。接著西元前六世紀亞述滅亡後新巴比倫攻擊推羅，難民的人數更為增加。

如此，西元前六世紀中葉以後，迦太基開始著手救援加地斯，出兵確保伊比利半島南部、薩丁尼亞、科西嘉、西西里西部等地區。而從東方前來的難民造成人口激增，迦太基便持續把人們送往這些地區的殖民城市，讓他們站在對希臘人戰爭的第一線。西元前五世紀初迦太基能迎來海上霸權的最巔峰，便是這些戰爭帶來的結果。從這層意義上來看，迦太基並非單純的商業國家，反倒可以描述成腓尼基人在西地中海軍事化最成功的城邦。

◎各地的情勢

關於迦太基對希臘人的鬥爭，在迦太基這一方於西地中海取得大致上的勝利之前，即西元前六世紀時，持續發生了大量的戰爭，然而並沒有資料傳達這些戰爭的全貌，今日我們只能知道一些片段的事實。首先，在伊比利半島方面，西元前六百年左右佛卡亞人在南法建設馬西利亞之際，迦太基為了阻止此事而發動海戰，卻敗給了佛卡亞人。接著迦太基便如前所述，開始在巴利亞利群島的伊比薩建立據點，防守佛卡亞人接近伊比利半島南部；西元前六世紀後半保護了加地斯免於原住民的攻擊，之後還把西班牙南部歸到自己的勢力之下。伊比利半島東北部的加泰隆尼亞地方雖然落入佛卡亞人的手中，不過最重要的半島南部「塔提蘇斯」仍舊維持在腓尼基／迦太基的勢力範圍內。

另一個重要的戰場在西西里島。根據修昔底德（Thucydides）的記載，雖然西西里最古老的民族是從伊比利半島渡海而來的西坎尼人（Sicani），但之後從義大利半島來的西庫爾人（Sicels）把西坎尼人趕到了島嶼的西南部去，自己占領了西西里島的中央及北岸。為了與西庫爾人交易，腓尼基人分別占領了西西里島周圍的所有岬角和島嶼，但因希臘人持續不斷渡海而來，腓尼基人幾乎放棄了所有的交易據點，轉移到島嶼西部的莫提亞、帕諾爾莫斯等處，將這些地方當作領土。這是因為腓尼基人與住在島嶼西部的伊利米人（Elymians）結為同盟，這群人被視為是特洛伊戰爭的敗逃者，建造了厄律克斯（Eryx）、艾格斯塔（Egesta，塞傑斯塔〔Segesta〕）等城市，因此腓尼基人在島嶼西部可以依靠同盟關係；此外，也是因為島嶼西部地方有著「前往迦太基最短距離的航路」之故。希臘人進入殖民西西里島的最早時間，大概是建設奈克索斯（Naxos）城及隔年建設錫拉庫薩（Syracuse）城的西元前七三四年左右。修昔底德認為西西里的腓尼基人移往西部，可能是在西元前八世紀後半。果真如此的話，那麼這個期間正好與北非迦太基城正式建立的實際年代幾乎重疊。

西元前五八〇年左右，西西里的腓尼基人與伊利米人，聯手擊退了由彭達多羅斯（Pentathlos）指揮的希臘人（克尼多斯人〔Knidos〕），阻止他們在島嶼西部日後被稱為利利俾（Lilybaeum，今馬爾薩拉〔Marsala〕）的地方進行殖民。此次戰爭不知迦太基是否有參戰。但是在查士丁（特洛古斯）的記述中，西元前六世紀中葉時，雖然長期以來迦太基在西西里皆戰勝，但當戰場一轉到薩丁尼亞時卻遭遇慘敗，並失去了大半的軍隊。到西元前七世紀為止不甚清楚，但西元前六世紀以後在西西里的戰爭中迦太基應當扮演著非常重要的角色。西西里島西部就這樣在西元前六世紀末為止被「迦太基化」。然後，查士丁筆下在薩丁尼亞島戰敗的將軍，是一位名為馬爾庫斯（Malchus）的人物。

◎馬爾庫斯的政變

關於這位馬爾庫斯將軍，查士丁介紹了一個悲慘的故事。馬爾庫斯統治著西西里島的一部分（西北部），對非洲人的戰爭也獲得相當戰果，即便如此，卻在薩丁尼亞的敗戰中被追究責任，他與生還下來的軍隊皆被迦太基所放逐。憤怒的士兵們派遣使者前往迦太基，訴求如果不赦免他們，也不讓他們歸國，那他們將會武力相向，然而迦太基方面依舊沒有應允。馬爾庫斯軍的船隻因此開往迦太基，宣言他們是「為了奪回祖國而來」，切斷迦太基城的補給路線並包圍城市，算是嘗試發起了一場軍事政變。

剛好這段時間馬爾庫斯的兒子，同時也是迦太基城的祭司加太羅（Cartalo），被派去推羅致贈他父親於西西里所取得的戰利品的十分之一給海克力士（美刻爾）神。他從推羅回到迦太基後，在穿越父親包圍城池的軍隊時，雖被父親叫住，但他回答道，比起選擇於私的孝順行為，更應選擇於公的宗教上義務，因此招致了他父親的怨憤。數日後，他穿戴祭司的紫衣與帽子，在迦太基市民給他的侍衛陪伴下來到父親的軍營中，據說他父親把他抓到迦太基的城門前，就讓他穿著祭司華美的衣裝服飾，將他掛上十字架殺死。加太羅面對不幸正在亡命中的父親，卻穿著祭司的華服炫耀，他父親無法容許被如此愚弄，於是殺了加太羅。之後馬爾庫斯占領了迦太基，殺了十人的元老院議員，城中秩序雖然恢復，但不久他便被以搶奪王權之罪受到告發，並被處刑。根據查士丁的說法他一共被問了兩條罪，其一是殺害兒子，其二是顛覆國家。

這是一個有許多地方值得關注的故事。首先，在西元前六世紀中葉，正在對希臘發起戰爭的迦太基中，我們可以看到海外遠征軍的將軍和城邦當局（元老院等）之間有著強烈的不信任感。若查士丁的敘述可信，那麼此時期迦太基已非採取王政，而成為以元老院為核心的寡頭政治體制（不過，也有說法認為「馬爾庫斯」並非一個人的人名，而是閃米語「MLK」，也就是「王」的意思），這個寡頭政治的名門統治階層對西西里、薩丁尼亞遠征軍的將軍所抱持的警戒心，此時反倒適得其反，招來馬爾庫斯軍的失控暴走。此外，馬爾庫斯的政變以失敗做收，被當作想奪取王位的將軍而處決，此點也頗為重要。如果馬爾庫斯政變成功，就會成為同時期希臘城邦經常可見的非合法君主——僭主，不過在整個迦太基史上，之後也沒有明確的僭主樹立政權的例子。

第二，與推羅的關係也存在著問題。雖然有愛麗莎傳說，但迦太基這個應當是由宗教上的逃亡者所建立的城鎮，現在卻仍受宗主城市推羅的美刻爾神所庇佑；透過進獻戰果十分之一的記錄可以理解迦太基對推羅的立場。或許可以說，馬爾庫斯的兒子加太羅正因為忠於那種古老的宗教性秩序，選擇了與父親不同的路線，所以才會被掛上十字架處決。但是也有其他的解釋存在，例如假使把馬爾庫斯當作「王」的意思，那麼根據查理・畢凱（Gilbert Charles-Picard）的看法，他的殺子行為便可以解釋成把兒子當做活人獻祭的宗教儀式。無論如何，馬爾庫斯事件的真相實在難以釐清。總之，查士丁傳達給讀者的一連串事態演變，確實讓我們得以一窺總是站在對希臘戰爭第一線的迦太基內情——也就是他們在軍事化過程中不得不面對的政治糾葛。

◎阿萊里亞海戰

馬爾庫斯失勢後掌握迦太基政權的人是馬果（Mago）。查士丁視馬果為把迦太基帝國打造成為軍事大國的人物。馬果在政治體制上的身分仍舊議論紛紜，可能只是單純的司令官，或者是國王，抑或具有其他官職；但他在西元前六世紀後半（西元前五五〇年～前五三〇年前後）確實是迦太基的實際領導者。而且馬果還讓兩個兒子哈斯德魯巴（Hasdrubal I）、哈米爾卡（Hamilcar I）繼承自己的地位。據信這兩人死後還將同樣的地位傳給各自的三個兒子們。這個至少跨越三代的馬果一族的統治，研究者習慣稱之為馬果王朝（是否真的稱王暫且不論）。

在馬果時代腓尼基人與希臘人（佛卡亞人）的戰爭，迎來了決定性的階段。自身的根據地小亞細亞的佛卡亞城遭波斯軍占領後，佛卡亞人遵從德爾菲（Delphi）神諭前往科西嘉島，在該處建立了殖民城市阿萊里亞（Aleria）。對周遭的城市來說，他們在阿萊里亞的行徑有如海盜一般，因此伊特魯里亞人和迦太基人各備六十艘船艦攻擊阿萊里亞，而佛卡亞人也以六十艘船隻迎擊，結果佛卡亞人一方勉強取勝，但也失去了四十艘船艦，剩下來的船隻也已不堪使用。在這種情況下佛卡亞人放棄了阿萊里亞，逃往義大利南端的利基翁（Rhegium），並以此為據點建立了休韋利（Hyele，今韋利亞〔Velia〕）。這些內容都記載在希羅多德的《歷史》中。以上就是西元前五四〇年至前五三五年發生的阿萊里亞海戰。

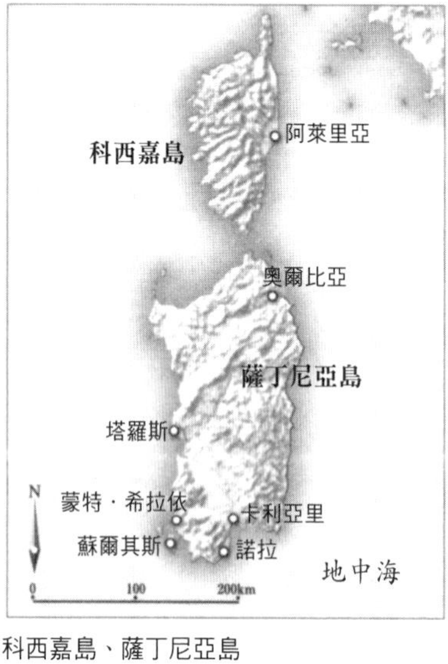

科西嘉島、薩丁尼亞島

取得實質勝利的伊特魯里亞、迦太基方面在這之後暫時取得了義大利以西的制海權。關於阿萊里亞海戰的史料原本就非常片斷，無論是學說、年代、出現的人物，以及把戰爭視為局部地區戰爭或者圍繞西地中海整體的制海權爭霸問題上，目前仍然眾說紛紜。

◎皮爾吉的黃金板

關於迦太基和伊特魯里亞的同盟，在亞里斯多德的《政治學》中說明道，二者之間存在著「進出口商品的通商條約、不做非法行為的約定，以及軍事同盟的文件」。也就是雙方的協同並非只是為了阿萊里亞海戰的一次性作為，而是兩股勢力存在著對西地中海，或者至少是對義大利、科西嘉、薩丁尼亞之間海域的持續合作，以及加以掌控的機制。也有學者以阿萊里亞海戰為背景提出了錫礦貿易途徑的問題。大西洋沿岸（大不列顛島及伊比利半島）的錫礦運往地中海的途徑，一直以來都由腓尼基人獨占，而佛卡亞人從馬西利亞（馬賽）至韋利亞（義大利南部）的殖民卻阻斷了這種錫礦的運輸航路，因此認為這是佛卡亞人為了奪取這項利權而採取的行動。

無論如何，馬果王朝時期迦太基與伊特魯里亞確實保持著緊密的關係，一九六四年在皮爾吉（Pyrgi）出土的三枚黃金板就是證據。皮爾吉位於伊特魯里亞的卡厄瑞（Caere，切爾韋泰里〔Cerveteri〕）港，出土的黃金銘文被認為是西元前五百年前後的物品，由卡厄瑞的統治者特發瑞・威利阿納斯（Thefarie Velianas）獻給伊特魯里亞的烏匿（Uni）女神。在卡厄瑞城中烏匿和腓尼基的阿斯塔蒂被視為是同一位女神，此碑文則收藏於烏匿神廟的境內。

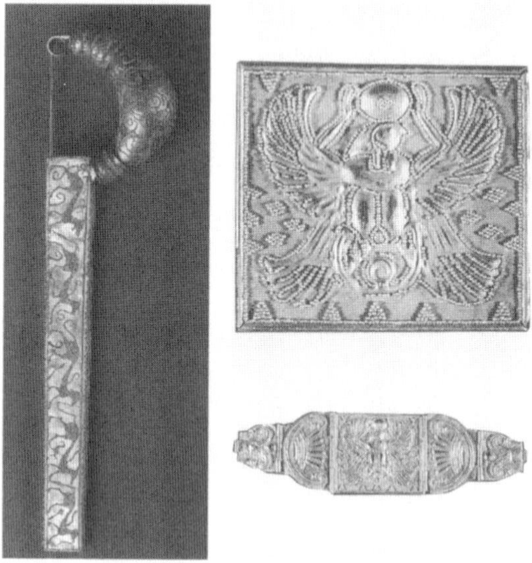

伊特魯里亞和腓尼基人的黃金工藝　上圖為皮爾吉的黃金板，收藏於羅馬的朱利亞公園博物館。下圖左為伊特魯里亞的裝飾別針（fibula）。出土於菲特羅尼亞，佛羅倫斯考古學博物館所藏。下圖右為腓尼基人的顆粒金飾手環，上方為部分擴大圖。出土自塔羅斯。卡利亞里國立考古學博物館所藏。

碑文以腓尼基語和伊特魯里亞語寫成，可以了解腓尼基人祭司也親身參與了祭祀。這些令人感到驚訝的碑文，揭示了腓尼基人的宗教與伊特魯里亞城邦的王權直接相關。

伊特魯里亞遺留下來的貴重金屬製品相當知名，其特徵是密集布滿細粒金子的顆粒金飾（granulation）技術，這在腓尼基、迦太基文化中也可見到；薩丁尼亞的腓尼基人殖民城市塔羅斯（Tharros），也出土過西元前七世紀到前六世紀的豪華黃金飾品。長谷川博隆推測迦太基需要伊特魯里亞的鐵和銅，而伊特魯里亞則需要迦太基的金、銀、錫，這應當是正確的見解。以上概述的迦太基和伊特魯里亞的合作關係一如亞里斯多德所述，並不僅止於單純的軍事同盟，更及於工商業、文化、宗教等等層面，是相當全面性的交流合作。

馬果和他的兒子們，一方面持續加深與伊特魯里亞的關係，另一方面也反攻希臘人（佛卡亞人），收復了馬爾庫斯時代喪失的薩丁尼亞領地，確保了科西嘉島的控制權，也把佛卡亞人趕出了伊比利半島南部；馬西利亞在「塔提蘇斯」附近建立的麥那克城也於西元前五百年前後遭放棄。如此一來，從西元前六世紀末至前五世紀初，腓尼基勢力暫且抵擋住了希臘人，使西地中海區域成為迦太基的海洋，達到了海上帝國的鼎盛時期。

◎對羅馬條約

此時期最能展現迦太基海上霸權的實際狀態的，就是與羅馬城簽訂的第一次條約。在伊特魯里亞人王權統治下的羅馬，傳說在西元前五〇九年放逐了暴君傲慢塔克文（Tarquinius Superbus）而成立共和政體。根據歷史學家波利比烏斯的說法，正是在共和政治的第一年，羅馬與迦太基締結了最初的條約。在深受伊特魯里亞影響的王政時代，羅馬和迦太基之間可能早有某種形式的約定。當羅馬政權更替時，迦太基透過和羅馬新政權締結條約的形式迫使對方再次確定彼此間的合作關係。不過，因為這次條約僅有波利比烏斯一人提及，因此對於其真偽，以及與第二次及其後的條約間存在著什麼樣的關係等，具有大量的論爭歷史。然而幾乎可以確定的是，此條約劃定了迦太基與羅馬雙方的勢力範圍，而且當進入對方勢力範圍時也列舉了雙方不准採取的行動，從結果來看此條約擁有避免雙方衝突，力求共存的特質。此外針對羅馬人進入迦太基領土進行買賣的狀況，也設定了一些條件，所以也具備了某種通商條約的性質。此條約雖然完全沒有提及迦太基和羅馬的軍事同盟，不過也明確顯示出雙方並非敵人。

問題出在於雙方勢力範圍的認定。迦太基方面宣稱薩丁尼亞和亞非利加（利比亞）屬於自己的勢力範圍，此外對西西里的一部分（大概是西部）也同樣主張是自己的領域。此外還設下針對羅馬船隻航行接近迦太基城時，不得越過「美麗之岬」的航行限制。這個「美麗之岬」係指哪個海岬？是卡本半島（Cape Bon）？或者是法利拿岬（Cape Farina）？此外，關於「越過岬角」是朝向哪個方向等也有諸多不同說法。長谷川氏則認為應該是禁止從迦太基西北的法利拿岬往西航行，目的在於不讓羅馬接近直布羅陀海峽，藉此保護迦太基在西地中海的霸權。如果考慮到對迦太基／腓尼基勢力而言，前往伊比利半島南部和大西洋途徑的重要性，長谷川氏的說法尚稱合理。

此一條約把薩丁尼亞、非洲、西西里島西部當作迦太基的勢力範圍，將羅馬人在北非沿岸的航行受限在一定的範圍內，規定羅馬人（及其同盟者）前來迦太基領地貿易時，如無布告官或書記官在場便視為無效，但若遵守此手續，迦太基將以國家力量保證對商品的金錢支付。如同在前一章所見，西元前九世紀的諾拉碑文中已出現過「布告官」一職，腓尼基／迦太基人的貿易中，往往伴隨著官僚的監督。在此條約中可以看到，迦太基方面也要求羅馬人遵守這種商業上的規則。

與在迦太基勢力範圍內羅馬一方所受到的管制行動的規定相較，羅馬的勢力範圍不僅狹小，且對迦太基的管制也更為簡潔。羅馬規定道，在羅馬統治下的阿爾代亞（Ardea）、安提厄姆（Antium）、吉爾凱（Circeii）等拉丁人城市，禁止攻擊迦太基，對於非羅馬統治的拉丁人城市，也要求他們不要出手攻擊迦太基。此外，也禁止迦太基於拉丁姆（Latium）地方築城，若武裝進入拉丁姆時則禁止在該地過夜。簡而言之就是羅馬認為拉丁姆地方將來有擴展的可能性，因此這條限制的目的在於防止迦太基勢力以此為據點進行勢力擴張。這些規定也明白顯示出羅馬在這個時期，關心的僅限於拉丁人居住的地區，且羅馬也還只是義大利的一個地方，統治權只及於一部分的區域。

迦太基與西地中海其他勢力間的關係，透過條約可以讀到的僅有這個對羅馬條約，因此往往會被解讀成羅馬從一開始就是與迦太基分享西地中海的對等政治實體。然而如果冷靜地檢視所謂的第一次對羅馬條約，便可以得知對於僅是一方勢力的羅馬，西地中海霸主的迦太基除在承認對方地域性的利害關係之外，更主張了自己海上帝國的範圍，因此這份條約僅是確認在這種勢力分布狀況下，雙方如採取行動時必須遵守的規則而已。

第五章 「帝國」登陸

希梅拉戰役　1873 年義大利畫家古瑟普．斯庫提（Giuseppe Sciuti）所繪。

鼎盛期的迦太基

◎波斯戰爭前夕

西元前五世紀初馬果王朝的中期，迦太基城正處於首次的繁榮之中。馬果的兒子中，遠近馳名的將軍哈斯德魯巴，因在收復薩丁尼亞的戰爭中負傷身亡，讓城邦的人民大感悲慟。接下來由他的兄弟——另一種說法是他外甥——哈米爾卡繼位，在希臘人的史料當中記錄了他的地位是「國王」。附帶一提，「哈米爾卡（阿米爾卡斯，Amilcas）」是希臘、羅馬史料中的表記方式，實際上腓尼基語、布匿語稱為「阿布多・美刻爾」（Abd-Melqart），意思是「美刻爾（神）的僕人」；至於哈斯德魯巴的意思則有「巴力（神）是我的救贖」之意。

在地中海東方，阿契美尼德王朝再度統一了東方世界，國王大流士逐步整頓了龐大的統治機構。根據查士丁（特洛古斯）的說法，大流士派遣使節到迦太基發布命令，要求禁止使用人類祭祀、禁止食用狗肉、禁止土葬改採火葬等等。此外波斯大王的使節還帶來了更重要的要求，那就是波斯即將對希臘發動戰爭，要求迦太基也必須派出援軍。西元前四九九年以愛奧尼亞反叛為契機，造成波斯侵略希臘，這便是波斯戰爭（又稱波希戰爭）的開端。

迦太基拒絕了派遣援軍的要求。因為迦太基頻頻與鄰近各國交戰，實在沒有餘裕派兵。不過相對的，他們會遵守波斯的其他命令。面對即將開戰的波斯戰爭，與地中海東方的腓尼基本土各城邦不得不出兵、擔任波斯海軍的中樞部隊相較，位於西方的迦太基雖然對波斯帝國擺出遵從的姿態，但實際上卻保持置身局外的中立狀態。

不過，迦太基自身與近鄰的戰爭也愈演愈烈，主要的戰場分別在西西里島和迦太基所處的非洲本土。早從馬爾庫斯將軍的時代（西元前六世紀中葉）起，迦太基便與「亞非利加人」——北非的原住民，展開戰爭。

戰爭的原因可能有如下幾點。如同愛麗莎傳說中提及的，迦太基城的土地所有權從建城以來一直屬於原住民，迦太基每年則須向原住民繳納地租——至少在表面上是如此。或許從此時期開始，對於這個「地租」發生了一些爭端。成為西地中海霸主的迦太基，很可能開始主張擁有自身城市土地的所有權。或者也可能相反，而是最初土地所有權和「地租」並不明確，但隨著迦太基城日益繁榮，原住民的領導階層開始對土地所有權逐漸敏感起來，並因此開始要求支付「地租」。

伊比利半島加地斯周邊的原住民透過與佛卡亞人的接觸，脫離了腓尼基人的影響，甚至進攻加地斯城（雖然因迦太基的介入而失敗）。藉由這樣的構圖可以想像，在波斯勢力抬頭的西元前六世紀後半，原本只能通過腓尼基人方能接觸東方的西地中海各地，以及環地中海各處的原住民統治階層，從這個時期開始能夠穿透腓尼基—迦太基網絡上的縫隙接觸到外界，使得他們突然感受到了世界情勢。

不只是佛卡亞人，進入西西里東部和義大利半島墾殖的來自各地的希臘人，都給西地中海的原住民社會帶來了刺激。甚至在北非也出現了希臘人建設的殖民城市。至西元前七世紀後半，來自錫拉島（Thera）的希臘人，在今天利比亞北岸建立的殖民城邦昔蘭尼（Cyrene）已經存在超過一百年，並影響了北非的各個種族。西元前六世紀末，斯巴達王子多里烏斯（Dorieus）在錫拉島人的航海帶路下，嘗試在利比亞建立殖民，並於大萊波蒂斯（Leptis Magna，或稱 Lubta）附近的基尼普斯（Cinyps）河旁建立城市，然而三年之後卻遭利比亞居民馬卡埃（Macae）人，聯手迦太基人將其趕走。在這個例子中雖然亞非利加人又跟迦太基人聯手趕走了斯巴達人，但也明顯看到當地居民除了追隨迦太基勢力之外，從此時期開始，也出現了其他的選擇。

如此，我們可以看到在波斯戰爭爆發前夕的迦太基，不但與希臘人戰爭，也被迫與日漸成長、自主的原住民社會產生對峙，處於一個頗為艱難的處境當中。

◎貨幣出現前的商業

雖然過著與近鄰交戰的生活，但事後回顧，這段期間乃是迦太基的黃金時代。當時尚無人能挑戰迦太基的海上霸權，因此我們先停在這個時間點上，省察一下迎來隆盛時期的迦太基包括商業在內的各種活動，以及物質文明的狀況。被稱為古代地中海世界屈指可數的商業民族的腓尼基／迦太基人，他們的貿易和財富，具備了什麼樣的特徵呢？

首先必須注意的，是腓尼基人、迦太基人的貿易體系，基本上是金屬製貨幣（coin）出現以前便形成的系統。貨幣是亞述帝國滅亡後，由統治小亞細亞的利底亞王國所發明，而腓尼基人的貿易網絡在亞述帝國全盛時期的西元前八至前七世紀便已抵達西地中海、大西洋沿岸。因而其交易無論是對西地中海的原住民，或者是對希臘人，必然會採取以物易物的形式。不過後來因為受到製造貨幣的希臘世界的影響，迦太基也開始使用貨幣，但使用以物易物交易的名聲卻永遠殘留著。

關於腓尼基人的以物易物，希羅多德介紹了以下的迦太基人故事。在「海克力士之柱」，亦即直布羅陀海峽的對岸，有一處利比亞（亞非利加）人之地。迦太基人抵達此地後，便卸下船上貨物排列在海灘上，之後又回到船上並點燃狼煙作為信號。當地原住民見到信號即前往海灘，把拿來交換的金子排列在貨物旁，接著他們也退下。此時迦太基人再度下船到海灘上確認黃金數量，如果覺得黃金的數量與商品價值相符，他們便取走黃金並離去。如果覺得不足，迦太基人就再回到船上，等待原住民追加黃金。他們不斷重複這個過程，一直到迦太基人滿意為止。這段期間雙方都不會做出不義的舉動，一直到黃金分量與商品價值相符之前，迦太基人決不出手拿黃金，而原住民也不會出手取貨品。

交易雙方完全不對話，甚至連見面都不需要的這種交易方式，被稱為「沉默交易」。在古代世界不同種族相遇時，加害、奪取，乃至將對方變成奴隸之類的狀況相當普遍，因此這可以說是避開直接見面、又能讓兩者皆滿意的簡單卻又巧妙的交易方法。不過如同巴托羅尼（Piero Bartoloni）主張的，是否能說這種交易方式是基於雙方對彼此的信任，與腓尼基商人一般給人的陰險形象相反，仍有質疑的空間。如果要說這種「沉默交易」的主導權在誰手上，恐怕還是由迦太基人所掌握，判斷黃金數量是否與貨品價值相符的人，是迦太基人而非原住民。如果前來此地的外國商人只有迦太基人，那麼利比亞人對於此種黃金與貨品的交換比例，就只有接受或者完全放棄取得外國商品這兩種選項。此外，這種「沉默交易」的情況，從形式上來看似乎是在公正情況下對貨品和黃金交換的比例達成共識，但如果迦太基人——亦即「先進地中海世界」的一方——內部設定賺取暴利的交換比例（大幅提昇商品價格），利比亞人其實也無法得知。

雖說如此，至少迦太基人對利比亞居民還算紳士，並未伸出魔爪登陸、虐殺居民，將其當作奴隸，或者抓到礦山當礦工肆意驅使，這點仍值得一書。

◎航路的祕密

遠離地中海文明的中心、從未見過外國船隻的「天真」原住民社會，對迦太基人而言正是最好的交易對象。因此，對於這種老主顧，除了迦太基人、腓尼基人以外，必須讓他們持續不與其他外國人接觸。相關海域上除了腓尼基船以外，禁止其他船隻進入，這對迦太基人、腓尼基人而言是最高命令。在前一章討論過的對羅馬條約中，迦太基禁止羅馬船隻進入非洲沿岸，也是基於這個理由。

如果被外國船隻跟蹤，無論使用任何手段，都必須甩開或擾亂對方以保護航路祕密，這是腓尼基水手的海上鐵則。羅馬時代的地理學者斯特拉博針對大西洋上產錫礦的島嶼卡西特瑞德群島（Cassiterides），記載了如下的故事。

這些島上居住著以畜牧業為主要營生手段的黑衣居民，擁有錫礦和鉛礦的礦床，他們拿礦物和動物皮毛與貿易商人換取陶器、鹽，和銅器製品。以往只有腓尼基人從加地斯港出發進行這類交易，並且保密不讓其他民族知道。然而，某次羅馬人尾隨一艘腓尼基船希望得知交易的場所，被腓尼基船長發現後，遂偏離航道並將船開往淺灘並刻意觸礁，意圖讓尾隨的羅馬船隻也同樣觸礁沉沒。也就是腓尼基人不惜犧牲性命，也要保護錫礦之島位置的祕密。據說這位船長抓著船隻的殘骸破片漂流後獲救，並且從國庫領到了船隻毀損的賠償。不過，根據斯特拉博的記錄，之後羅馬人在不斷嘗試之下終究解開了航路之謎。

這是展現出腓尼基人「愛國心」的有名軼聞，不過除此之外，作為腓尼基人以加地斯為母港進行礦物交易的實例，也讓人深感興趣。卡西特瑞德群島位於現今的何處，關於這點有包含英國康爾瓦郡（Cornwall）在內的各種說法，但無論在何處，這些孤立於大西洋上的群島的居民們在西元前好幾個世紀的期間，便已透過與腓尼基商船以物易物的交易取得地中海的各種製品（陶器或銅製品），委實是令人驚訝的狀況。依據斯特拉博的說法，羅馬人透過竊取腓尼基人秘密交易的形式，繼承了這些交易，那麼到了斯特拉博自身的時代（約西元前六四年～西元二一年前後），島上居民便是拿著錫、鉛、毛皮改與羅馬船隻交換陶器、鹽和銅製品。

人們一般都有一種印象，就是地中海在羅馬帝國時期，也就是所謂的「羅馬和平」（Pax

Romana）時期被羅馬統一而成為「和平之海」，連帶地中海周邊的商業貿易也跟著綻放；然而，當時的交易路徑、交換方法等，有一部分是由腓尼基人、迦太基人從幾個世紀前開始便以避人耳目的方式，逐步開拓下來的成果。

◎迦太基人的「謊言」

希羅多德和斯特拉博所說的兩則故事，都是直布羅陀海峽以外，與地中海沿岸鮮少接觸的地區進行以物易物的例子。那麼地中海周邊原本的「開化」地區——西西里、薩丁尼亞、義大利半島，以及北非迦太基城周邊，或者最早的交易對象伊比利半島南部，這些地區又以何種形式進行以物易物的交易？很可惜的，古典史料中並未留下明確的記載。不過因為交易對象是更「文明化」的人們，也已經理解金屬的價值與商業交易的陷阱，光是這樣腓尼基人應該就無法像面對大西洋沿岸的原住民一般，單方面地大賺利潤。以物易物在此當然無法以「沉默交易」的方式，而是透過面對面的對話交涉來進行。羅馬人的文獻當中口口聲聲強調「迦太基人的約定話中有話（布匿式的承諾）」，會形成這樣的印象當然一部分是因為迦太基人是布匿戰爭的敵方而帶有憎惡的成分，不過迦太基人打從一開始就讓其他人受到花言巧語之苦，這種體驗肯定也是主因之一。只是，希臘、羅馬人描繪的迦太基人「不誠實」的形象，不必然只是一些信口開河的低級浮誇謊言。我們試著回想一下迦太基的建城者愛麗莎的傳說。

查士丁在記錄中讓她說了幾個「謊言」，例如為了取得建城土地而對原住民乞求「一張牛皮」的土地後，卻用牛皮製作了一條長皮繩圍繞起整個「畢爾莎之丘」，但在這個情況下「一張牛皮」的土地並非完全是謊言。聽到「一張牛皮」大小的原住民腦海中只浮現普通牛皮的大小，而愛麗莎則故意混淆她的真正所求，不告訴對方這項要求與執行時的「落差」，僅此而已。她讓當地原住民想到的不過是「一張牛皮」的狹小面積，有效煽動他們「這麼小的一塊土地就讓給腓尼基人，然後跟他們做生意賺大錢也不錯」的「欲望」。她所說的內容並非全然是謊言，但之後等到對方察覺，卻已無法取回造成的損失——這就是腓尼基「謊言」的本質。

愛麗莎的另一個「謊言」，就是面對城邦內十位有力人士要逼她嫁給亞爾巴斯時，堆起如山的薪柴祭獻的愛麗莎邊說：「如諸位所願，我去見我丈夫。」邊舉劍自盡犧牲。她嘴中所說的「丈夫」，不是十位有力人士以為的原住民國王亞爾巴斯，而是亡夫阿克爾巴斯。她最後這句悲慟的「謊言」——言語上的兩義性，是想讓逼迫她的這些親信們，了解他們自身卑劣行徑所帶來的結果。

◎戲劇舞台上的迦太基人

就像這樣，迦太基人、腓尼基人所說出的「謊言」，並非「掛羊頭賣狗肉」式的單純謊言，而是一種高度「都會型」的言詞技巧。如果親眼見到迦太基人，與其說是奸詐狡獪的模樣，更像是行事沉穩、禮貌周到，但心機深不可測之人，以今天的話來說，大概就類似「銀行家」類型的人。

在許久之後的時代，即西元前三世紀末到前二世紀初時，羅馬喜劇作家普勞圖斯（Titus Maccius Plautus）有一部名為《小迦太基人》（*Poenulus*）的劇作，劇中有一位迦太基名門的富翁漢諾（Hanno），他的兩個女兒在年紀尚幼時便與奶媽一起被拐賣到希臘的港市卡利敦（Calydon）的風化區。故事的設定便是漢諾一直尋尋覓覓，來到卡利敦找出女兒們。故事中藉由漢諾穿著的迦太基人的特有服裝，即長及膝部的袍衣（tunic），不束腰帶，讓衣裝邊走邊隨風翻飛，且戴著耳環，以帶點詼諧的方式描繪了漢諾及其隨從。雖然如此，漢諾也是個會掛心女兒下落、且在發現女兒後落下欣喜之淚的既認真又具威嚴的善良父親角色。故事中他也打敗了狡猾的風化區老闆盧庫斯（Lycus），是屬於好人這一方的人物。

而主角阿果拉斯特克勒斯（Agorastocles）也是迦太基出身（是漢諾堂或表兄弟的兒

子），同樣也是年幼時遭誘拐被賣到卡利敦，成為了希臘人的養子，而這個希臘人養父又偶然與漢諾從父親一代開始便是至交友人，彼此間帶有複雜的關係。和阿果拉斯特克勒斯見面的漢諾，為了確認對方是否為朋友的養子，取出了「陶片」來核實。這是一種符契（token），由漢諾和阿果拉斯特克勒斯家族各持有一片，雙方見面後拿出破片看能否吻合，以便確認雙方是否互為客人關係。過往的迦太基商人們，便是使用這種方法與希臘、義大利、西西里等各港口結交的有力友人們互換符契，充分活用這種手法推動對自己有利的商務往來。

回到故事之中，喜劇《小迦太基人》最著名的場面之一，就是漢諾登場後，突然開始在這部拉丁語劇中說起了一長串布匿語（迦太基人使用的腓尼基語）的場景（第五幕第一場）。雖然今日流傳的文本究竟是何時寫成的仍有疑義，但這個場景是由不斷向阿果拉斯特克勒斯說布匿語的漢諾，以及將內容胡說八道地「翻譯」成拉丁語的前者的奴隸米歐菲歐（Miophio），兩人之間奇異的問答所構成。在舞台上迦太基人說（類似）布匿語的台詞及胡亂口譯，肯定是這場喜劇的重要「賣點」之一。

其實漢諾也是通曉拉丁語的人（劇中的設定是希臘語）。他暫且任由米歐菲歐一陣胡亂翻譯後，突然之間，自己開始說起拉丁語，並嚴斥米歐菲歐「愚弄初來乍到的外國人」。其中一方疏忽地認為迦太基人只會講布匿語，不通我方語言，因此我方說什麼都無妨，但其實另一方（迦太基人）完全通曉對話內容……這就是這齣羅馬喜劇在舞台上所表現出來的迦太基紳士風貌。

◎來自東方的舶來品

話說回來，迦太基／腓尼基商人帶至西地中海及大西洋沿岸換取礦物資源的以物易物的商品，究竟為何？另外迦太基不僅做礦物交易，也與希臘、伊特魯里亞等文明化的區域有著繁榮的中繼貿易，他們之間主要的貿易路徑、雙方交換的商品，又是什麼？

因為欠缺同時代的史料，因此這個問題很難回答。雖然目前有由科萊特・必凱（Colette Picard）復原，以迦太基為中心的腓尼基人貿易途徑，但這也不過是假說之一。在推羅、迦太基和地中海各地的交易所、殖民城市之間有無數蓋印封泥的商用文書往來，但今日卻沒有任何殘存。

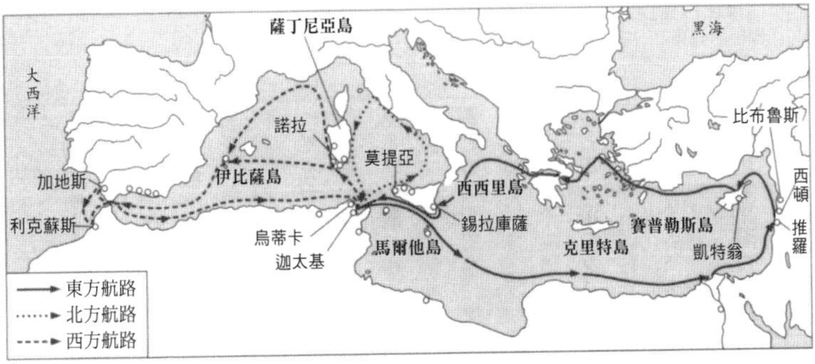

以迦太基為中心的地中海貿易路徑　依據科萊特・必凱的圖所製作。引自 H. G. Niemeyer (ed.), *Phönizier im Westen*, 1982。

不過，從莎藍波墓地出土的物品中，我們可以知道雖然馬果王朝時代迦太基在政治上持續保持獨立，但仍舊仰賴自推羅等腓尼基本土輸入的物品。以物易物時這些腓尼基製品、埃及（護身符等）、希臘（科林斯〔Corinth〕陶器等）等處的輸入品應該都包含在內。雖然迦太基城也開始生產商品，但僅限於國內消費使用，似乎沒有輸出作為交易使用。當時迦太基的貿易對象，也就是居住於西地中海各地的原住民社會的人們，可能依舊只選擇來自當時東方先進地區的珍希舶來品。

埃及製的護身符、聖甲蟲珠寶、有羽毛裝飾的人物或猴子模型、塗有玻璃釉藥的軟膏瓶等，在尼羅河三角洲西方的諾克拉提斯（Naucratis）城裡製作。另外還從曼菲斯輸入諸神的小立像。在這些埃及城市中都有腓尼基人的居留地，他們採購商品後再送往迦太基等地。這些各式各樣的商品在迦太基的陀斐特中出土，除了進口之外，當然也會轉手輸出到其他地方。然而，因為波斯王岡比西斯征服埃及與掠奪諾克拉提斯，製作這些商品的工房遭到毀壞，歷史學家認為這應該也影響到了腓尼基—迦太基的貿易。

迦太基從希臘各地輸入陶器與紅陶土的小雕像，不過一提到希臘陶器時腦海中立刻浮現的阿提卡（Attica）（雅典的）陶器，則一直要到西元前四世紀以後才出現在迦太基，西元前六世紀到前五世紀時則以輸入科林斯製陶器為主。今日已經知道在科林斯城也與埃及的諾克拉提斯一樣，有腓尼基商人的居留地甚至是租借地，他們從希臘的諸島，如羅德島、薩摩斯島（Samos）、賽普勒斯等地輸入各種獨具匠心的紅土陶製的女性小人偶。學者們判斷這些應該是拿來獻給雅典娜、赫拉、阿斯塔蒂等女神的一種象徵豐饒的陶器人偶，且同樣出土自迦太基的墓地。

迦太基城本身也生產陶器和紅陶土製品，不過轉口輸出用的豪華陶器，仍仰賴希臘製品；迦太基生產的物品，至多只限於搬運商品時當作容器使用的雙耳瓶（amphora，左右附有兩個把手的大型壺），以及供迦太基城內及北非腹地使用的日常用品而已。

◎腓尼基人的工藝

西頓與推羅等腓尼基本土製造的手工業製品，特別是各式各樣的工藝品，當然都是迦太基貿易的主力商品。腓尼基人最擅長象牙精工和玻璃製品、貴金屬精工等，都是需要高明的手工技術與花費大量時間的精細製品。腓尼基人的象牙精工多出土於尼姆魯德（Nimrud）的亞述帝國皇宮，最有名的作品之一，就是西元前八世紀左右的「襲擊非洲人的雌獅」。從人物頭髮的刻劃上可以明顯看出是非洲青年，作品表現出他遭獅咬倒下的瞬間，是一件腓尼

襲擊非洲人的雌獅　出土自尼姆魯德。西元前八世紀。大英博物館藏。引自 S. Moscati (ed.), *The Phoenicians*, 2001。

基美術的傑作。

類似這類的象牙板多以鑲嵌於木製家具（如椅子、床舖或櫃子等）的形式，出口到亞述或新巴比倫等東方世界的宮廷去。換言之，這屬於當時輸出給先進國家的真正高級品，所以鮮少流通於西地中海，不過也曾在伊比利半島南部發現當地的腓尼基人持有類似梳子的小型象牙精品。迦太基似乎是象牙精品原料——非洲象象牙的主要提供者。

製作金銀銅的精品、將青銅精細地鍍上一層黃金、利用粟紋法（granulation）將細小金珠密密麻麻地裝飾於物體表面，這些技法都是腓尼基人的得意技藝。透過這些技術製作出來的器物和珠寶飾品，加上青銅製的的剃刀、髮簪和鑷子等小物品被送到四處廣泛流通。而這些金屬製品的原料，自然是透過迦太基持續從西地中海所取得。

玻璃製品雖起源於埃及和美索不達米亞，卻是在腓尼基人的手中獲得長足的發展。腓尼

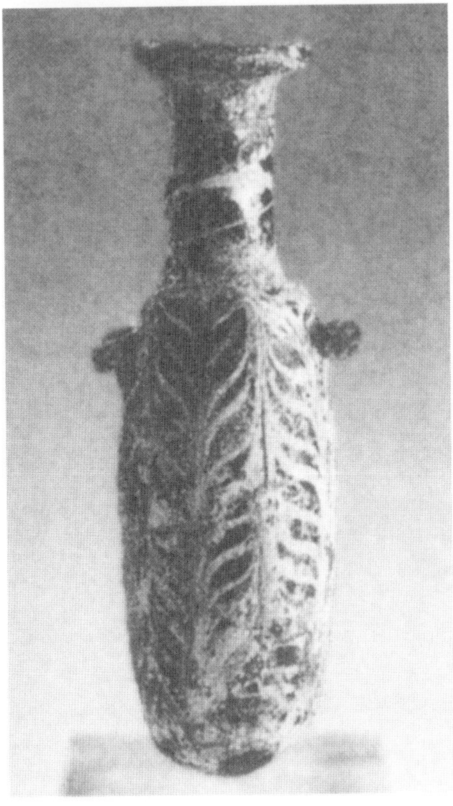

腓尼基的玻璃工藝　（左）香油瓶。西元前 2 ～前 1 世紀。布魯塞爾皇家美術歷史博物館所藏。（上）人面吊飾。出土於薩丁尼亞島奧爾比亞，西元前 4 ～前 3 世紀。卡利亞里國立考古學博物館所藏。

基人從冶金業中獲得保持高溫的技術，還從黎巴嫩的海灘取得優質的砂粒原料，為他們提供了良好的發展條件。現在的玻璃製作大多採取吹製技法，這是西元前一世紀羅馬時代以後的技術，腓尼基、迦太基時代是以黏土與砂製作芯，並在周圍纏繞高溫的熱玻璃條——就像拉糖絲一般，使用帶核心的玻璃製作技法。玻璃條染成綠、黃、紅色，透過不同顏色玻璃條的組合，就能製造出一種條紋模樣的精美工藝品。以這種技術製作的香油瓶（alabastron），在包含迦太基在內的地中海各地都有出土過。

與前述埃及製的軟膏瓶相同，這些玻璃小瓶不只是當作器皿來銷售，當中也會裝入油、香料、香精一起在市場流通。或許會透過不同形狀的瓶子、設計來區分裡頭裝的商品。就像現代人迷戀名牌一般，古代西地中海的人們也追求這些色彩豔麗的精美小瓶子。

另外還有人臉（多數是長著鬍鬚的男性臉孔）的玻璃製吊飾（避邪物）、玻璃珠串成的項鍊。這可以說是日後大航海時代用於非洲貿易的玻璃珠、「蜻蜓珠」的前身，在迦太基時代地中海西方的人們首次看到這種物品時，肯定愛不釋手。

此外，腓尼基人的手工業製品中最有名的，是由紅紫色染料所染製的紡織品（「腓尼基人」這個民族的稱呼，據說就是來自此種染料的名稱「*Phoînix*」）。以地中海淺灘取得的貝類作為原料，這種染色工程因為會同時製造惡臭，所以作業場地往往設在遠離市鎮的地方，例如在西頓城便是如此。腓尼基人的城市，是歷史上最早因為產業發展伴隨而來的惡臭與「工廠廢水」而感到煩惱的工業城市。

而製作出來的成品——透過調整貝紫染料濃度，染出藍紫到大紅等各色的麻布、羊毛布疋——正是古代地中海神聖與權利的象徵，各地的國王和祭司們尋求這種製品就是為了拿來當作他們的衣裳。羅馬自然也不例外，在羅馬共和時代，大紅色外衣是一種特殊的服裝，只有凱旋而歸的將軍，在凱旋儀式當天，才被准許在城內穿著。到了羅馬帝國時期則成為皇帝的專屬用品，也成為日後象徵歐洲帝權、王權的「紫衣」起源。迦太基人不僅將紫衣當作商品買賣，他們本身也視紫衣為富貴的象徵而愛用不已。引發父親憤怒的馬爾庫斯將軍的兒子，被處刑時身上仍穿著神官的紫衣。在往後的第三次布匿戰爭（迦太基與羅馬的最後一戰）時，迦太基的領導者哈斯德魯巴，在羅馬軍隊包圍下不顧餓死的市民而夜宴盡歡，也是穿著紫衣炫耀自己的奢華。

腓尼基人的手工業製品多為奢侈品，可用來彰顯自身地位，將自己的權力具體可視化，是一種「威信財」。此點與以大量生產、消費為基礎的近代工業製品的產出，有著決定性的不同。近代工業製品以廣泛的大眾消費者為目標出口對象，這具有打破輸入地傳統社會階層的傾向；相對地，古代的腓尼基商品，則以形成於西地中海各地且持續存在的國王、祭司、貴族等統治階級為主要顧客。藉由具體可見的「紫衣」與「香油」，迦太基人的貿易活動在出口地區的社會中催生了「東方化」的統治階層。就這層意義來看，在西地中海進入鐵器時代後開始形成的堅固階級社會的過程中，腓尼基人扮演了重要的角色。

◎奴隸商人

最後，我們也必須討論一下腓尼基人、迦太基人經手的終極商品——奴隸。前文提過普勞圖斯的《小迦太基人》的故事情節時就描述過，古代地中海世界是一個即便自由人被抓去當奴隸出售也不足為奇的社會。在這樣的時代，人使役人——例如主人使役奴隸的關係相當普遍，反而是花錢僱用自由人屬於較例外的狀況。《小迦太基人》中迦太基城富裕階層的女兒被販售到希臘的風化區，當然反過來由腓尼基—迦太基商人抓希臘等地方的人賣到他處的例子也不在少數。因為現存史料幾乎都是希臘、羅馬人所撰寫的，所以更常強調「被迦太基人、腓尼基人抓去當奴隸」的狀況。荷馬的《奧德賽》（*Odyssey*）中，腓尼基女奴隸一番穿針引線後把主人的兒子交給腓尼基海盜船，這個孩子就被當作奴隸出售，之後成為養豬的人，而這也是尤利西斯（Ulysses）的奴隸兼好友，歐邁奧斯（Eumaeus）身上所發生的故事。

古代地中海的奴隸制度，有類似這個例子的購買奴隸制，同時也有債務奴隸制，還有如斯巴達的黑勞士（helots）般的隸屬農奴制度，其種類各式各樣，也有不同的發展階段，樣態相當複雜，不過至少在奴隸購買的制度上（在市場買賣奴隸），腓尼基—迦太基奴隸商人確實擔負著供給方的角色。

◎悲慘的礦坑奴隸

這個時期是一個除了日常誘拐或抓奴隸之外，如果遇到戰爭可自由將敗戰一方屠戮殆盡，或者全員當作奴隸販賣的古代社會。雖說大量使用這種戰爭俘虜作為奴隸的，是在迦太基滅亡後從共和時期到帝國初期的羅馬，不過迦太基本身在農業與礦業上也有大量使用奴隸的形跡。

西西里的希臘人歷史學家狄奧多羅斯說明了腓尼基人在伊比利半島進行銀礦開發的狀況，又說明羅馬人占領伊比利半島後，改由義大利人經手銀礦、金礦經營，並清楚描寫這些礦藏開採都是透過嚴苛的奴隸勞動所獲得。他描述道，在地底深處蜿蜒無盡的坑道中，奴隸們連喘息休息的時間都沒有，他們被迫進行重度勞動，遭受鞭打，受盡虐待之苦並於恐懼中死亡。即便有體力與忍耐力能多苟延殘喘個幾年，不過也只是把受苦的時間拉長而已。

行文至此後，狄奧多羅斯又說明，這些礦山沒有任何一個是晚近（羅馬時代）才開始開採的，全都是迦太基征服伊比利半島的期間，迦太基人為了找尋銀礦而開發的礦藏。如果此處的描述屬實，那麼腓尼基、迦太基時代伊比利的銀礦開採可能也使用奴隸進行有規模的開發。這些奴隸不只有抓來的犧牲者，還包含了海上帝國迦太基在薩丁尼亞、西西里和非洲本土戰爭中取得的大量戰爭俘虜。迦太基雖然帶來了東方奢華與洗練的手工技藝，但在他們的統治所帶來的恐怖和大量海戰之下，也為西地中海揭開了真正戰爭及奴隸時代的序幕。

希梅拉戰役後的轉變

◎西元前四八〇年西西里的情勢

話題再回到波斯戰爭期間迦太基的行動。如前所述西元前四九〇年波斯遠征希臘之際迦太基保持著中立，但十年之後大流士的繼任者薛西斯一世親率大軍遠征希臘時，迦太基很可能也順應潮流參加了本次戰爭。

根據狄奧多羅斯的說法，想要征服希臘的薛西斯一世派遣使節前往迦太基，約定當波斯軍攻擊居住希臘地區的希臘人時，迦太基也發動大軍攻擊居住西西里和義大利的希臘人。狄奧多羅斯的記錄應該是根據西元前四世紀出身庫梅（Cyme）的歷史學家埃福羅斯（Ephoros）而來。埃福羅斯的著作雖然只剩斷簡殘篇，但仍有記載到薛西斯一世在準備遠征時，派遣波斯人和腓尼基人使節造訪迦太基，要求盡力派出大艦隊前往西西里擊敗當地希臘人，再前往希臘的伯羅奔尼撒推進一事。不過，這些希臘人歷史學家對接下來的發展或許為了戲劇性而有所誇張。他們描述了波斯軍隊和迦太基軍隊分別在希臘和西西里敗退——也就是希臘人同時在地中海東西兩戰線取得勝利。即便波斯與迦太基確實幾乎同時攻擊希臘人，但兩者之間是否如埃福羅斯所主張有明確的合作關係，仍舊留有疑問。

無論如何，迦太基開始準備遠征西西里。這段期間確實也產生了迦太基必須攻擊西西里希臘人的理由。原本許多城邦各自林立的西西里希臘人社會，逐漸出現了一個強大的領袖，那就是傑拉城（Gela）和錫拉庫薩城的獨裁者（僭主）傑隆（Gelon）。

傑拉是位於西西里東南的小城邦，傑隆家族則世代擔任傑拉城「地下的女神們」（德墨忒爾〔Demeter，又譯狄蜜特〕和普西芬妮〔Persephone〕）的祭司。傑隆本身是僭主希波克拉底（Hippocrates）的騎兵隊長，以武藝高強而聞名，在希波克拉底與原住民西庫爾人作戰陣亡後，傑隆便在傑拉城發動政變，篡奪僭主之位。接著在東方的大城錫拉庫薩中，原本身為高階市民被稱為葛莫羅伊（*gamoroi*）的階級，與一般民眾、隸屬居民發生內亂，傑隆插手其中並將該城收為己有，接著把傑拉城委託他弟弟管理，傑隆則親自著手對錫拉庫薩進行大改造計畫。

首先他破壞卡馬里納（Kamarina）城並將全體居民移到錫拉庫薩當市民，接著又把半數傑拉城的居民遷移過來，之後包圍西西里的另一個城邦墨伽拉（Megara）迫其投降後，也把該城貴族移居到錫拉庫薩，而平民們則被當作奴隸賣到西西里島以外的地方。這造成錫拉庫薩搖身一變，成為由幾個城邦的貴族們所組成的超級城邦，傑隆本身則君臨這個新城邦居民團體，成為獨裁統治者。

錫拉庫薩成立傑隆政權對迦太基而言是一大打擊。馬果王朝的迦太基與錫拉庫薩一直以來的統治階層葛莫羅伊有著合作關係，依據希羅多德的記錄，此時迦太基的「國王」哈米爾

德墨忒爾像 西西里島出土，紅陶土製。西元前5～前4世紀。錫拉庫薩博物館所藏。

卡（原文寫為阿米爾卡斯，是馬果的兒子或孫子）的母親，便出身於錫拉庫薩。迦太基把和錫拉庫薩的關係當作後盾，確保了通往東方希臘、腓尼基、波斯等處的道路。因此，想要推翻傑隆體制的哈米爾卡，於西元前四八〇年採取和波斯大軍入侵希臘同步的形式，嘗試著要遠征西西里，也就不是什麼不可思議的事情。

西西里島

此外出兵西西里還有另一個伏筆。那就是關於西西里島和義大利半島之間的墨西拿海峽通行問題。隔著海峽義大利方面的利基翁城邦獨裁者安那克希洛斯（Anaxilaus），看中了海峽對岸西西里島上的城邦尚克雷（Zancle），此處居住著逃避斯巴達壓迫而來的麥西尼亞人（Messenian，率先居住於伯羅奔尼撒半島的希臘人），在此墾殖建立了梅薩納城（Messana，今墨西拿〔Messina〕）。安那克希洛斯雖取了西西里島北岸希梅拉城邦獨裁者特利洛斯（Terillus）的女兒為妻，不過這個特利洛斯又與迦太基的馬果家族締結了貿易上的客人關係。也就是說，迦太基藉由希梅拉和利基翁的合作關係來控制地中海東西交通要衝的墨西拿海峽。

然而在希梅拉城情勢卻發生了變化，阿格拉加斯（Acragas，或稱阿格里真托〔Agrigento〕）統治者賽隆（Theron）揮兵進攻希梅拉，並放逐了特利洛斯。特利洛斯憑藉著與哈米爾卡的友誼請求他出兵，利基翁的安那克希洛斯也把自己的兒子送到迦太基作人質說服哈米爾卡，最後哈米爾卡不得不承諾出兵。如果不顧希梅拉的特利洛斯，那麼利基翁和梅薩納的同盟便會瓦解，這將會導致失去對墨西拿海峽的控制權。如果失去此海峽，除了會失去東西航行的要衝，還會危急建構於和伊特魯里亞同盟所確保下來前往義大利半島西岸的路徑，當然也會危急第勒尼安海的制海權。西西里北岸的小城邦希梅拉突然關係到迦太基海上帝國的命運，並且終於成為一場大決戰的主戰場。

◎希梅拉戰役

迦太基軍——即哈米爾卡親自率領的西西里遠征軍，根據希羅多德的記錄共有三十萬大軍。除了腓尼基人、迦太基人之外，利比亞（亞非利加）人、伊比利亞人、利古里亞

（Liguria）人、薩丁尼亞人、科西嘉人等也都參與，成為了從迦太基「帝國」全土集結而來的聯合大軍。三十萬人這個數字或許有些誇張，不過此次動員肯定是希臘人的世界中從未見過，前所未有的龐大軍勢。

這是一場僅軍艦就超過兩百艘，還伴隨超過三千艘的運輸船的大遠征。無論馬果「王朝」的政體究竟為何，此戰役應非遠征軍指揮「漢諾（Hanno）之子哈米爾卡」（希羅多德如此把哈米爾卡稱為漢諾之子而非馬果之子）的個人意志所決定，而是基於迦太基城邦全體的意思。詳細記錄了希梅拉戰役的狄奧多羅斯寫道：「迦太基人為戰爭做好準備後，選擇了他們之間名望最高的哈米爾卡為將軍。」

從迦太基港出發的大艦隊朝著西西里前進，雖然途中遭遇暴風雨損失了部分運送馬匹與戰車的補給船，不過仍大體平安抵達西西里西北部的帕諾爾莫斯（Panormos，今巴勒摩〔Palermo〕）港。帕諾爾莫斯和塞傑斯塔等西西里島西部的腓尼基同盟者伊利米人居住地從過往便是迦太基的地盤。自帕諾爾莫斯入港的哈米爾卡便發出豪語說：這下戰爭就已經算結束了。因為海上航行是這次遠征中唯一的不確定因素，只要能平安登陸，就等於已經征服了西西里。經過三天的休養與修補船艦後，他便沿陸路往希梅拉城進軍，而艦隊則沿著海岸走海陸同行挺進。

抵達希梅拉城外，哈米爾卡命陸軍與海軍各自築好陣地，軍艦全數拉上岸邊，周遭築起柵欄與掘好壕溝，藉由海陸兩軍的陣地防禦，完成從西側包圍希梅拉的態勢。接著讓補給船開始卸下補給，這些船隻原本就只負責搬運穀糧等物資，卸貨後便讓他們返回非洲或薩丁尼亞。準備完成後開始對防守阿格拉加斯的賽隆發起攻擊，並順利擊破賽隆的防守。本次攻擊哈米爾卡果然不辱馬果家族的名聲，盛大的佈陣，堂堂地攻擊。一時兵敗的賽隆，畏懼地趕緊遣使前往錫拉庫薩城，向獨裁者傑隆求援。

傑隆的援軍來得相當迅速。他立刻發出五萬步兵及五千騎兵趕往希梅拉，抵達佈陣完成後立刻以全數騎兵攻擊正在掠奪希梅拉農田的迦太基軍隊。此時迦太基軍處於無規律行動的狀態，在錫拉庫薩騎兵的面前顯得毫無招架之力，立刻有一萬多人成了俘虜，並被帶入希梅拉城中。希梅拉城中的希臘人看見如此情狀，覺得對手的這些蠻人們（barbaroi）根本不足畏懼，突然士氣大振。在這個原本必然獲勝卻突然局勢逆轉的當下，哈米爾卡正在埋首忙著準備儀式，因為迦太基陣營預定要為「波西頓神」（狄奧多羅斯如此稱呼迦太基的神明）舉行盛大的獻祭儀式。在儀式當天同盟的塞利農特（Selinunte，希臘語 Selinous）城邦應該也會送來騎兵。因為迦太基軍本身的馬匹在渡海過程中遭暴風雨而有所損失，有藉著儀式等候補給的意味。

◎命運之日

到了預定當天的黎明，哈米爾卡為了進行儀式而來到海軍的陣營中。有一對騎兵接近迦太基陣營，衛兵們判斷那是來自塞利農特的援軍，遂放他們進入營寨，但令人訝異的，這竟是傑隆派遣的錫拉庫薩騎兵。實際上，帶著信件前來通知將會如期送來騎兵的塞利農特使者，途中落到傑隆手中，他閱罷信件後遂將計就計，在預定日的黎明派假援軍前往赴約。

進入陣營的傑隆騎兵立刻衝向正在舉行獻祭儀式的哈米爾卡將其殺害，並縱火焚燒拉至岸上的軍艦，見到狼煙信號的傑隆立刻率領全軍攻擊迦太基軍的陣地。以此展開戰鬥的迦太基軍隊和希臘軍隊，從拂曉一直作戰到日暮，戰爭持續了一整天。但因焚燒軍艦的大火熊熊高竄，又隨著哈米爾卡已死的流言傳開，迦太基軍隊倉皇欲逃，最終全體潰不成軍。傑倫不准留下俘虜，因此迦太基軍全部被殺，陣亡人數超過十五萬人。殘存的人們或者據守地勢險要處，但因缺乏飲水，最後也不得不全數投降。

這場戰爭竟然以這種結果落幕。迦太基「帝國」的龐大艦隊在陸上燃燒殆盡，號稱三十萬的西西里遠征軍全部被殲滅。這場讓西地中海腓尼基／迦太基和希臘勢力均衡一夕轉變的西元前四八〇年希梅拉戰役，根據希羅多德記錄，與薩拉米斯海戰——薛西斯大帝的波斯海軍大敗於雅典海軍的戰役——正好發生在同一天。

關於哈米爾卡的死亡，除了前述狄奧多羅斯記載的被傑隆的騎兵所殺之外，希羅多德還留下了這樣一個版本。雙方熱戰方酣之際，當迦太基一方開始明顯出現將要戰敗的跡象時，哈米爾卡便消失了身影，雖然傑隆四處搜尋他的下落，卻遍尋不著。希羅多德推測，哈米爾卡看到迦太基人敗北，似乎也把自己當作犧牲奉獻給了神明。

在長時間的交戰當中，站在陣營中巨大的薪柴堆上看著犧牲的牲畜被完全燒盡，等待著吉兆降臨的哈米爾卡，正好要給獻酒時卻見到迦太基軍潰走，自己便投入火海當中失去了蹤影。這是模仿愛麗莎女王的死亡，迦太基統治者的自我犧牲。如果希羅多德的這個傳說版本正確的話，那麼接受「活人獻祭」的這個神明可能就是巴力．哈蒙神。名字意味著「美刻爾的僕人」的這位馬果家族的當家之主哈米爾卡，也可以說死於符合他名字的宗教式殉節。

◎衰落的遠因

希梅拉的戰敗看起來似乎是一個戲劇性的事件，但實際上只是從過往便持續演進的迦太基海上帝國衰敗，一口氣表面化而已。對迦太基制海權而言屬於重要夥伴的伊特魯里亞（即伊特拉斯坎人〔Etruscan〕），在西元前五四二年攻擊位於當今拿坡里近郊的希臘裔殖民城邦庫邁（Cumae）時，便大敗於亞里斯托得摩斯（Aristodemus）手中。

這位亞里斯托得摩斯在西元前五〇四年與拉丁人結盟於阿里恰（Ariccia）城外再度打敗（波森那〔Porsena〕的）伊特魯里亞軍，並靠著作戰功勳卓著而成為庫邁城的僭主，並且以要求青年男子行為舉止要如少女一般而聞名。他們或許類型不同，但在身為挑戰伊特魯里亞和迦太基聯合勢力，且為特立獨行的希臘裔殖民城邦獨裁者這點上，庫邁的亞里斯托得摩斯與希梅拉戰役取勝的錫拉庫薩城傑隆，是具備共同性的。

在東地中海，包含雅典等希臘人城邦在波斯戰爭中作戰的重裝步兵式的民主政治（hoplite democracy），以及擔任海軍水手的無產市民在內，整體往完全民主政治發展的時候，在西地中海的西西里與義大利半島南部的希臘裔殖民城邦，同樣也發展到了與過往相異的新階段。與東方希臘的發展不同，此地未能各自形成城邦民主政治，反而產生了各具巧思的僭主政治，不過在軍事發展上卻出現了相似的結果，也就是形成以武裝自衛的「農民／市民」軍隊為主體，採用了某種重裝步兵式的團體作戰法。

迦太基／腓尼基勢力，以及伊特魯里亞勢力的衰退，適逢以希臘人為主的西地中海城邦國家群形成這種新發展。伊特魯里亞在西元前四七四年與庫邁、錫拉庫薩的海戰中敗北，最終失去了第勒尼安海南部的制海權。除了希臘裔之外，持續發展出相同狀態的還有拉丁人城邦國家群中的羅馬城。

西方的腓尼基人殖民城邦網絡，無論擁有什麼樣的腹地，基本上終究不過是港市或者交易所，沒有辦法產生出類似重裝步兵這樣的軍隊。當身為重裝步兵核心的農民層開始經營土地開墾時，城市的田園部分，像是希臘人的希梅拉城周圍出現的田園，在腓尼基人的殖民城邦中便從未見到。腓尼基人的城鎮並不會花費力氣去確保擁有城鎮自身的農地，而類似加地爾一樣，在外海的小島上打造城市，與陸地上的原住民社會（塔提蘇斯）透過交易、結盟來調度糧食及其他所需，這應該是一種普遍現象。

因此，在希梅拉的敗戰後，為了再次恢復似乎暫時崩潰了的迦太基／腓尼基海上霸權，迦太基城勢必需要進行類似希臘城邦般的改造，有必要在以港灣和商業地區為中心的城市外圍，維持一片廣大的統治領域，亦即所謂的田園部分。接著建構市民團和市民軍編制，藉此整備新型城邦的國家制度。這可以說宛如從魚類突然轉變為哺乳類的突兀變化，然而令人驚訝的是，迦太基在希梅拉戰敗之後的數十年之間，竟然完成了這種轉型。

◎登陸

查士丁抄錄的特洛古斯史籍中，希梅拉敗戰後的迦太基政治情況如下。在西西里陣亡的哈米爾卡的三個兒子，以及哈斯德魯巴（在薩丁尼亞戰役中因傷而亡）的三個兒子統治了迦太基。這段期間他們對毛里人及努米底亞發動戰爭，讓這些非洲人不得不放棄迦太基自建城以來每年必須繳交的貢租（地租）。

毛里人、努米底亞人、亞非利加人，皆為北非的原住民。粗略而言毛里人分布在最西端（現在的摩洛哥方向），亞非利加人（希臘史料記載成利比亞人）最靠近迦太基（現在的突尼西亞、利比亞），努米底亞人位在中間（現今的阿爾及利亞附近）。不過，也有把「亞非利加（利比亞）人」用來指稱全體居住非洲大陸者的廣義用法。

這些人使用被稱為古代利比亞語的共通語言，此前從努米底亞人的區域中出土過以他們自己的文字（利比亞文字）記載的碑文。這些使用古代利比亞語的原住民生活過迦太基時代、羅馬時代，之後當阿拉伯人到來後被伊斯蘭化，綿延至今成為北非「柏柏爾人」（Berbers）裔的居民。

提及柏柏爾人，大概就會想到撒哈拉沙漠中綠洲之民圖瓦雷克（Tuareg）人等，但實際上「柏柏爾人」是侵略者對他們接近侮辱的一種稱呼，他們自豪地自稱伊馬齊根（Imazighen）。查士丁想要說明的是，哈米爾卡的下一世代所領導的迦太基政府，對這些伊馬齊根人的祖先們（古代利比亞人），從摩洛哥到突尼西亞為止的廣大範圍，正式挑起了戰爭，其結果為迦太基建城以來便背負的「從原住民處借用土地以立足」的虧欠，進行了總清算，也讓迦太基從必須支付原住民地租的義務中解放出來。

如此一來，迦太基便將手伸到北非的內陸，從西元前五世紀到前三世紀為止的兩個世紀之間，併吞了大部分今日突尼西亞的領土，並且設置了至少八個行政區域，各管區包含有數十個利比亞（亞非利加）人的城

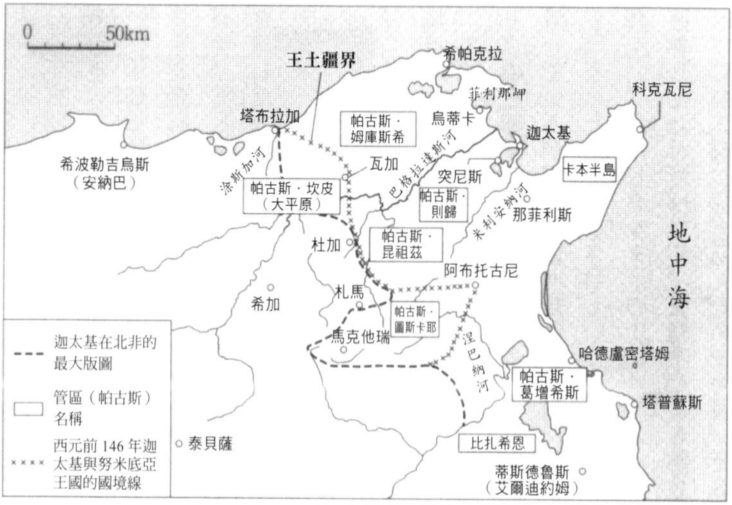

迦太基非洲領土的管轄區域　根據 G. C. Picard, Die Territorialverwaltung Karthagos (trans.), in W. Huss(hrsg. von), *Karthago*, 1992 所製作。

市。附圖為這些行政管區（拉丁語稱為帕古斯〔pagus〕）的大概位置圖。最北端的管區「帕古斯・姆庫斯希（Pagus Muxsi）」，據說就是由愛麗莎傳說中向女王求婚的原住民國王亞爾巴斯的種族「馬克希塔尼」（Maxitani）而來。各管區中設置有長官，旗下概略配置有迦太基中下階層市民出身的低階官僚，以監督利比亞人，應該也有對他們進行徵稅。

這些管區中許多都是豐饒的農業地區，特別是這個地方最大的河川巴格拉達斯（邁傑爾達）河中游區域所謂的「大平原」，正是地中海周邊屈指可數的穀倉地帶，日後統治此地的羅馬，一年所需小麥據說高達八個月的分量都從非洲的各屬省中徵得。

過往人們認為北非的穀物農業是由迦太基人、腓尼基人所引入，因為往往認為原住民偏向遊牧生活，並未從事真正的農業。但今日已經明確考證在腓尼基人到來之前，從古代起利比亞人就確立了自身的農耕文化，並與半遊牧民族、遊牧民族文化同時混在。從而迦太基是立足於腹地已然存在原住民農耕社會的基礎上，以一種領主的身分君臨統治，利比亞農民被置於「農奴」般的地位，且遭徵收嚴苛的年貢。波利比烏斯認為當時徵收比率平時為收成的四分之一，戰爭期間如布匿戰爭時更徵收到超過二分之一的程度。

誠然，迦太基在北非的統治領域和日後羅馬帝國的非洲諸省廣袤程度不能相比，大約只限縮在今日突尼西亞國土的約二分之一範疇內，然則在西元前五世紀到前三世紀的期間，地中海沿岸能擁有如此廣大田園部分的城邦並不多見。即便波斯戰爭後成為東地中海海上帝國的雅典，其所直接統治的阿提卡（Attica）地區所具備的農業生產力，也完全無法和迦太基領地抗衡。與雅典相互競爭的多利安人城邦斯巴達，在伯羅奔尼撒半島將原本居住當地的希臘人當成黑勞士（奴隸農民）來統治，在這點上，或許可以說與迦太基有點類似的成分。

亞里斯多德在其著述《政治學》中，認為斯巴達（拉刻代蒙人〔Lacedaemon〕）、克里特與迦太基國家制度互相類似，將他們與其他國民的國家制度完全分開，他認為這三個城邦相似的基礎，就在於他們都將原本居住的農民當成奴隸，城邦公民本身則不從事農耕，而致力於更適合公民的工作，在此點上三者具有相通的結構。只是，迦太基的公民並不像斯巴達公民一般，身為重裝步兵戰士從早到晚不斷接受訓練，而是從糧食生產的勞役中解放出來，把這些餘暇全部投入到商工業上，而這也正是迦太基能夠從希梅拉戰役的重創中迅速達成復興的原因，同時也是這個海上帝國旺盛生命力的泉源。

◎漢諾的航海

以「航海家漢諾」（Hanno the Navigator）而聞名的迦太基船的大西洋探險，很可能就發生在希梅拉戰役失敗後的這個時代。航海的目的在前往海克力士之柱（直布羅陀海峽）以外的地方進行殖民，另外也可能為了找尋非洲大陸的黃金。領導指揮航海的是漢諾「王」，他所寫下的航海記錄進獻給迦太基的「克洛諾斯（Cronus）神殿」（指巴力．哈蒙神殿，或者可能是陀斐特〔Tophet〕），之後被譯為希臘文並留存至今。

詳細研究這個航海記錄的卡克皮諾（Jérôme Carcopino）認為，這項航海遠征共分四次，最後有可能到達幾內亞灣。航海者們目睹了熊熊燃燒，有「諸神的戰車」之稱的大山（不知是否為喀麥隆火山〔Mount Cameroon〕），接著發現灣內通譯口中所稱的長毛女性「葛力拉」（gorillae 或 gorillas，對此抄本上的讀音也有不同意見），還抓住其中三人，之後燒死她們並剝下皮毛帶回迦太基。

如果談到此次航行最大的目的是殖民，我們就必須留意記錄上說漢諾率領六十艘船，每艘船有五十個划槳手，總共載運著三萬名男女出發，（第一回航海）建設了提米亞特理翁（Thymiaterion）、佳麗康提可斯（Cariconticos）、基特（Gytte）、阿克拉（Acra）、梅利塔（Melitta）、阿朗姆碧斯（Arambys）六個殖民城市並留下殖民者。漢諾在每個殖民地都建造了「波西頓」神殿，雖然已經難以確認每個地點，不過在索洛耶斯岬（Cape Soloeis）也就是今日的康坦岬（Cape Cantin）應該有一處神殿。他們（在第二回以後的航海）抵達了更南方海灣內的凱涅（Kerne）島，並也在此進行殖民。航海記中還留下從迦太基到直布羅陀海峽，與從直布羅陀海峽到凱涅距離相同的有趣記錄。卡克皮諾認為凱涅位於當今西非撒哈拉的里歐德歐羅（Río de Oro）附近。在非洲的大西洋沿岸目前發現最南方的腓尼基人遺跡位於摩洛哥南方的莫加多爾（Mogador），不過漢諾航行到遠比此處更南方之地進行開拓殖民。

關於漢諾航海的年代，雖然有學說認為與埃及法老尼科二世（Necho II）命令腓尼基人繞行非洲同樣是在西元前七到前六世紀，不過迦太基人開始思索要將非洲大陸納入自己勢力範圍，想要認真理解非洲，或許才是此次航海的動機之一。若屬實，那麼這次迦太基想要統治非洲內陸而發起的航行，便與希梅拉戰敗後的時代相符，而通說認為航海者漢

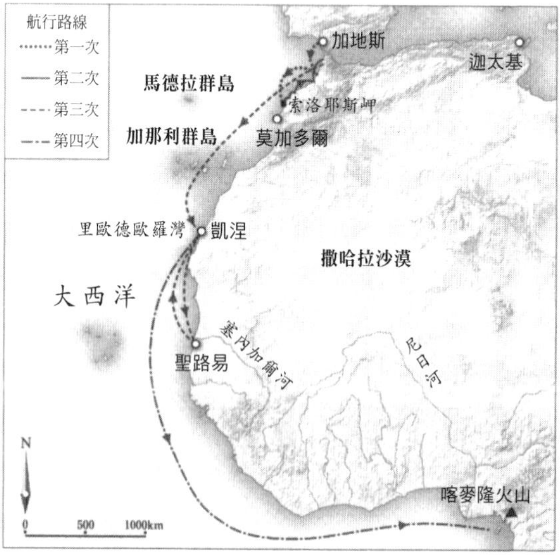

漢諾的航海　本圖依據 J. Carcopino, *Le Maroc antique*, 1943 製作。

諾其實就是戰死於希梅拉的哈米爾卡三個兒子其中之一的漢諾（漢諾・那別利烏斯〔Hanno Naberius〕），似乎也就具有相當說服力。

第六章

迦太基的宗教與社會

巴力・哈蒙神像　出土自卡本半島（提尼斯特〔Thinissut〕聖域）。紅陶土製。西元前 1 世紀。藏於突尼斯的巴爾杜國家博物館。

諸神眷顧的人們

◎受人們崇拜的腓尼基諸神

腓尼基人崇拜的諸神，和青銅器時代便已然存在的迦南地信仰諸神屬於相同系譜。不過西元前一千年以降，烏加里特開始以美刻爾、厄舒蒙（Eshmun）、阿斯塔蒂等從前不太知名的神明，取代了過往崇拜的愛爾（El）、大袞（Dagan，又譯達貢）、阿那特（Anat）等傳統諸神。雖然仍保存著迦南時代的多神教習俗，不過腓尼基時代新登場的諸神們，成為了負責守護各城市的男神和女神。

鐵器時代腓尼基各城市具有強烈獨立性的原因，便來自於這種各城市擁有獨自一對男女主神的信仰背景。例如比布魯斯有意指「比布魯斯女主人」的芭拉特・蓋貝爾（Baʿalat Gebal）與巴力神（Baal）各自擔任城邦的最高神明；西頓有療癒之神厄舒蒙；美索不達米亞有與伊絲塔（Ishtar）被視為同一神明的阿斯塔蒂；推羅則有意味「城市之王」的美刻爾和阿斯塔蒂。

眾所周知，在腓尼基，傳統的王權勢力和神廟勢力相結合，發展為一種神權政治。例如在西元前九世紀前半，致力於擴展推羅霸權的謁巴力一世也是侍奉阿斯塔蒂女神的祭司，建設迦太基的愛麗莎女王，其丈夫亦是擁有僅次於國王地位的美刻爾神殿祭司。此外，波斯時代統治西頓的西頓王家一族，也在碑文中清楚記載自身擔任美刻爾神殿的祭司。我們也可以說，城市的主神亦是國王家的守護神。

西元前十世紀，伴隨著腓尼基各城邦中的推羅地位攀升，推羅的主神美刻爾也在歷史舞台上登場。如第二章所見，將此神設定為地位無可動搖的國家之神者，就是希蘭一世，而美刻爾神的「甦醒」（*egersis*）儀式，也是由希蘭一世首次舉行。目前我們相信儀式的內容應該是將模仿人形的人偶置於柴堆上施以「火葬」，再將遺灰「埋葬」，之後神明就會復活與顯現。

美刻爾神的崇拜，伴隨著推羅主導的腓尼基西向發展而滲透到地中海各地的貿易節點中，其範圍甚至超越了直布羅陀海峽，抵達今日西班牙的安達魯西亞地方城邦加地斯。加地斯是面對大西洋的港灣城市，根據傳說為腓尼基人殖民最西部區域的城市之一，近年來在被視為加地斯衛星城鎮的多尼亞布蘭卡（Doña Blanca）發掘出了可以追溯到西元前八世紀腓尼基時代的居住遺跡和城牆遺跡，在考古學上證實了腓尼基人已進入此地殖民。現在的加迪斯（Cádiz）與古代的加地斯（Gādēs）雖然樣貌不同，不過在加地斯灣周邊區域出土了許多以神明姿態製作的青銅製小型立像，（如第三章所見一般）推測美刻爾神殿也被建立於此，同時也呈現出對其崇拜的盛況。

◎加地斯的神像

加地斯發現的神像，有些擺出了自古於東方可見的「鍛造神」（Smithing gods，匠神）姿勢。一般認為其原型出自於納爾邁法老的石板（Narmer Palette，或稱那邁爾調色板，大約西元前三千年前後便已出現於埃及第一王朝）。這些神像高舉握有武器的右手，以及左腳大跨步向前的姿勢，恐怕與當時的王權觀念有著緊密的連結。時間進入西元前兩千年後，安納托利亞、敘利亞、巴勒斯坦等地也頗好以此構圖表現掌管天候的神祇。

現今收藏於羅浮宮美術館，出土於敘利亞烏加里特後期青銅器時代的石碑，對我們展現出了饒富深意的訊息。石碑中央刻畫有一幾乎真人大小比例的巨型人物，為天候神巴力。祂右手在頭頂揮舞著發出閃電光芒的棍棒，左手握著的長槍插在地面上。有趣的是槍尖觸碰地面時，另一端的槍柄部分就幻化出茂盛的植物。主要以雨水灌溉進行農耕的古代敘利亞，應該是把降雨之際伴隨暴風雨、雷鳴的閃電，當作是帶來豐饒的象徵吧。巴力神的左腕底下小小地雕刻著獻上祈禱的統治者，亦即國王的身姿，如實地表現出了在神明的庇佑下王國獲得和平與安寧。換言之，與雨水帶來豐饒和繁榮相反，這個石碑也明確訴說著旱魃所造成的飢餓與滅亡主題。

如之後馬爾他島出土的碑文所示，推羅城在鐵器時代把巴力神和美刻爾神視為同一神

手持棍棒與槍的巴力神石碑 西元前 14 世紀左右於烏加里特出土，羅浮宮美術館藏。

明。地中海區域腓尼基人進入賽普勒斯島、薩丁尼亞島、西西里島，以及西班牙的加地斯殖民時，可以見到數個類似這樣的神像製作案例，這也提示王權和豐饒的概念在地中海舞台上由東方（Orient）向西方（Occident）傳播的可能性。

在政治與宗教渾然一體的古代，神廟所擔負的重任非常的重要，神廟不僅僅是祭祀神明的場所，在肩負宗教機能的同時也具備政治、經濟性機能，這是許多研究者們都承認的事實。在海外逐一建立交易據點的腓尼基人，特別是對推羅人而言，在異國之地與未曾見過的人們進行商業交易時，能夠蒙受神明的庇護，不僅明白表示了自己交易的正當性，也是保障自己身體安全的絕對手段。我們不難想像神廟周遭的聖域，應該就是最初進行交易的場地。

在美刻爾神殿供奉神像，同時也是懷思遙遠母國，並對推羅王室表示忠誠的行為。如此一般，到了往後的世代，神廟也繼續保持著連結宗主城邦和殖民城邦的紐帶機能。

◎迦太基的諸神

在迦太基實際上供奉著許多神明。美刻爾當然在列，另外除了厄舒蒙、阿斯塔蒂、巴力・夏門（Beelshamên）、巴力・薩風（Baal-Saphon）、雷謝夫（Reseph）、夏朵拉帕（Shadrapa）等腓尼基本土傳來的神明，還有伊西斯（Isis）、荷魯斯（Horus）、貝斯（Bes）等源自埃及的神明，在此也受到人們的歡迎與崇拜。根據希羅多德的說法，西元前三九六年起希臘的德墨忒爾、克蕾（Kore）神的祭典，也經由西西里傳入，在各式各樣的背景下各種神明都成為崇拜的對象。

不過，包括迦太基在內的布匿世界最崇拜的神明，是巴力·哈蒙和坦尼特這對男女神。目前比較有力的學說認為，無論巴力·哈蒙或坦尼特，原本皆是起源於東方的神明們。

巴力·哈蒙這個神明的名字意味著「香壇之主」或者「阿馬努斯（Amanus，山）之主」，至今為止出現過許許多多的解釋，但仍缺乏具決定性的解答。不過這個神明自古以來就帶有農業神的性質，這點大致無誤。從突尼

巴力·哈蒙神像　蘇塞考古學博物館收藏。引自 P. Xella, *Baal Hammon,* 1991。

斯的蘇塞（Sousse，古代的哈德盧密塔姆〔Hadrumetum〕）出土了西元前五世紀，繪有坐在帶翅膀的斯芬克斯寶座上，頭戴高帽，拄著小麥穗權杖的巴力．哈蒙畫像。

至於另一位坦尼特，在西元前五世紀以後，以巴力．哈蒙搭檔的女神角色，在布匿世界的宗教中占有特殊的地位。根據近年考古發掘成果，雖然在西元前一千年腓尼基本土便已經出現坦尼特的名字，但在東地中海世界中卻不太具重要性。特別是在西頓近郊的撒勒法發現了一件西元前七世紀到前六世紀刻有「坦尼特．阿斯塔蒂」女神名字的象牙板，為我們提供了一種假設，那就是把坦尼特女神的出現，視為腓尼基崇拜的阿斯塔蒂女神的另一種形象（persona）。然而日後在迦太基卻把二者視為不同的神明來崇拜，而且坦尼特所受歡迎的程度，遠遠凌駕於阿斯塔蒂之上。

◎坦尼特女神信仰的普及

走在今天的突尼西亞城鎮上，偶爾可以見到一些相當有意思的符號被描繪在各處。以一條水平線區隔圓形和三角形的符號，甚至在街角涼亭商店（Kiosk）中販賣的香菸上也繪有此記號。實際上這正是代表迦太基所崇拜的坦尼特女神的符號。閃米語的表記僅有子音，因此這個女神究竟該怎麼稱呼，目前依舊沒有定說，但從希臘語的音譯中推估當時極有可能稱呼為蒂妮特。不過，她會一躍成名，是拜十九世紀法國作家古斯塔夫．福樓拜（Gustave Flaubert）的小說《薩朗波》（*Salammbô*）之賜，根據該小說中對她的稱呼，本書中也將這位女神稱為坦尼特。

如前所述，坦尼特的起源雖然可以追溯到東方，不過在記錄坦尼特的上千枚出土的迦太基碑文中，她的名字經常會附上別號「巴力之顏」，並與巴力．哈蒙神成對出現。稍後將介紹的進獻碑文中，開頭往往以固定句型呼喚兩位神明，如下：

敬獻給女主人「巴力之顏」坦尼特　以及吾主巴力．哈蒙

科克瓦尼的住居遺跡中殘留的坦尼特符號　坦尼特符號也具有護身符的功能。佐藤育子攝影。

實際上，此處蘊藏著幾點玄機。首先，進獻的石碑一開始僅供奉給巴力．哈蒙，之後大致以西元前五世紀中葉為界，逐漸轉變成奉獻給巴力．哈蒙及坦尼特兩位神明，而另一點值得注意的是，女神坦尼特的名字書寫在男神巴力．哈蒙之前。只是這種狀況仍有年代和地區的差異，努米底亞王國首都錫爾塔（Cirta，今天的君士坦丁〔Constantine〕）近郊的艾爾．霍夫拉（El Hofra）出土碑文上（西元前三世紀～前一世紀前後），呼喚順序便是先巴力．哈蒙之後再坦尼特，與迦太基出土的碑文狀況不同。

若要附加說明，那就是巴力．哈蒙不僅是迦太基的神明，更是布匿世界共通的男神，但似乎不是所有布匿地區都引入了坦尼特女神的崇拜。例如根據希臘歷史學家修昔底德的描

莫提亞出土的進獻石碑　下半部刻有碑文。西元前6～前5世紀。莫提亞，惠特克博物館所藏。佐藤育子攝影。

述，出土於西元前六世紀至前五世紀莫提亞的進獻石碑就未提及坦尼特女神。莫提亞是浮於西西里島西岸的小島，很早就成為腓尼基人殖民據點（一般認為其建於西元前八世紀末，略晚於迦太基）。此島於西元前三九七年遭錫拉庫薩僭主狄奧尼西奧斯一世（Dionysius I）破壞，莫提亞居民前往對岸西西里本島避難，創建了利利俾城（今馬爾薩拉）。有趣的是，在此出土的碑文上共同刻著巴力·哈蒙和坦尼特的名字，與原本莫提亞島上的情況形成明顯的對照。

這樣的轉變發生於西元前五世紀至前四世紀，而前章提過「馬果王朝」在迦太基的統治瓦解，逐漸正式進入寡頭政治體制。兩者在年代上有所重疊。因此有些學者也主張，迦太基及整個布匿世界對坦尼特女神崇拜逐漸升溫的宗教改革，與政治上的改革之間有著相互連動的關係。

無論如何，從某個時期起，身為大地之母且同為掌管死亡與重生的女神坦尼特，其身影開始出現在舞台前方，超越了原本的農業神巴力·哈蒙。雖然我們有必要將時代背景和地域關係納入考量，但此點仍然值得一提。

◎進獻的石碑

因為迦太基在第三次布匿戰爭中遭到徹底的破壞，迦太基人所撰寫的文獻史料全數遭到焚毀或下落不明，今日已經不存。今天有關迦太基史的相關文獻史料，一部分是透過類似希臘人或羅馬人等所謂的敵對方記錄來保存，傳達給我們時已然經過了某種的篩選過濾。在這種狀況下，迦太基人自身所遺留下來的記錄，便是前述的刻鑿於石頭上的碑文，也可以說只有這些碑文才是他們留下的第一手記錄，當我們閱讀這些碑文中流傳下來的字句時可以得知，這正是迦太基人本身的「聲音」。

現存的碑文史料中泰半都屬進貢神明的進獻碑文，其中大多數如前所述，皆為獻給迦太基最高神明：女神坦尼特和男神巴力・哈蒙，且出土於陀斐特，這將在後文說明。除此之外尚有墓誌銘及若干建築碑文，但相當遺憾的是，與迦太基的內政、外交有深切關係的碑文史料至今幾乎都尚未出土。即便是迦太基史上最著名的漢尼拔將軍，也沒有任何現存的相關碑文史料，全數都是透過希臘語、拉丁語著作的取徑所整理而得。

這樣子的碑文史料在性質上不可否認具有強烈的宗教色彩，不過透過分析進獻石碑的人們具有什麼樣的背景，也能夠從中讀取到一部分當時的社會狀況，讓迦太基人的生活重新活過來。加上石碑上刻劃的各種圖像與銘文並列，同樣可以提供我們大量當時的資訊。

進獻石碑依據形狀、時期等，可以區分成幾種形式。西元前七世紀到前五世紀的主流，是出土自卡本半島尖端哈瓦利亞（El Haouaria），利用優質砂岩製作，被稱為基琵（Cippi）的石碑。L型的石碑也被稱為寶座型基琵，被分類為最古老時期的石碑。之後終於出現前方刻有人的姿態、聖石、瓶子形、太陽與月亮等神廟型的石碑。從殘留至今的些微塗料上可以

刻有大象的石碑　西元前3～前2世紀。高度39 cm。出土於迦太基。藏於國立迦太基博物館。

得知，當時石碑的表面全被塗上白色底漆，再施以紅、黄、藍等鮮艷的外漆。

接下來過了西元前五世紀前後，石灰岩製作的石碑（stela）登場了。其上方有人字形的屋頂，上頭刻印的物件內容除了至今為止的東西之外，還加上了祈求者的手、綿羊、山羊等小動物、船、使者之杖（caduceus，荷米斯〔Hermes〕的權杖），以及坦尼特的符號等等，更加地多樣化。帶有銘文的石碑從西元前四世紀以降便占了壓倒性的多數。進入更晚近的時代後，石碑設計也變得更加的洗練，也可以看出受到希臘化時期濃厚的希臘文化影響。

此處介紹一個具代表性的石碑。從迦太基出土的石碑中，有描繪大象的石碑。大象在漢尼拔翻越阿爾卑斯山時也相當出名。碑文的製作年代大概是在西元前三世紀到前二世紀，大象在希臘化時代時，人們已經認知到可以當作戰象運用於戰場，對當時的迦太基人而言肯定也是相當熟悉的生物。根據碑文記載，進獻者是一位名為名為伯德・亞修塔特的人，他的父親伯德・美刻爾是在迦太基蘇菲特（sufets，後述）手下做事的人。屋頂部分描繪的坦尼特可以看出呈現一個祈禱的女性姿態。伯德・亞修塔特為何要進獻這個石碑呢？是為了出征祈求勝利嗎？或者是為了表現戰勝後的感謝？我們在碑文上並無法讀到更多的資訊。能在字裡行間解讀出古人寄存在裡頭的想法，才是碑文解讀的最高境界吧。

◎小說《薩朗波》的舞台背後

古斯塔夫．福樓拜（一八二一～一八八〇年）是十九世紀法國寫實主義文學的代表性作家。他在一八六二年發表的歷史小說《薩朗波》，內容雖以第一次布匿戰爭後發生的傭兵戰爭為舞台，不過顯然受到波利比烏斯的《歷史》這本書影響。戰爭中一位努米底亞青年納哈法（Naravas）對漢尼拔的父親哈米爾卡．巴卡（Hamilcar Barcas）提供協助，哈米爾卡感佩這位青年的勇氣，遂約定將自己的獨生女許配給他當妻子，而這個獨生女的名字是福樓拜自創的，也正是本書的書名《薩朗波》。

描繪祭司抱著孩子的進獻石碑　出土於迦太基的陀斐特。西元前3世紀。巴爾杜國家博物館。

不管福樓拜是否有此意圖，《薩朗波》成為引起現代人關注迦太基人宗教觀的重大契機。因為在這部小說中對於迦太基人將孩童投入大火中犧牲幼兒（活人獻祭）的樣子，描寫得栩栩如生。

當然，關於幼兒犧牲的記錄，福樓拜並非第一人，許多古典著作家提及迦太基人風俗時都會舉此為例，並認為這是從他們祖先腓尼基人那兒繼承而來。把人類當成獻給神明的犧牲，亦即活人獻祭在人類的歷史中並不稀奇，在許多民族、各種時代都存在這種習慣，只是在迦太基的情況，獻祭的對象是兒童，因此也造成了大家的關注，這點倒是無可否認。

十九世紀以來不斷進行的迦太基考古發掘，在一九二一年出現了驚人且值得紀念的一刻。那就是現藏於突尼斯巴爾杜博物館被稱為「祭司抱著兒童的石碑」展品。在這個高約一公尺多，方尖碑狀的石灰岩製石碑上，描繪出身穿薄衣、頭戴圓帽，右手向前方張開做出祈禱般的動作，左腕彎曲、抱著可愛的嬰兒行走的祭司。

發現此石碑的場所，在古代迦太基商港遺跡附近一隅，被稱為陀斐特的地方。此地名來自《舊約聖經》描寫耶路撒冷郊外奉獻犧牲的場所。在隨後的發掘中，此地出土了已碳化的一部分幼兒骨頭，且陸續發現放入山羊、綿羊、鳥等小動物骨頭的壺，結果掀起了聳動的話題，人們將此當作是證明《薩朗波》描繪「幼兒獻祭」存在的證據。接著出土的大量碑文讓人們解析出此地為祭祀巴力．哈蒙及坦尼特的神聖區域。

◎為了幼兒的「神聖空間」

之後，經過數次的陀斐特發掘行動，已經超出考古學和碑文學者的專門領域，成了一項需要與人類學、法醫學攜手合作的跨領域研究調查。

一九二五年組成的美國、法國共同發掘調查隊成員中有一位年輕的考古學者哈登（Donald Harden）。他確定出土的納骨壺在分類與編年上屬於迦太基的陶器，這些資料至今大致仍舊有效，為日後的研究提供了巨大的貢獻。之後的發掘調查持續進行，進入一九七〇年代後，歐美十一個國家參加聯合國教科文組織支援的「國際迦太基保存運動」，成功地在羅馬時代的遺跡底下發掘出了布匿時代的遺跡。其中陀斐特也在史塔格（Lawrence E. Stager）率領的美國考古隊發掘下，為我們提供了新的觀點。

在此試著整理、列舉幾個重點。從埋葬的情況看來，證實了陀斐特極為規範化、以個人為單位進行埋葬的習慣，因此推翻了狄奧多羅斯等古典史料中迦太基人會進行突發性集團犧牲的記錄。此外，有與孩童骨骸一樣受到慎重處理、收納的單具動物骨骸，也有同一納骨壺中同時收納了孩童和動物的骨骸，從這些情況推論出有以動物代替孩童的可能性。此外，動物代替並非隨時代演進而逐漸增加，而是從最初便已然存在，且隨時代演進而減少。換言之，這完全否定了一直以來的文明發展說，即隨著文明成熟，人們會廢除拿人獻祭的野蠻風俗，改以動物為代替犧牲品。

史塔格除了認定幼兒獻祭確實存在之外，還展開大膽的推論，認為對人口充分增加的成熟國家而言，這種行為除了是宗教性儀式，或許也同時具備有效抑制人口增加的效果。根據他的試算，從西元前四百年到前兩百年的大約兩百年期間，大概有兩萬個納骨壺被埋葬。然而這樣的推

羅馬時代遺跡下埋藏的陀斐特內部　可以看到描繪聖石（貝推羅斯）的石碑。佐藤育子攝影。

論引起了很多反駁，特別是迦太基的其他共同墓地（necropolis）幾乎都沒有發現幼兒的遺骸，基於這樣的理由也有研究者主張只有陀斐特才是專供幼兒使用的共同墓地。

確實，從納骨壺中殘存的微量骨片難以判斷幼兒的性別與火葬當時的狀況（火葬儀式時究竟是活著或者已經死亡），在嬰幼兒死亡率與現代相比高上許多的古代社會中，考慮將這些自然死亡的孩子埋葬在陀斐特也不是什麼不可思議的事情。根據科學分析的結果，納骨壺中收納的兒童骨骸很明確也包含了早產、死產的胎兒。否定幼兒獻祭儀式的人們，認為尚未成為共同體成員的孩子們不被允許和其他年長者埋葬於屬於死者世界的共同墓地，反而是祈求他們能夠死後重生或轉生，故而進行「火葬」，將他們奉獻給神明。

陀斐特出土的石碑銘文中雖然可以讀到布匿語中表達獻祭的詞彙「莫洛克」（Moloch，或牧路克），但實際指涉究竟為何，目前許多地方仍舊不明朗。而且，並非所有石碑都伴隨著納骨壺，人們會打造石碑，是如本書下一小節中的碑文結束時要祈求願望達成，也就是希望神明能聽到進獻者的願望（聲音）時的做法。

以動物作為犧牲的事實，明確證明陀斐特並非單純只是「兒童墓地」。此處並非二者擇一，而可能有更多的選項，除了是埋葬祭品（兒童或者替代的動物）的場所之外，也可能是埋葬不幸夭折或死產的嬰兒墳場。無論如何，此處埋葬的兒童們，如其他出土碑文所示，是被祝聖（consecrated）後要「獻給神明的禮物」，而陀斐特的功能則是那些被迫與大人世界分離的幼兒專屬的「神聖空間」。

也就是說，幼兒獻祭的真相，目前依舊被包圍在黑暗之中，尚待今後更加精密的科學調查。

◎女性的進獻

陀斐特不限於迦太基，其他在哈德盧密塔姆、莫提亞（西西里島）、塔羅斯、蘇爾其斯（薩丁尼亞島）等西方腓尼基系統的殖民城市中，都一樣擁有這樣的神聖領域。有些研究者也認為，參加祭祀儀式就代表此人取得了城市共同體成員的資格，也代表他身為共同體的一員，擁有合法的權利。

考古學已經證明，在陀斐特舉行的祭祀儀式，從迦太基創建不久就有，一直綿延到西元前一四六年都城遭到攻陷為止。此外分析進獻者的家族系統，可以得知儀式的參加資格並不問身分、性別，對各種職業種類的人們都是保持開放的。

另外更有趣的是，迦太基存在著不少記錄女性進獻者的碑文。針對進獻者女性進行身家調查時，又可以見到令人意外的社會另一面。以下將提出幾個例子並實際閱讀碑文內容。

根據筆者的分析，進獻者女性表達自己出身的方式有：①出示父親的家世，②出示夫家的家世，出示母親的家世，又或者同時出示①和②。下一頁照片中的石灰岩石碑（西元前三～前二世紀），根據上頭施作的美麗裝飾與清晰的布匿語銘文可以看出，那是當時的石碑藝術品中完成度相當高的作品，而且最重要的是，此銘文清楚讓我們知道這是由女性進獻的石碑。

敬獻給女主人「巴力之顏」坦尼特　以及吾主巴力・哈蒙　（此為）阿托納之妻，蘇菲特希米爾卡多的女兒　姆通・巴力發誓許願之物。為何？因為他們（諸神）聆聽了她的聲音。

（《閃米語碑文集成》第一部，第四八〇八號）

這大概是許下的願望達成時，姆通・巴力為了紀念這個事實而進獻的石碑。試著分析這位女性的家族背景。進獻者丈夫的官職未有記載，不過生父則是擔任蘇菲特職務的人士，可以想見應是生長於上流家庭的女兒。不過記有丈夫姓名的進獻石碑反倒是少數，大多數的女

女性進獻的石碑　華麗且優美的設計，作為藝術品具有很高的完成度。陀斐特中出土。INP／Salah Jabeur。

性進獻者不論有否記載祖先的官職，都會出示生父的名字及父親的家世來表明自己的出身。

雖然出示父親的姓氏很理所當然，但在陀斐特的「儀式」是以「孩子」的存在作為前提，那麼女性的進獻者是孩子母親的可能性便很高。在這種情況下從古代社會的通則來思考，基本上應該是由孩子的父親，也就是丈夫來做進獻，即便如此卻特意以母親的名字進行奉納，且註明女性生父一族的家世來表達自身的認同，究竟意味著什麼？雖然有些學者認為這些被埋葬的孩子很可能是非正式婚姻下的庶出孩童，不過也可以思考，女性在陀斐特進行儀式之際，可能被容許了某種程度的主導權，這樣的想法更為合理。接下來舉出的，是進獻者和進獻者家世都只有記載女性的例子。

敬獻給女主人「巴力之顏」坦尼特　以及吾主（巴）力・（哈）蒙　這是，「神明的女僕」加多娜瑪（特）的女兒　阿比巴力發誓許願之物。

（《閃米語碑文集成》第一部，第三七八號）

與前述的慣例相較，這份碑文可算是非常特殊的案例。這位名為阿比巴力的女性，名字具有「我的父親是巴力」的意思，記錄下自己的母親加多娜瑪特是「神明的女僕」，可以推測其母有可能是聖妓（Sacred prostitution）。這位進獻者女兒的名字，暗示著她沒有法律上的正式父親，阿比巴力自己所生的孩子恐怕也是非正式婚姻下的庶出之子，在陀斐特被祝聖後埋葬。這也表現出即便身世和身分不明，在陀斐特的祭祀儀式中女性仍被授予一定的權利。

◎女性的地位

在古代的東方世界，甚至希臘及羅馬的狀況也一樣，女性能在政治、外交舞台上握有權力者，只有少數的一些例外。當時女性的社會參與，如陀斐特祭祀儀式的例子中可見，說她們主要被限制在宗教活動中並不誇張。不過在這些宗教中，女性擔任著重要角色，這也可從舉例的墓碑中得證。

祭司長巴特巴力之墓　（她是）玻德．阿修塔特之子，馬果恩之子，「RB」希米爾卡特之女，蘇菲特（sufets，最高政務官）阿茲米魯克之子，蘇菲特阿頓．巴力之子，蘇菲特伯德．阿修塔爾特之子，蘇菲特希米爾卡特之妻。

（《閃米語碑文集成》第一部，第五九八八號）

女性神官扎鳳．巴力之墓　（她是）伯德．阿修塔爾特之子，馬果恩之子，亞薩爾．巴力之女，「阿斯塔蒂的新郎」——儀典長暨祭司長暨蘇菲特的阿卜多．美刻爾之子，祭司長暨蘇菲特的漢諾之妻。

（《閃米語碑文集成》第一部，第五九五〇號）

擔任祭司長的巴特巴力，她父親在政治上也位居要職，夫家則是名門一族，人才輩出，一連四代都有人擔任最高行政長官。至於女祭司扎鳳．巴力，雖然碑文未記載娘家父親或祖父的官職，不過可以得知夫家的家族成員同時兼任政治及宗教上的要職。特別是丈夫的父親阿卜多．美刻爾擔任神殿中統籌祭祀儀式的重要職務。儀典長必定會加上「阿斯塔蒂的新郎」這個別名。從腓尼基本土傳來的美刻爾崇拜被迦太基所繼承，這讓我們回想起西元前十世紀由希蘭一世開始的「甦醒」儀式，每年也都會在迦太基舉行。

從碑文看來，雖然說限於名門世家，仍可看出女性在宗教上也保有崇高地位，可以充分享受這樣的地位帶來的好處。確實，從有限的碑文史料資訊中，很難讀取女性們靈魂深處的想法，但是如同在陀斐特見到女性憑自身意識進獻的行動也可得知，迦太基的女性地位與其他古代社會的例子相

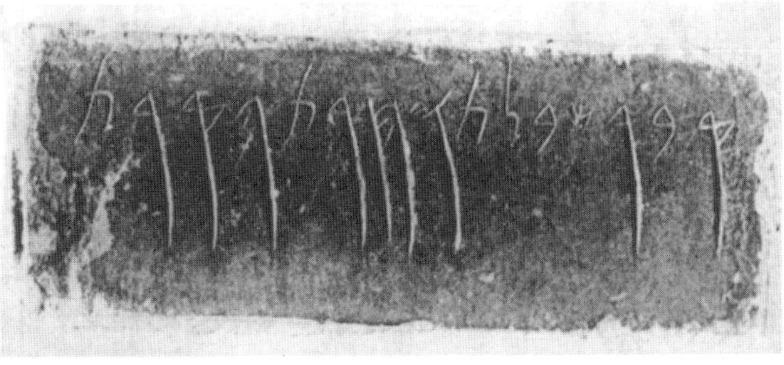

刻有希卜蕾特銘文的墓碑　引自 M. H. Fantar, *Carthage Les lettres et les arts*。

比較之下，相信絕對不低。

實際上從祭司專用的共同墓地中，也出土過其他饒富深意的碑文。有一個墓碑寫著「城市的女性商人　希卜蕾特之墓」（《閃米語碑文集成》第一部，第五九四八號）。她為何也被埋在祭司墓地中尚無確定的見解，但如果銘文可信的話，那麼這位名為希卜蕾特的女性肯定是在有關當局的許可下從事某種商業活動。

當然，這些女性們應該屬於少數，多數女性活動範圍必然多半都以家庭生活為重心。燒

有翼的女性祭司石棺　埃及樣式和希臘樣式完美融合的大理石製石棺蓋。擁有高貴身家的女性可以在宗教上擔任較高的職位。西元前三世紀，出土於聖莫尼克的大墓場，迦太基國立博物館所藏。

烤麵包、以紡織機織布，這樣的女性們肯定是默默地完成自己的工作。從墓地埋葬的陪葬品中也出土過紡錘和卷線棒等女性生產活動的相關物品。

然而，從文獻史料上所見代表迦太基史的女性，如建國傳說的女王愛麗莎、第二次布匿戰爭末期流轉於努米底亞王西法克斯（Syphax）和馬西尼薩（Masinissa）之間的索芙妮絲芭（Sophonisba，她是吉斯戈〔Gisco〕之子哈斯德魯巴〔Hasdrubal〕的女兒），以及第三次布匿戰爭迦太基陷落時的將軍哈斯德魯巴之妻等，每一位都被描繪成面臨死期時毅然自行選擇死亡的女中豪傑。換言之，被後代不斷傳述的「敵人」眼中所見迦太基的高貴女性形象，可以說是一群不懼死亡，不顧一切貫徹自己所選道路的女性。

迦太基的國家制度

◎最高政務官蘇菲特

從至此分析過的碑文史料來看，我們知道迦太基中存在著所謂名門世家的富裕貴族階層。這些有力世家的人們也兼任政治及宗教的職務，這也於前文介紹過了。換言之，這很明顯是一種寡頭體制，接下來就從碑文和文獻兩個面向，嘗試更具體地考察迦太基的國家體制。

前文已經說明過，碑文史料泰半都是進獻碑文，其他也留下了一些有關建築的碑文或關於神廟供品的目錄及規定的碑文。而在需要留下紀錄的情況時，負責記年、包括年月日等詳細時間的就是蘇菲特一職。「sufets」一詞來自布匿語中的「ŠPṬ」音譯成拉丁語，擁有「仲裁」、「統治」等意義，是由西北閃米語動詞衍生出來的名詞，《舊約聖經》中也譯成「仲裁司」或「士師」，指迦太基及布匿世界中行政上的最高長官。雖然也有例外，不過一般最高政務官原則上是兩人制，任期一年。希臘的首席執政官（archon）、羅馬的執政官（consul）任職後，紀年時便以任職該職務的人名作為該年的表記，同樣地，若在迦太基，便以擔任最高政務官者的名字為該年命名（eponymous）。

分析進獻碑文者的家世，有第二、第三代或者四個世代都歷任最高政務官的家族，也有幾代之間，只有祖先一個人擔任過最高政務官職務。從這些資料來看，可以得知最高政務官雖然絕非世襲制度，但實際上擔任職務的人物有集中在少數有力家族的傾向。

那麼，這種最高政務官的職務是從何時出現於迦太基的？實際上，碑文史料出土年代多在西元前四世紀以降，且特別集中在西元前三世紀到前二世紀。考量進獻者的家族，可以推測最高政務官制度最遲應該出現在西元前四百年前後，但目前對於此制度的起源仍舊沒有定論。迦太基是否存在世襲的王政，是自古以來論爭的標的，王政與最高政務官並存的說法，或者王政取代最高政務官的說法，莫衷一是，目前在學術上並無定論。

在宗主城推羅，如第二章所述，直到希臘化時代為止自古以來的國王政治一直連綿存續。雖然有時會出現政變篡奪王位，但基本上仍舊可以視為代代世襲王位的王位繼承制度。但是在西元前六世紀中葉，尼布甲尼撒二世進行推羅包圍戰（西元前五八五年～前五七三年）之後，短暫期間內施行了與過往不同的政治體制，那就是所謂由「法官」統治的制度。他們的任期非常短暫，而且時間長短也不固定。根據弗拉維奧・約瑟夫斯（Flavius Josephus）現存以希臘語撰寫的歷史，可以整理如下：

一、亞經・巴力	兩個月	西元前五六四年
二、迦勒卜	十個月	西元前五六四／三年
三、阿巴爾	三個月	西元前五六三年
四、瑪坦及蓋爾・阿休塔特	六年	西元前五六三年～前五五七年

這些法官的權限，必須受到宗主國新巴比倫的監督，肯定相當受限，最後的兩位首次共

同統治，在職期間六年也是最長的。迦太基一直到日後也明顯與宗主城推羅彼此保持很強的相連性，可以推測此時期推羅的政治體制很有可能對迦太基日後的政治體制造成影響。蘇菲特這個詞彙所具備的意思，原本是與司法領域相關連的，從這點也可以看出推羅這段政治經歷可能是日後最高政務官制度的雛型。

西元前六世紀對東方本土而言是個風雲變色，局勢緊張的時代。霸權從新巴比倫最終移轉到阿契美尼德王朝的波斯，腓尼基各城邦失去了獨立性，但同時地中海方面的殖民城市迦太基抬頭，特別是在西地中海區域勢力凌駕宗主城邦推羅，正是在這個時期。第四章討論的迦太基軍事化事例，就是這段變化的證明。

推羅之後再度恢復了王政，但從迦太基出土的碑文看來，卻沒有證據顯示確實存在著「國王」。即便初期存在世襲的王政（根據傳說，推羅王族一家在愛麗莎死後便斷絕了），但在某個時期之後，迦太基在政治上也從本國脫離獨立，走上了獨自的道路。

拿希臘的執政官和羅馬的執政官與迦太基的最高政務官比較時，可以看出迦太基的制度雖然是從東方世界帶來，但在與地中海世界，亦即希臘、羅馬世界的接觸當中，迦太基還是對於東方帶來的制度進行了取捨，並針對需要做出了改變。

◎其他官職及組織

調查被賦予最高政務官稱號的人物及世家，便會浮現另一個同樣重要的職務「ＲＢ」（Labu）。「ＲＢ」一詞的意義是「大的」或者「偉大的」，從碑文中的使用方式著手分類，大致可以分為如下兩類：

一、ＲＢ＋職務名→～長官

二、伴有冠詞（Ｈ），成為ＨＲＢ的形式。

第一種，布匿語中可一起使用在祭司、書記、軍隊等範疇的詞彙中，前文已經出現過的祭司長、書記長、軍團長等，表示組織集團負責人的資格。關於這個部分沒有特別的問題。

第二種，與最高政務官相同，應該視為賦予就任「ＲＢ」職務的人們的稱號，不過實際上「ＲＢ」擔任著什麼樣的職務，至今為止的研究並無法提出明確的解答。有一學說認為這是賦予元老院成員的的稱號，但這並未超越至今為止的假設領域。目前確實知道的是，這是授予高官們的稱號，從史料上來看和最高政務官相同，同一個人物也可能同時兼任宗教上的職務。

另外從碑文史料中可以讀出在迦太基或布匿世界中存在著某種組織，其實際狀態尚未完全理解，在此先介紹一下碑文中出現的與具體數字連結的十人會：

蓋爾．薩工　與夏發托之子阿薩爾．巴力，亞辛．巴力之子蓋爾．阿休塔特　與〔破損處……〕之子博多．阿休塔特擔任最〔高政務官〕的年分，負責聖所的十人會，新建造了這個獻祭有足牲禮的祭壇。

（《閃米語碑文集成》第一部，一七五號）

探討碑文內容可以得知，這個組織負責管理、營運聖所相關的建物、紀念碑等，大概是統籌行政、監督關於神廟的所有神聖事務。此外，此碑文也顯示了蓋爾．薩工、蓋爾．阿休塔特和博多．阿休塔特三人同時就任最高政務官，這種例外狀況也很有意思。

其他還有出土自馬賽，西元前三世紀末前後的「稅率表」中，提及了三十人會，該會負責詳細規範對神殿進貢牲禮動物的相關規定。在迦太基社會中也存在著這種既是共同體同時也擔負國家經濟面責任的組織。

此外，腓尼基語、布匿語中表示「民」與「人們」的詞彙「'M」（Amu），被解釋成和希臘語中的「dēmos」（人民、庶民）、拉丁語中的「populus」（人民）相當，具有

「公」的意義。在出土碑文中可以看見在解放奴隸時需要「M」，也就是「公民大會」的決議，這也證明了當時存在著匯整市民總體意見的集會，並且擔負著政治上的功能。因為篇幅的緣故，對於迦太基的政治、經濟、宗教相關職位名稱及組織無法充分說明，多少讓人感到焦躁。不過我們從現存碑文中可以得知的資訊量仍相當有限，這點也確實無誤。接著，關於希臘人、羅馬人世界又是如何看待迦太基國家制度的，我們將在下個段落討論。

◎亞里斯多德所見過最好的國家制度

西元前四世紀的哲學家亞里斯多德在其著作《政治學》中，稱讚迦太基的國家制度雖非希臘人的制度，但與克里特及斯巴達並列最佳的國家制度。他的理想很明確是要將單一個人統治、少數人統治、多數人統治的各自元素混和後形成一種政體，而迦太基的國家制度正好保持著這樣的特色。

也就是說，迦太基存在著「王」，而元老院和公民大會也各守其職發揮機能。關於國事如果「王」和元老院意見相同時，則沒有問題，但若兩者想法相左，則公民大會握有決定權，另外也賦予公民大會對提出的議案具有否決權。除此之外還有作為監察機構的百人會，不僅對司法還對整體國事執行最高監察權力。

當然，在完全缺乏布匿語記錄的文獻史料狀況下，亞里斯多德的著作可以說是討論迦太基國家制度時珍貴的一手史料。但是，這終究是希臘人的觀點，當迦太基人施行的制度轉換為希臘語的時候，便會產生該如何表達的問題。

他拿迦太基的國家制度與斯巴達比較時，稱迦太基的「王」（複數形）、元老院和百人會，與斯巴達的「王」（複數形）、長老會與監督官（五人）各自相等。此處首先得針對希臘語中表示「王」的「Basileus（希臘文 βασιλεύς）」一詞，與迦太基國家制度中的何者相當，先進行檢討。

眾所周知，斯巴達採取代代由兩個王家世襲的二人制王政。但迦太基則不像斯巴達那樣採取世襲制，而可以透過選舉選出「王」，此點特別值得注意。換言之，此處把布匿語中意指世襲國王的「melech」等同於「Basileus」，讓人覺得有所不妥。因此我會認為在這個時期亞里斯多德筆下所指涉的迦太基「王」——雖然其任期多長仍舊有疑問——已經是擔任國家領導的蘇菲特。

此外，還有與最高政務官並列擔任國家要職的將軍。與同時代羅馬賦予執政官或斯巴達賦予國王軍隊指揮權不同，在迦太基民事與軍事是分開的。不過亞里斯多德同時也指出迦太基同一個人可以兼任多種職務。他的希臘語史料中把西元前五世紀的馬果家族指導者們稱為「Basileus」，是國家的合法統治者，而且在戰爭之際也是指揮者。活到一百歲的長壽雅典修辭學家伊索克拉底（Isocrates，西元前四三六～前三三八年）指出，迦太基人在國內由少數人統治，戰爭期間由「Basileus」等人進行指揮。所以文獻史料中可見的西元前五世紀、前四世紀的「Basileus」，也可以指戰爭時的將軍。

如同馬果家的例子所顯示的一般，就任將軍職位的人物，有從特定世家輩出的傾向。而對他們的權限如何加以設限，根據特洛古斯（查士丁）的說法，就是前五世紀中葉創設的百人會。在亞里斯多德時代擔任國家最高監察機關百人會，握有監察大權，推測是由元老院成員來選拔，屬終身制，出現員額空缺時才會補選。

綜合來看，亞里斯多德認為迦太基的國家制度是勝過寡頭政治的混合政體典範。雖然他判斷的基準建構在由錢財堆出的政治是寡頭性的，由德性承載的政治是貴族性的這個想法上，不過迦太基最高政務官職位絕非世襲制，且包括將軍職等國家要職在內都可以用錢買得，亦即還是有可能由一部分的富裕階層有力人士獨占整個統治體制。

他還進一步表示，迦太基不斷把一部分市民送到國外城邦去，透過讓他們賺取財富來避免可能產生寡頭政治的危險。也就是屬於富裕階級的統治階層少數者，為了避免民眾（或者反對分子）的不滿而致力於海外殖民，透過為民眾帶來財富以緩和社會上的緊張。然而如果換個角度思考，正因為是少數者掌控政治，所以迦太基的國家體制才會穩固如山，加上透過以海外殖民為基礎打造出來的貿易活動，才讓國家經濟一直處於豐潤的狀態。

那麼，這個政治體制在經過一段時間後又產生了什麼樣的變化？

◎波利比烏斯所見的迦太基和羅馬

西元前二世紀的波利比烏斯（西元前二〇〇年～前一一八年前後）的《歷史》，是想理解從西元前三世紀到前二世紀這段期間地中海世界的動向時，必讀的一本著作。第三次馬其頓戰爭（Third Macedonian War）彼得那戰役（Battle of Pydna，西元前一六八年）之後，他身為亞該亞同盟（Achaean League）的一千名人質中的一個，被一起帶到了羅馬，並在該處獲得小西庇阿（Scipio Aemilianus）的知遇之恩，破格讓他在羅馬過著拘留生活。他在當地把所見所聞與親身體驗，編輯成《歷史》一書，把當時羅馬想要稱霸地中海的過程鉅細靡遺記錄下來，也給日後的歷史學家們帶來重大的影響。

當然，從他所處的境地來看，不難推測他在書寫時必須時時意識到羅馬方面的意見，這一點與第二章提過，之後的弗拉維奧．約瑟夫斯的立場相似，這點也頗值得玩味。附帶一提，如果沒有這兩個人的著作，無論是腓尼基史或者迦太基史，都難以從文獻史料中重新建構出來，他們的功勞是無可動搖的事實。

波利比烏斯的《歷史》全部共有四十卷，目前完整保留下來的只有描述從第一次布匿戰爭到第二次布匿戰爭中途為止的最初五卷，是同時代中最好的史料，其價值其他資料難以望其項背。波利比烏斯在西元前三世紀後半，第二次布匿戰爭開始前後如此分析迦太基與羅馬的勢力：

> 因為迦太基人的國家比羅馬人的國家更先發展，更早獲得繁榮，因此根據這個時間差，至少在關於政治組織上，迦太基國家已經過了當時的鼎盛期，而羅馬國家正處於盛世頂峰。
>
> （波利比烏斯《歷史》第六卷五十一章，五～六節；城江良和譯）

根據波利比烏斯的記錄將理由再整理如下。在迦太基方面，最高政務官、元老院、公民大會的權力均衡保持最佳狀態的時代早就已經成為過去，今日過度操用民力，導致國力衰弱；反觀元老院指導體制整頓完備的羅馬，現在正是國力最高峰的時期。日後波利比烏斯在第三次布匿戰爭時隨小西庇阿同行，在至近距離觀看迦太基陷落的瞬間。此時有一個非常精彩的片段，就是小西庇阿看著烈火熊熊，燃燒殆盡的迦太基，不禁留下眼淚，對著一旁的波利比烏斯說，不知何時同樣的命運也會降臨在羅馬頭上。這個當下，不知道波利比烏斯心中翻騰的感受，究竟是如何呢？

話說回頭，這個距西元前三世紀後半亞里斯多德生活年代已經超過一百年的時期，經歷了亞歷山大大帝的登場，歷史已經迎來希臘化時期。而第二次布匿戰爭中以迦太基將軍身分活躍的漢尼拔，確實是深受民眾歡迎，具備十足領袖魅力的領導者。

筆者以為，漢尼拔是一個活過三輩子人生的人物。第一次是以希世天才將軍之姿，率領軍隊越過阿爾卑斯山並在坎尼會戰（The Battle of Cannae，西元前二一六年）獲得大捷；第二次辭去將軍職務後，以能力卓越的政治家之姿完成大改革；第三次是以不世出的軍師之姿前往希臘諸國，接受食客待遇。他在黑海畔的比提尼亞（Bithynia）時，不願被引渡往羅馬，自行飲毒自盡，這樣的逸聞很符合一個英雄的人生最後一刻。

◎漢尼拔的國家制度改革

因為一提到漢尼拔，他給人天才將軍的印象實在太過強烈，以至於第二次布匿戰爭後他的後半生往往很少被提及。不過他具備的優秀政治家資質，也在擔任最高政務官後於西元前一九六年進行國家制度改革時，充分展現無遺。關於這個部分，日本的羅馬史泰斗長谷川博隆氏已經有過縝密的先行研究。

漢尼拔進行的政治改革，在第二次布匿戰爭後影響及於迦太基的各個方面，不過最重要的有兩點。

第一，把當時握有莫大權利的百人會成員任期，由終身制改為一年。

第二，斷然進行財政改革，減輕苦於支付戰爭賠款的一般民眾負擔。

這個前文已經提過的自古便存在的百人會，到這個時代仍舊保有莫大的權力，依舊是國家的最高監察機關。換言之，位在最高地位的貴族階層之上的就是百人會。將任期限制為一年剝奪他們的恆久權利，目的在於削弱貴族階層的政治發言權。根據與奧古斯都同時代的歷史學家蒂托．李維（Titus Livius）的說法，當時與漢尼拔正面持反對意見的就是負責處理財務問題的財務官，而他讓財務官任期屆滿後，便有加入百人會的資格。長谷川氏分析道，為了斬斷惡之源頭，他先著手改革百人會制度，在這樣的基礎上，才能從根本解決財務問題。

這個時期漢尼拔所依靠的是公民大會，如亞里斯多德已經指出的一般，當最高政務官與元老院意見相左時，存在一種協商機制，即可向公民大會諮詢該議案。正因為如此，他身為國家領導者，就以公民大會為後盾，跨出大膽的行政改革步伐。

第二次布匿戰爭後的和談條約中，迦太基被強取了五十年的年賦，也就是總計白銀一萬他連得的鉅額賠償金。這些賠款在西元前一九九年第一次償付時發生了困難，但至西元前一九一年的時候，經濟狀況竟好轉到可向羅馬提出將剩餘八千他連得一次償清的提議。漢尼拔的財政改革，在於將為了支付戰爭賠款而設立直接稅的徵收對象限制在富裕階層之間，免去了對一般民眾的徵收；為了促進商業進行了關稅改革，這兩大做法獲得了成功，所以能完成改革。能夠做出這樣的決議，也讓我們可以觀察到自古存在的迦太基公民大會，在漢尼拔的時代擁有了至高的發言權，而且在此之前或之後都沒有出現過這樣的高峰。

非常可惜的是，布匿語碑文史料中對於這項改革的資料完全闕如。漢尼拔這個名字的意義為「巴力神眷顧於我」，在迦太基人名當中普及度可說高居前五。即便如此，碑文史料中出現的任何一個「漢尼拔」，都不是他這位偉大的領導者，而是其他人。另外最高政務官這項制度表面上設有兩位領導人，因此漢尼拔應該還有一位同事，但這位同僚的名字我們也不得而知。

那麼，漢尼拔的國家制度改革，就在圓滿成功之中落幕了嗎？制度上，最高政務官的任期僅有一年，根據史料記載，第二年他離開這個職位時立刻失勢，之後不得不展開亡命生活。太過激進的改革方案，讓反漢尼拔派（反巴卡家族派）畏懼個人權力過於集中，發動了激烈的反抗，且據信羅馬應該也有趁機介入反對漢尼拔。如第二章提過的一般，漢尼拔首先投奔的，是把迦太基宗主城推羅納入統治下的波斯塞琉古王朝（Seleucid dynasty）安條克三世（Antiochus III）麾下。考察這樣的事情經緯，不得不思考即便財政改革大致收到成效，但切中政治體制的根本改革終究有其無法跨越的界線。

迦太基的政治體制，雖說是擁有各種要素的混合政體，但還是無法脫離以傳統名門世家為中心的寡頭政體。波利比烏斯也如此提及，在第二次布匿戰爭前後，民眾的發言權曾大到前所未有的狀態，但是，隨著漢尼拔在政治界的失勢，一直以來賦予他力量的一種更為民主的要素，也逐漸淡去，亦即，「民主化」的浪潮遠去後，基本上之後迦太基的寡頭體制路線依然屹立不搖。

漢尼拔市鎮的繁華和科克瓦尼的古代城市

◎廢墟中展現的城鎮

第二次布匿戰爭後，迦太基究竟衰退到什麼程度，從這裡開始我們將透過各種觀點來重新審視考察。根據近年考古發掘成果，從羅馬時代的遺跡之下挖掘出了從西元前二世紀初到前一四六年迦太基滅亡為止的大約五十年間，繁榮的布匿時代居住遺跡。此遺址被發掘者法國考古學者蘭塞（Serge Lancel）以名將漢尼拔之名命名為漢尼拔市鎮，現在正靜靜地佇立於畢爾莎之丘的南側斜坡上。

畢爾莎之丘，是第三次布匿戰爭中與羅馬軍隊進行最後纏鬥的迦太基軍城砦，日後到奧古斯都時代，在被破壞的城鎮上建造了公共廣場（forum）與法院（basilica）等巨型建築物，轉變成羅馬帝國非洲屬省的大型政治、宗教中心地。羅馬時代支撐公共廣場的巨大支柱牆的一部分殘骸，可見於漢尼拔市鎮照片的後方。

筆者首次造訪這個遺跡，是在一九九五年初的某個晴朗冬日。在既凍且寒之中，一陣風吹過，讓人懷想兩千數百年前的過往人們就生活在這個城鎮中。縱橫交錯的道路沿著整然劃分的街坊馳騁於不滿半公頃土地上，其間竟發現了十六個大型的貯水槽。大小適中的同型態住家連綿展開，看得出是具有標準化的城市計畫，此處應當是屬於相同社會階層的人們共同生活的場所。商店與工作場所的遺跡也經確認，可以知道第二次布匿戰爭後人們確實在此處過著充滿活力的生活。

雖說戰敗，採取傭兵制的迦太基其市民受害並不大，另外雖然軍艦的數量受到限制，但作為他們生命線的商船並未受損，與往昔相同，應當仍可在各個港灣中看見航行於地中海中的迦太基船隻。與前述漢尼拔的財政改革奏效相乘，西元前二世紀前半的迦太基絕對稱

漢尼拔市鎮　殘留在畢爾莎之丘的南側斜坡，西元前二世紀前半的迦太基市鎮。佐藤育子攝影。

不上衰退。即便居住範圍較過往狹小，但仍不失去最後且最燦亮的光輝。

相反地，與此對照在西元前三世紀第一次布匿戰爭正熾時遭羅馬軍隊毀滅後便未曾重建，之後更遭人遺忘一直到二十世紀的一個純粹布匿時代住居遺跡，也殘存在今天的突尼西亞境內。這個城鎮的名字叫科克瓦尼（Kerkouane）。從卡本半島尖端的哈瓦利亞（El Haouaria）驅車往南不到二十分鐘，便可見到一九八五年登錄世界文化遺產的腓尼基人古代城市遺跡。在歷史的片隅中被埋沒遺忘的這個城鎮，今天連當初創建時的正確名稱都無法得知。

此地於二十世紀中葉被偶然發現，透過考古發掘作業得以在現代重新復甦，由兩重城牆包圍著規模達九公頃左右的城市。最繁盛時期估計約有兩千人居住於此。從出土的物品可以明確判斷出他們的職業包括有石匠、陶匠、玻璃工匠、染布師傅、精細金屬加工師傅等，是個各式各樣匠人們居住的城鎮。除了公共澡堂之外，在個人居住的家屋中也配置有具排水設備、可以做半身浴的小浴池，看後不禁令人莞爾。腓尼基人最擅長的染色產業，在染料抽出工程時會伴隨著惡臭，為了將髒污的身體洗淨以保持清潔，浴室是必要的。聽著眼前廣袤地中海的微弱海潮之聲，為了滌去一日倦累踏入浴池的那個瞬間，想必是無可取代的至高幸福時光。

◎布匿時代人們的生活

那麼，當時的人們究竟過著什麼樣的生活呢？從發掘的遺跡與遺物中，雖然不多，但仍足以重建當時的模樣。

信步於科克瓦尼的遺跡中，沿著不同寬度的幾條道路區劃出來的住宅街道旁的住家，幾乎都有中庭，中間有水井，可以知道那是生活的中心場所。根據研究者的說法，各戶人家的樓板面積大約從七十五平方公尺到一百二十平方公尺左右，其中有幾間房間及廚房、儲藏室，富裕的家庭還備有家庭用的浴室和

科克瓦尼的街道　地中海近在咫尺。引自 S. Moscati(ed.), *The Phoenicians,* 2001。

祭壇。類似這種以中庭為中心，周圍配置各房間的造屋方式，在畢爾莎之丘的漢尼拔市鎮，或者其他布匿裔居住的地方經常可見，算是當時的標準建築法式。

家人加上自家奴隸，布匿時代平均一個家庭的人數據說是五人到七人。以雙親和孩子為中心構成家庭的基本單位，孩子們在雙親的愛護之下成長。祈求安產進獻給神明，雙手抱著隆起腹部的紅陶土製女性土偶，或者奶瓶狀的可愛容器等，在在表現出家人之間細緻的親情。

眼前寬廣的海洋與豐饒的大地帶來了大自然的恩惠，供給各個家庭豐富的食材。餐桌上擺放著優質的葡萄酒、充滿香辛料的料理和甘甜的水果等，在此地，肯定是隨處可見家人團圓的風景。

人們不管是男性或是女性，都打扮入時。使用色彩鮮艷的寶石與玻璃等多彩素材製作的項鍊，金屬製的戒指或耳環、胸墜等，除了拿來當作自己的裝飾品，同時也是驅邪的護身符。穿上舒適的長袍，噴上香水，穿戴上華麗的飾品，如此往來步行的人們在任何一個街角都隨處可見。

從迦太基的共同墓地發現了大量的紅陶製面具，每一個都有獨創的奇妙表情。尺寸大小不一，也開有便於綁繩子的孔洞，推測應當是掛於墓室牆壁上，起到保護死者遠離惡靈的功能。陪葬品中有鈸或鈴等樂器，也有鏡子和剃刀等打扮容貌的工具，也有學說認為這與宗教性儀式有所關聯。

同樣在共同墓地中發現的葬儀用雕像，忠實地表現出迦太基人於死後世界仍對神明虔敬不已的宗教觀。拿著小物件的左手彎曲在腹部之前，手掌張開的右手伸向前方。這種嚴肅的儀式姿勢表現在對神的祈禱或發誓，於進獻石碑上也可以經常看到這種構圖。

如此看來，迦太基人給世人禁慾、篤信宗教的印象，很可能是希臘、羅馬世界以自己的謬誤、偏見扭曲後傳給了後代。羅馬對迦太基的恐懼，或許不只是他們出類拔萃的經濟實力，更是對迦太基人純粹且敏銳的精神充滿忌憚。

◎迦太基與我們

本章中主要基於迦太基人自己留下來的史料，試圖探求當時的宗教與社會的狀態。不只是迦太基，布匿世界的人們所留下的珍貴碑文史料，就是他們赤裸裸的告白，也是他們真實的聲音。只是，殘留下來的資料實在太過有限，想要涵蓋細節地重現當時的狀況，實在是有力有不逮之處。此處，也留下了國破家亡的一種悲悽。如前所述，迦太基史、當然腓尼基史也是如此，今天我們所能取得的史料，幾乎都是來自於他們的鄰居，或者是他們的敵人，亦即，這不過是一種他者所見的「迦太基形象」罷了。

敗者緘默不語，勝者的歷史則獨自昂首闊步，這是至今為止世間的常情。這種把敗者空白填上的作業，是近年以考古學為中心的跨領域研究成果。根據這樣的成果，橫跨傳說與考古學遺物之間的巨大鴻溝，也較以往獲得更多的補填。

筆者幾年前造訪那個因擅長工商業而繁榮的科克瓦尼遺跡時，看著眼前地中海的湛藍海洋，不得不想起承繼了從東方遠道而來的祖先們生活方式，並在該土地上紮根的迦太基人有多麼的堅強。住居遺跡鋪設馬賽克的地板上，仍可清楚看見坦尼特的符號。布匿時代的馬賽克並不華麗，只有簡單與樸素，完全就是當時人們信仰的一種表徵。

第三次布匿戰爭中羅馬徹底破壞了迦太基，但卻無法將其完全否定與抹煞。一百年後，迦太基作為羅馬帝國屬省非洲的都城，奇蹟似地獲得了復興，並再次攀上繁華頂峰。也只有羅馬帝國時代的迦太基繁榮，才是豐饒北非的象徵，我們只能說這件事情也確實相當諷刺。

今天如果造訪迦太基的遺跡，那些面對著地中海矗立於當地的龐大安東尼大浴場（Baths of Antoninus）、羅馬時代的圓型競技場、劇場及住宅遺跡等，都比文字更有力地滔滔訴說著往昔故事。到了羅馬時代，巴力．哈蒙與坦尼特也各自與羅馬的神明們融合，雖然名字改成了薩圖爾努斯（Sāturnus）和茱諾（Juno Caelestis），但原本的信仰仍舊根深柢固地紮根在後人們的心中。

迦太基，往往會被過份強調其身為經濟大國的面向，其實他們承繼了腓尼基人的傳統，在與希臘、羅馬世界的接觸中改變，之後更華麗地變身，即便曾被徹底擊潰一次，仍再度變形與復甦。盡可能地收集蘊藏著過往人們生活樣貌、過往人們熱切感受的「活生生的」一手史料，並將其傳諸後世，正是我們被課以的使命。

第七章 走上對羅馬戰爭一途

迦太基軍艦　馬爾薩拉（利利俾）海上發現的遇難船隻（西元前三世紀）復原圖。引自 S. Lancel, *Carthage,* 1995。

圍繞著西西里的混亂

◎西元前四世紀的迦太基

希梅拉戰敗後經歷了西元前五世紀的激烈變動，到了該世紀結束前後，迦太基又再度恢復了過往的繁華與勢力。西元前四一〇年開始的馬果家族對西西里再次出兵，便是證明。而這次遠征之後，以錫拉庫薩（今敘拉古〔Siracusa〕）為中心迦太基與希臘人在西西里的抗爭，於整個西元前四世紀中斷續反覆，成為一種常態化的狀況。

這段期間，迦太基國內馬果王朝體制崩解，大約在西元前三七〇年代轉向寡頭政體——亞里斯多德稱讚的就是此一國家制度。在這個政體之下迦太基社會安定且成熟，而文化上也持續吸收希臘化的元素，底蘊日深。政治、軍事、宗教、社會等所有面向走上城邦國家可發展的最佳狀態，不過我們也必須承認，於此同時這個體制也出現了幾個讓其自身陷入危機的固定的模式。傭兵問題便是一個相當容易理解的問題。因此西元前四世紀的迦太基史研究，除了觀察迦太基國家的鼎盛時期之外，也要發現早期持續出現的「成人病」徵兆——亦即西元前三世紀與羅馬最初衝突後，使迦太基陷入苦境的結構性問題。

西元前四世紀的迦太基，給人與西元前六世紀剛開始樹立海上帝國時不同印象的理由之一，就是開始發行金屬貨幣。最初的發行從西元前四一〇年到前三九〇年，與前述馬果王朝末期遠征西西里時期相重合，似乎是為了籌備遠征費用，特別是要支付給傭兵士兵們薪資而在西西里發行的。這種銀幣表面刻有被女神戴上花冠的馬匹半身像，內面則刻著椰子樹與「迦爾特・哈達休特（Qart Hadasht，迦太基）」的布匿語銘文。椰子樹的圖樣與據信是來自迦太基建國傳說的馬匹像，應該是身為非洲統治者的迦太基自豪的表現，不過，硬幣本身是以阿提卡（Attica）的重量基準所製作的四希臘德拉克馬（drachma）銀幣，與西西里島的希臘貨幣體系有所相連。這大概是在迦太基委託統治下的西西里島西部城市造幣廠所製作的。如此，西西里戰線上迦太基社會與希臘社會接觸，且不得不部分接受對方的經濟制度與文

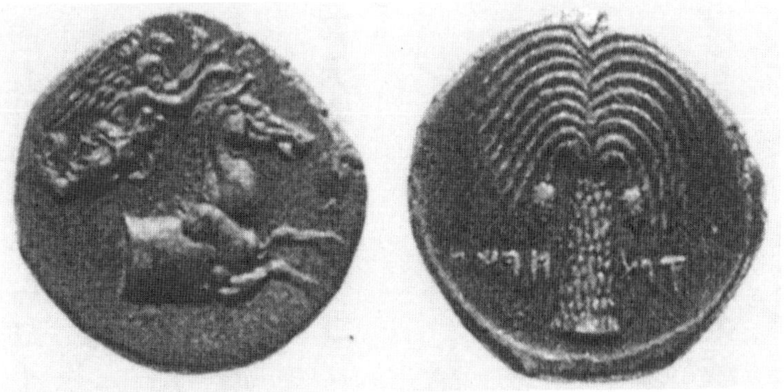

迦太基貨幣　正面為拿著裝飾花冠的尼姬女神和馬的半身像，反面是迦爾特・哈達休特的銘文。西元前 410 年。大英博物館所藏。

化，亦即此戰線也是文化變貌的前線。

當初是為了軍事目的——亦即為了支付士兵酬庸以及作為西西里島軍事作戰的宣傳——而發行了金屬貨幣，不過終究也普及到了迦太基本國境內。西元前四世紀中葉，以腓尼基的重量基準為根據，迦太基開始發行金幣等貨幣。順帶說明，腓尼基本土比迦太基更早，西頓從西元前五世紀中葉、推羅從西元前五世紀末，便開已始發行貨幣。迦太基本國的金幣採用腓尼基的重量基準，這佐證了從西元前四世紀後半開始的迦太基「貨幣經濟」，不僅與西地中海的希臘人有著關係，也成立在持續維持與遠方東地中海腓尼基本土的關係之上。

◎雅典與迦太基

話題回到西西里島的情勢，西元前四一〇年開始，馬果家族的漢尼拔（與日後第二次布匿戰爭的漢尼拔不是同一人）侵略西西里，這個事件在某種意義上也是與東方世界情勢有著深刻關聯。

西元前五世紀後半的東地中海是伯羅奔尼撒戰爭（Peloponnesian War）的時代，雅典與斯巴達不斷展開殊死戰鬥，戰爭的餘波也波及到西西里島上的希臘人世界。錫拉庫薩和西西里的多利安裔城邦，與多利安裔的斯巴達、伯羅奔尼撒結為同盟；倫蒂尼（Lentini）等哈爾基斯（Chalkis）裔的城邦則與雅典、推羅結盟，在這種形勢下，西元前四二七年雅典艦隊發動攻擊，介入了錫拉庫薩和倫蒂尼間的戰爭。這次的攻擊持續了三年且以失敗告終，雖然雅典和平地撤退了，但仍留下了雅典和錫拉庫薩之間的對立局勢。

西元前四一五年，雅典發動大軍開始遠征西西里。西西里西部的伊利米人的城邦塞傑斯塔與南方塞利農特發生糾紛，雅典以答應救援塞傑斯塔的形式介入，但雅典的真正目的，根據修昔底德的說法，是要統治整個西西里島。此時最熱心主張派遣遠征軍的，是惡名昭彰的政治煽動家阿爾西比亞德斯（Alcibiades），修昔底德認為他的動機，是為了反駁主張遠征應當慎重的政敵尼西阿斯（Nicias），並且想取得作戰指揮者的地位，透過「不僅要占領西西里，還要占領迦太基」來博取名聲。雅典的矛頭，確實有可能指向迦太基。然而雅典的西西里遠征，在錫拉庫薩獲得斯巴達救援後的奮力一戰，以及雅典司令官尼西阿斯的優柔寡斷之下，結果在西元前四一三年落得幾乎全軍覆沒，最終以尼西阿斯被處刑，雅典悲慘敗北做終。修昔底德詳細記錄了尼西阿斯遠征前在雅典公民大會進行的反對演講。他說明，把雅典的命運賭在像塞傑斯塔那種遙遠異族的存亡上，是輕率的舉動，在把當前雅典的統治圈完全穩定下來之前就將手伸向別處很危險。而現實正如同他發出的警告一般，而且還是降臨在他自己身上。狄奧多羅斯也同樣記載了尼西阿斯反對遠征的演說，在裡頭可以見到一段對迦太基饒富深意的描述。他說：「即便擁有最廣大 hegemony（霸權、帝國），為了取得西西里不只一次發動戰爭的迦太基，也無法使此島（西西里島）屈服。在軍事力上遜於迦太基的雅典，想靠著槍矛（武力）取得島上最強的城邦，是不可能的。」身為西西里人的歷史學家狄奧多羅斯這段敘述隱約帶著一些「西西里愛國主義」，不過拿雅典與迦太基霸權相較時，我們不能漏看他提示迦太基更為強大的觀點。而這也是西西里人對希臘人世界的真實感受。

◎迦太基的攻勢

雅典在西西里的敗退，看在一直注視這場戰爭的迦太基政府眼中，是一個極好的機會。雅典海上帝國進入西地中海的可能性消失，而宿敵錫拉庫薩雖然戰勝，但也蒙受了打擊。迦太基很快便找到介入的藉口，照例又是塞傑斯塔與南方塞利農特的領土糾紛，因為同盟者雅典的敗北，塞傑斯塔陷入困境，敵對的希臘裔鄰國塞利農特以錫拉庫薩為後盾占領了塞傑斯塔的一部分領土，至西元前四一〇年，塞傑斯塔前來向迦太基求援。

背後的歷史背景是，建設塞傑斯塔城的西西里原住民伊利米人自古以來就是西西里島上的迦太基同盟者。西元前六世紀前半為了阻止希臘人進入西西里西部，雙方曾並肩作戰。此外，與羅馬人同樣自稱「特洛伊子孫」的伊利米人與希臘人難以和平相處這點，也成為腓尼基／迦太基勢力前進西西里與錫拉庫薩等城邦作戰時的方便踏板。

迦太基的元老院應塞傑斯塔要求決定派兵。負責指揮的是當時任最高官職（可能是指最高政務官）的馬果家族漢尼拔，此人為西元前四八〇年戰死於希梅拉的哈米爾卡之孫，此時已屆高齡。最初作為援軍送往塞傑斯塔的有五千利比亞（亞非利加）士兵和義大利坎帕尼亞（Campania）八百士兵。

這些士兵在雅典遠征西西里之際受僱於西西里哈爾基斯裔城邦，雅典敗退之後他們失去了立足之地，迦太基便替他們全員購買戰馬，以高額僱用並送往塞傑斯塔。他們在首戰中大為活躍，打敗了塞利農特軍，而塞利農特自然轉向錫拉庫薩求援，這也導致這場作戰發展成全面性的戰爭。

狄奧多羅斯記載，從該年夏天到冬天，漢尼拔廣徵士兵，除了伊比利半島大量的傭兵與自迦太基城公民徵募的士兵，還前往利比亞從各城鎮選出最強的男子。他並說明這場遠征是建構在希梅拉戰役後迦太基統治非洲的成果上。提到迦太基的軍隊，往往給人僱用傭兵的強烈印象，狄奧多羅斯於其他部分也記載迦太基使用於伊比利半島開發銀礦時取得的白銀僱用傭兵，強調迦太基因此成為強國。然而，收集關於迦太基的各場戰爭如何動員士兵的記錄來看，像本例中強制從利比亞人的各城市強制徵募士兵，仍舊相當引人注目。這則記錄中也要注意迦太基城公民的從軍記錄。經常被認為專心於工商業而疏於戰爭的他們，遇到大戰之際是使用這種方式進行徵兵的。

◎阿克拉加斯城毀滅

如此，從翌年（西元前四〇九年）春天開始，漢尼拔正式開始西西里遠征，作為對希梅拉戰敗的報復，他取得了莫大的成功。首先他攻陷了塞利農特，接著占領了希梅拉並徹底將其破壞。塞利農特和希梅拉各在西西里島西部的南岸和北岸，對以西西里島嶼西端的莫提亞為據點的迦太基、伊利米人勢力而言，是希臘方的最前線城市，因此此二城市的破壞，也可說確保了迦太基領地的安全。

然而，因為錫拉庫薩的將軍嘗試重建塞利農特，因此戰端再起。西元前四〇六年，再次登陸西西里島的迦太基軍，目標是該島南岸的城市阿格拉加斯（阿格里真托）。這是西元前四八〇年將勢力拓展到希梅拉造成希梅拉戰役的僭主賽隆的國家。

希梅拉戰役之後，與錫拉庫薩同為戰勝者的阿格拉加斯獲得空前的繁榮，城鎮擁有西西里最大，包含宙斯神殿在內的豪華神廟群，也有棲息著天鵝的巨大池塘，這股建設熱潮甚至被出身該城的哲學家恩貝多克利（Empedocles）評價為：「阿格拉加斯公民彷如明天就要死亡般的瘋狂進食，又如永遠不會死一般地拚命建設。」另外該城市的田園擁有寬廣的葡萄園和橄欖園，透過將這些農產品輸出給迦太基換取非洲的財富，產生了巨大的利潤。狄奧多羅斯說明，這個時代利比亞（亞非利加）尚未開始栽培這些果樹。

迦太基軍隊發起的圍攻戰爭，因為流行病的爆發——漢尼拔本身也因此身亡——以及來自錫拉庫薩的援軍等，進行並不順利。然而最終結局仍是糧草殆盡的阿格拉加斯城中二十萬公民泰半逃往傑拉（Gela），因此於西元前四〇六年被攻陷，漢尼拔的同僚希米爾卡（Himilco）率領的迦太基軍隊便有組織地掠奪了當時號稱希臘人城鎮中最為富裕的阿格拉加斯城。

阿格拉加斯城市民們花錢蒐集的繪畫、雕刻被當作戰利品販售，最有價值的各種物品被送往迦太基城。其中也包含了昔時專為阿格拉加斯僭主皮拉力斯（Phalaris）打造、內有機關可將人燒死的青銅製公牛像。阿格拉加斯被攻陷的二百六十年後迦太基本身也遭羅馬攻陷，當時這座公牛銅像仍被保管在迦太基城內，據說羅馬軍司令官小西庇阿還將公牛像與其他財寶歸還給了阿格拉加斯。迦太基軍隊的徹底破壞也沒有放過華麗神殿群。成為廢墟的阿格拉加斯在數十年的時間都遭棄置無人聞問，到了西元前四世紀後半才終於獲得重建。

◎狄奧尼西歐斯的登場

令人意想不到的阿格拉加斯陷落，讓錫拉庫薩陷入了恐慌。趁著混亂掌握政權的人物是僭主狄奧尼西歐斯一世（Dionysius I）。他驅逐了救援阿格拉加斯失敗的將軍們，自己就任「全權委任將軍」，並把錫拉庫薩海面上的奧提伽（Ortygia）打造成要塞。接著他以此要塞為據點，逐一排除反對他的貴族，之後以獨裁者的姿態君臨該城長達三十八年。太宰治的《跑吧！美樂斯》（走れメロス）中登場的錫拉庫薩暴君——在小說中，暴君被意欲暗殺自己的青年美樂斯以及願意代替美樂斯受刑的友人之間深厚的友情感動，而赦免了兩人——據說就是以這位狄奧尼西歐斯為原型。

希米爾卡的迦太基軍在傑拉城市郊擊敗了狄奧尼西歐斯的軍隊。西元前四〇五年迦太基軍隊依次攻陷傑拉與卡馬里納。狄奧尼西歐斯則面臨著國內貴族的叛亂，不得不與迦太基講和。迦太基以承認狄奧尼西歐斯統治錫拉庫薩，換取到除了過往對西西里島上迦太基殖民者及伊利米人、西坎尼人（西西里原住民）的統治權，還加上了塞利農特、阿格拉加斯、希梅拉等地的統治權。雖然同意讓傑拉與卡馬里納兩城的居民返回，但禁止兩城做軍事防備，並課以對迦太基納貢的義務。在這段期間，迦太基的軍隊因為流行病而失去半數以上的士兵，和約也未能致使全面統治西西里，不過也算獲得相當成果，保住面子的希米爾卡便暫且返回非洲。

然而，狄奥尼西歐斯不甘受到如此屈辱，展開了龐大的軍事擴張。他支付高額薪資，不單從西西里各地，更從義大利、希臘本土，甚至迦太基統治的領域中找來工匠，鼓勵他們在錫拉庫薩製造軍艦、武器等。為了打造軍艦派人到西西里的埃特納火山（Mount Etna），甚至遠抵義大利半島砍伐冷杉與松樹。過往亞述使用過的攻城武器投石器，透過迦太基人也傳到了西地中海，此時似乎西西里的希臘人也懂得使用。加上徵募士兵後聚集大量的傭兵，在這種情況下狄奥尼西歐斯準備好了超過三百艘的軍艦，數萬人的兵力，並遣使往迦太基，要求對方自西西里的希臘城邦中撤退，若不同意，將再掀起戰端。

迦太基的元老院為了徵集傭兵，還採取派遣議員身懷鉅款前往「歐羅巴」徵人的方法，但總結而言，因為流行病造成軍隊疲弊、民眾厭倦戰爭等理由，導致迦太基方面對狄奥尼西歐斯的威脅反應遲鈍，在這段期間，狄奥尼西歐斯進軍西西里西部，使厄律克斯城歸順於己。位於厄律克斯山的這個城鎮係由厄律克斯人所建造，山頂上祭祀著腓尼基女神阿斯塔蒂，此信仰日後受希臘化轉變成「厄律克斯的阿芙蘿黛蒂（Aphrodite）」。

迦太基失去所倚仗的厄律克斯人據點雖是重大的打擊，但接下來的一擊則更加嚴重。位於厄律克斯西邊，西西里島西端腓尼基人最古老的據點莫提亞島被攻陷。為了施行攻擊，狄奧尼西歐斯從西西里島築起一道防波堤一直延伸到莫提亞島，雖然希米爾卡率領一百艘精銳軍艦從海上馳援，但卻被希臘方面最新的投石器（可發射尖端削尖的投擲物）所擊退。

莫提亞殘留的布匿時期石階　引自 S. Moscati, *L'Empire de Carthage,* 1996。

被海洋包圍無處可逃的莫提亞島的腓尼基人，在絕望的抵抗作戰之後，盡數遭希臘人虐殺。原本只想把他們當作奴隸販賣的狄奧尼西歐斯也無法阻止希臘士兵對莫提亞人的憎恨，只有逃到希臘人也崇敬的神殿中的人們，才得以倖存。最遲從西元前八世紀以來，一直是腓尼基／迦太基勢力的莫提亞，就這樣在西元前三九七年遭錫拉庫薩所毀，之後雖然很快又被迦太基所奪回，卻再也無法恢復原來的繁華模樣。

◎襲擊大軍的流行病

隔年（西元前三九六年），再度登陸的希米爾卡隨馬果的海軍一起東征西西里島，將狄奧尼西歐斯趕回了錫拉庫薩。錫拉庫薩的港口中聚滿了載滿取得西西里各地戰利品的迦太基軍艦。二百五十艘軍艦、無數的商船密密麻麻地停滿了錫拉庫薩港，放眼望去船帆無邊無界，就在這個人們以為狄奧尼西歐斯陷入絕境，迦太基就要贏得戰爭的這一刻，流行病又再次襲擊了迦太基軍隊。

乍看之下這好像是圍攻錫拉庫薩中掠奪了德墨忒爾與克蕾（希臘的穀物女神及其女兒普西芬妮）的聖域遭到神明處罰，但根據狄奧多羅斯的記錄，大軍過度密集、加上當年異常高溫的夏季氣候、野營地處於低窪之地以及濕氣等條件，大概才是真正的原因。從記錄的病狀推測可能是鼠疫或者天花之類，喉嚨浮腫、背肌劇痛、四肢僵硬還伴隨下痢，全身長滿膿包，發病後五到六日便死亡。西西里遠征軍因此覆沒。此一消息傳回非洲後，迦太基全城也籠罩在悲傷之中。所有人家都關門閉戶，神廟也大門緊閉，全城日常生活停止，市民們都集合到市集大門去，到處詢問下船的倖存者自己出征的家人是否平安。

失去至親的人們悲嘆的聲音在迦太基岸邊徘徊不去，在此悲慘氣氛下司令官希米爾卡穿著奴隸的衣服，以一副悲慘的模樣下了船。他與狄奧尼西歐斯做了交易，以金錢三百他連得（talentum）換取自己和倖存士兵中出身迦太基市民者逃回家鄉，因此才得以返回故國，並殘忍地把剩下的軍隊留在敵陣之中。希米爾卡撥開大量聚集而來的群眾，一面哀嘆自己祖國的命運，一面咒罵諸神，不斷辯解自己並非被敵人打敗而是輸給了疫疾，一路來到自己家的門口，但自家大門卻緊閉，連他的親兒子們都不願靠近他。查士丁記錄希米爾卡就如此自殺了。也有一個說法是他就此絕食而死。

然而災難依然持續。知道迦太基敗北的利比亞（亞非利加）人們，即原本與迦太基同盟的非洲人各城市，因為長期以來的被壓抑，加上迦太基把利比亞人士兵們棄置在西西里的做法讓他們憤恨不已，這些非洲城市相互取得聯繫並一起起義反抗，而且不僅自由人，連奴隸們也加入了反抗軍，高達二十萬人包圍了迦太基城。

狄奧多羅斯記錄道，變得迷信的迦太基公民引入了過往並不崇拜的德墨忒爾與克蕾信仰，任命城邦的名門人士擔任女神的祭司，打造了兩位女神的塑像並加以盛大供奉，並模仿希臘人的做法舉行儀式。這是迦太基正式採用希臘宗教的開端，也是開啟「希臘化」的事件。

非洲人的叛亂被鎮壓了。包圍迦太基城的起義軍因欠缺足以維持大軍的後勤補給而陷入缺糧狀態，加上內部為了爭奪指揮權而自行瓦解。另一方面迦太基城被包圍期間仍從海上成

迦太基的德墨忒爾女神像 受西西里德墨忒爾神像的影響呈現出希臘式的形象。出土於柯爾巴（卡本半島）。藏於巴爾杜博物館。

功獲得來自薩丁尼亞島的食糧補給，因此能夠支持下來。

危機解除——但是，這一連串的過程也呈現出了迦太基的非洲統治，以及立足於這種基礎上的對外戰爭規劃，包含著多麼脆弱的內在結構。迦太基對利比亞諸邦課以重稅並徵集士兵，毫不足惜地投入西西里戰線，而且被徵召的利比亞士兵和迦太基民兵之間待遇天差地別。在這種關係之下西西里的敗北立刻給迦太基的非洲統治帶來嚴重反彈，並且如骨牌般地導致全面性崩潰。

◎偉人漢諾

西元前三六九年希米爾卡的死亡，為迦太基的內政帶來重大的變革。馬果王朝——希米爾卡也屬於馬果一族——似乎就此斷絕。暫且不論「王政」是否完全消滅的爭論，西元前三七〇年代為止迦太基已經具備亞里斯多德所說的五人職和百人會（共一〇四人），政治上已經由元老院（長老會）負責營運，確實已經實際轉移成寡頭政治甚至貴族政治。在這種情況下的對外戰爭，特別是圍繞著西西里的戰爭，政治圈形成了兩個黨派。

由偉人漢諾（Hanno the Great）率領的「鷹派」，也就是面對錫拉庫薩的強硬派，以及由斯尼阿頓（Suniaton，即埃舒姆尼阿頓〔Eshmuniaton〕）代表的「鴿派」，或者也可說是敦睦和解派。後者或許也是主導引進德墨忒爾與克蕾信仰，在文化、宗教面主張親希臘的一派。據說最深刻信仰德墨忒爾的是在迦太基城東方卡本半島地區。另一種說法指出在此地經營大片土地的人們是「鴿派」的核心。此外在卡本半島有許多從西西里移民過來的希臘人，盛行輸入希臘文物，因此被認為是親希臘派的據點。粗略而言，這個「鴿派」是終結馬果王朝，導入寡頭政治的中心勢力，與此相對「鷹派」則繼續堅持馬果王朝的傳統和「帝國主義式」的對外政策，偉人漢諾便是代表性人物。下述的事件有許多不同的說法，此處依照查理・畢凱研究進行說明。

西元前三六八年，在西西里戰爭再次爆發。這段期間錫拉庫薩的狄奧尼西歐斯一世與迦太基之間反覆著斷斷續續交戰與和平的局面，在迦太基，偉人漢諾於權力鬥爭中獲勝，此結果讓出兵前往義大利南方的狄奧尼西歐斯趕回西西里。在雙方開戰的同時斯尼阿頓也被以叛國罪逮補。罪名是他送希臘語寫成的信給狄奧尼西歐斯通知迦太基出兵及說明將領漢諾無能的嫌疑。斯尼阿頓遭到處刑，之後迦太基元老院為了防止有人不須通過口譯便能直接與敵人對話或通信，禁止了迦太基人學習希臘語。

徹底抹除政敵的偉人漢諾，在西西里西部的利利俾（這是取代莫提亞成為迦太基新據點的城市）、厄律克斯等地與狄奧尼西歐斯作戰，西元前三六七年狄奧尼西歐斯身亡，偉人漢諾與繼任者狄奧尼西歐斯二世簽訂了有力的和平條約，確保迦太基占有西西里西部。

然而西西里的情勢，因為狄奧尼西歐斯一世的過世，讓他一手建立廣及義大利南部洛克里（Locri）的勢力範圍越來越不穩定。狄奧尼西歐斯二世與狄翁（Dion，狄奧尼西歐斯一世的妹夫）的對抗中，錫拉庫薩的政權不斷更迭——哲學家柏拉圖嘗試調解卻未能成功，便是這個時期發生的事情。迪翁與迦太基的將軍有著深交，與狄奧尼西歐斯交涉時因寫信請求迦太基使節使節幫助，而導致他不得不逃亡。

此時迦太基暫時冷眼旁觀西西里的混亂。實際上西元前四世紀中葉的二十年左右，是迦太基史最平穩，幾乎沒有對外戰爭的時代。

不知道是因為元老院的「鴿派」有效壓制了偉人漢諾的舉措，還是偉人漢諾本身滿足於此時錫拉庫薩的衰弱狀態而減少出兵。無論如何，西元前四世紀中葉漢諾為了取得「王權」而嘗試毒殺元老院成員但失敗，接著因使用奴隸軍隊占領城市，煽動亞非利加人與毛里人的國王等行徑而被捕，被鞭打至遍體鱗傷、挖去雙目、折斷手足後，在民眾面前被掛上十字架處死。迦太基元老院收拾了「鷹派」的野心家。而且為了防止漢諾一族反抗、或者出現模仿漢諾行徑的人，甚或擔心有漢諾族人會發動復仇，所以整個漢諾一族都遭屠戮殆盡。

◎迦太基城市的發展

如果繼續這樣閱讀這些記錄，或許會感到從西元前五世紀到前四世紀寡頭時代的迦太基似乎是充滿死亡腥臭，陰鬱且悲慘的社會。不過這很大的原因出在於現存的史料。關於迦太基史，作為歷史書籍寫下的史料全部都出自希臘人與羅馬人之手，根據的史料大多是西西里希臘人歷史學家的文獻。關於迦太基都有強調不好的資訊——如疾病、敗戰、領導自殺或被處刑等等——的傾向。實際上從西元前五世紀後半起到前四世紀，迦太基的國家政治與社會都處於進步與發展的時代。與之前「王朝」、冒險的不穩定時代相比，雖然轉變成寡頭政治，但國家社會更制度化，透過百人會的重要人物討論處理政務，整體進入到合理主義的時代。

迦太基遺跡的發掘，特別是一九八〇年代德國考古隊的發掘，證明了西元前五到前四世紀是迦太基城市計畫的極度重要、呈現大幅成長的時代（參考第四章「考古學的證據」一節中的地圖「迦太基的城市計畫」）。

位於畢爾莎之丘東南斜面延展至海岸線為止的廣大街區上，從丘陵後方到海岸為止由大致東西向——與海岸線呈直角——延伸的主要大街所橫亙，另外有數條與之平行的通路，以及與他們垂直，也就是與海岸線平行的南北向道路互相交接。城鎮有如棋盤一般被東西南北的道路整齊區劃成無數的長方形。東西向道路的盡頭是海岸的沙灘，沿著海岸線存在著建築整然的城牆，中央面對主要大街的部分朝內做方形收束，左右樹立著防守用的兩座塔，整體構成龐大的面海城門。迎著朝陽上午應該非常明亮，滿潮時海浪打上沙灘，來到塔下成為碎浪。

城牆內側沿著海岸的城區屬於鬧市，山丘上則是神廟、宮殿與官廳、宅邸連綿的「山邊」區域。中間丘陵的山腳推估還有目前尚未發現的迦太

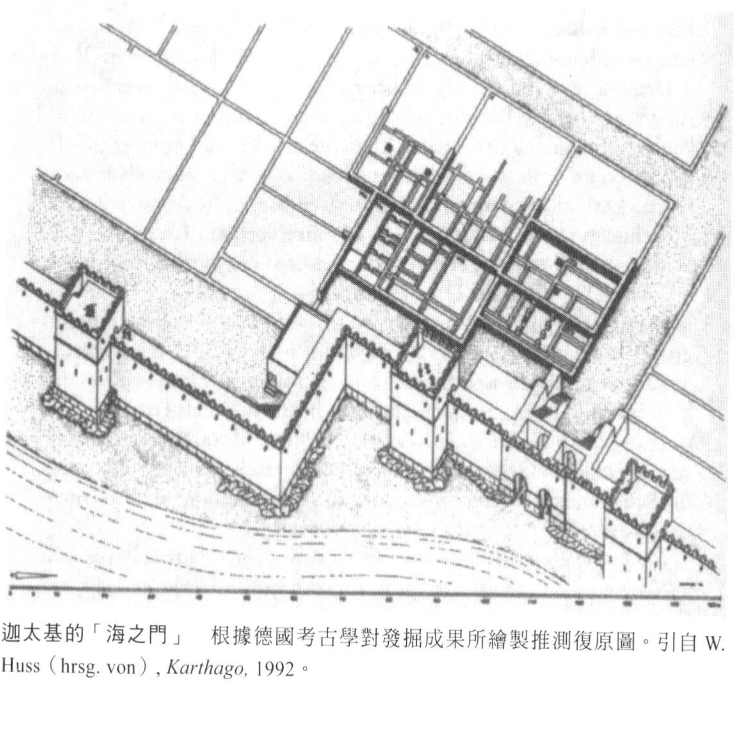

迦太基的「海之門」　根據德國考古學對發掘成果所繪製推測復原圖。引自 W. Huss（hrsg. von）, *Karthago,* 1992。

基「阿哥拉」（agora）——也就是公共廣場。在這樣的空間中展開的西元前四世紀迦太基政治，我們可以想像，就算存在著陰謀漩渦，也不是領導階層們單純的互相砍殺，而是驅使著城邦的政治制度，一種複雜又洗練的政爭過程。因此亞里斯多德也才會如此注目高度完備的迦太基國家制度。

◎泰摩利昂與阿加托克利斯

迦太基政治的精緻化、制度化也反應在對外政策上。西元前四世紀後半迦太基的西西里政策，可以看出並不像馬果王朝那般竭盡國力進行大型遠征，而是高明地干預包括錫拉庫薩在內的西西里各希臘人城邦內政，透過引發各城邦的內鬥和分裂，防止對迦太基強硬派的人士掌握政權，並且始終貫徹這樣的方針。詳細說明在此省略，西元前三四四年出身科林斯的泰摩利昂（Timoleon）於西西里展開的活動，就必須以這樣的前提來進行理解。

事件的起源，是長期失勢後僭主狄奧尼西歐斯二世復位，從他手中逃出的錫拉庫薩流亡者們轉向希臘本土的宗主城邦科林斯求援。狄奧尼西歐斯二世的復位，對迦太基而言是重新介入西西里政治的好機會。西元前三四五年迦太基大軍挾帶著包括一百五十艘軍艦、五萬步兵、三百輛戰車與預備的馬匹，加上許多攻城用器械等登陸西西里。表面上的目的是要對占據安特拉（Entella）城的坎帕尼亞（義大利中南部）人宣戰，不過真正目標應該是想趁狄奧尼西歐斯二世返國復位的混亂，藉口由迦太基來保護西西里，企圖擴大本身在西西里的統治範圍。狄奧多羅斯的記錄中強調，迦太基人努力與島上的僭主們建立起友誼關係。

同時，應錫拉庫薩要求科林斯城派出的，是只有被委以幾艘船艦的泰摩利昂，不過他一抵達西西里後，面對各地僭主和迦太基軍隊卻取得奇蹟般的大勝利。他流放了狄奧尼西歐斯，人們說他為錫拉庫薩和西西里帶來了自由。在雙方決戰的克里尼薩斯河（Crimisus River）戰爭中，迦太基的名門子弟們組成的「神聖軍團」也加入戰鬥，然而戰死者只有三千人的迦太基公民。

在和泰摩利昂簽訂的和約中，迦太基結果甘於繼續只領有西西里西部地區。這場戰爭的特徵之一就是，這已不再單純是迦太基勢力對抗希臘勢力的衝突，而是外來勢力如迦太基、科林斯（甚至坎帕尼亞人）捲入了各西西里城邦根深柢固的內政問題——要在體制上選擇僭主制或是「民主制」。迦太基不只需要軍事力量，政治與文化力量——即說服希臘人支持自己、成為「朋友」的外交力量——更是不可或缺。這場戰爭，可以說是理解希臘語，懂得城邦政治語言的「斯尼阿頓式」對外政策的延伸。

如此一般，西西里的希臘人城邦政治背後，經常可以看到迦太基元老院的身影，這次則更露骨，希臘出現了從最一開始便想利用迦太基力量來掌握權力的人。西西里的僭主阿加托克利斯（Agathokles）便是其中一例。他身為製陶業者的兒子，度過放浪的青春時代，以身為錫拉庫薩的民主派人物聞名，從士兵開始嶄露頭角一路當到將軍，但又因為寡頭派貴族勢力的打壓而不得不兩次亡命。作為南義大利傭兵隊長他積蓄自己的實力，之後成為西西里莫干提那（Morgantina）城的將軍並占領倫蒂尼，進而圍攻錫拉庫薩。

迦太基應錫拉庫薩人的求援派遣了哈米爾卡將軍。迦太基軍隊竟然幫助宿敵錫拉庫薩進行防禦，這實在是令人吃驚的狀況。不過哈米爾卡接受了阿加托克利斯的遊說，和他結盟，在哈米爾卡的仲介下阿加托克利斯和錫拉庫薩和解，西元前三一九／八年，阿加托克利斯以將軍的身分返回錫拉庫薩。這個時候，他在手上放著刻瑞斯（Ceres，德墨忒爾）女神的神器，並發誓會遵從迦太基。

之後，阿加托克利斯更率領哈米爾卡下屬的五千人的利比亞士兵發起政變，殺害貴族，終結了錫拉庫薩的六百人寡頭政治（西元前三一六年），接著又攻擊了阿克拉加斯（Akragas）、傑拉、梅薩納等城市（因為錫拉庫薩的寡頭派流亡到這些地方）。梅薩納城向迦太基求援，在哈米爾卡的仲介下，迦太基再次與阿加托克利斯締結了和約。在這份合約之下阿加托克利斯獲得哈米爾卡的默認，針對西西里島上的城市、尤其是西部與迦太基同盟的各城進行攻擊。因此迦太基派遣大軍，由吉斯戈（Gisco）之子哈米爾卡（非前述的哈米爾卡，前述的哈米爾卡在這段期間已經過世）指揮，打敗阿加托克利斯並圍攻錫拉庫薩。

◎阿加托克利斯的非洲侵略

陷入困境的阿加托克利斯將錫拉庫薩的防禦委託給他的兄弟，把壯年奴隸們全數解放，讓他們成為士兵，並與相同數量的自由身分的士兵們一同乘船，突破了迦太基艦隊的封鎖一路航向非洲。不過，在抵達非洲之前對士兵們秘而不宣目的地，如此，在西元前三一〇年夏天，阿加托克利斯一行在卡本半島登陸，並且把搭乘船隻全數燒毀以斷絕退路，藉此讓士兵們抱持必死的決心奮勇一戰，掠奪迦太基的田園農地，接連攻陷城寨與都市。

他們入侵的地區，所有種類的農園、果園都有小水圳灌溉，廣袤而豐美，塗上灰泥的豪華別墅綿延，在在都是這數十年來迦太基領地安穩，以及因此豐盛生產的證據。包括葡萄、橄欖在內的各種纍纍果實都壓彎了樹枝，牛、羊、馬等吃著牧草。這個區域正是迦太基富裕階層開發土地經營的場所，為了度過愉快私人生活而私下取得的土地。阿加托克利斯的軍隊一面驚訝於如此富饒的地區，一面由海濱一端持續掠奪，往迦太基城逼近。

一路尾隨阿加托克利斯一行人的迦太基船隊見到此狀，在船艏披掛上皮套件——這是當災難降臨迦太基時總是使用的暗號。接著他們也緊急遣信使趕往迦太基聯絡當前事態。此時迦太基城內已陷入慌亂，之前田園已經傳來消息，阿加托克利斯抵達非洲，居民武斷地認定在西西里的迦太基軍隊肯定已遭擊潰，民眾趕到公共廣場，元老院也慌忙進行討論。此際迦太基船隊的傳信使入港，城中才理解迦太基艦隊並未出事，仍舊在包圍錫拉庫薩，元老院因此勇氣大增，任命波米爾卡（Bomilcar）和漢諾為將軍，出發前往抵

卡本半島的科克瓦尼遺跡 被稱為斯芬克斯之家的遺跡。阿加托克利斯侵略到此地附近。2009年，栗田伸子攝影。

禦希臘軍隊。

狄奧多羅斯記載迦太基軍的骨幹為城市中的公民軍，由步兵四萬、騎兵一千、戰車二千所組成——雖然查士丁的記錄說是由三萬村民所組成。負責戰陣右翼的漢諾身旁有迦太基貴族的精銳部隊神聖軍團。在激戰之中漢諾倒下，此時一直懷抱想當僭主野心的波米爾卡判斷不如讓迦太基戰敗，這樣他才有機會獲得市民的追隨，於是他遂卑怯地脫離戰場。戰勝的阿加托克利斯軍在迦太基軍的陣地找出了堆滿超過兩萬副手銬的推車，大概迦太基一方認為能夠簡單打敗希臘勢力，想要盡量多活捉監禁一些奴隸。

因敗北而震撼的迦太基城，推出了兩項宗教性的對策。首先是為了安撫海克力士（美刻爾神），他們向宗主城市推羅送出大量的金錢與供品。迦太基富裕之後送給推羅美刻爾神的十分之一稅，在這場災難中因此再度復活。另外，他們也在迦太基的神廟為推羅的諸神，獻上神像和黃金神殿。

其次，據說迦太基人盛大舉行獻給「克洛諾斯神」（巴力·哈蒙或者坦尼特）的活人獻祭。雖然迦太基有以貴族孩子獻祭神明的習慣，但最近會使用買來的孩子或另行養育（奴隸的？）孩子作為替代，他們認為這樣的做法引來了神明的懲罰。狄奧多羅斯令人非常驚恐地寫下迦太基人把兩百個貴族的孩子公然獻祭的事件。此處當然有希臘人歷史學家對迦太基宗教的偏見，而從現存史料中，我們也難以分析出實際上究竟發生了什麼事情。

◎將軍們的命運

阿加托克利斯的侵略無疑給慣於和平的迦太基帶來巨大震撼。應該被包圍在錫拉庫薩的敵人，竟然進攻到非洲本土的根據地，甚至連可說是傳家寶刀的神聖軍團都被打得一敗塗地，顏面盡失。見到迦太基如此衰弱，利比亞人的幾個非洲城市都背叛迦太基改與阿加托克利斯結交，東部昔蘭尼的統治者歐斐爾拉斯（Ophellas）甚至構思與阿加托克利斯聯手統治整個北非，迦太基的將軍波米爾卡也在狀況稍微穩定後便與阿加托克利斯軍合流。結果，歐斐爾拉斯遭阿加托克利斯暗殺，迦太基逮捕了波米爾卡處死，西元前三〇八／七年阿加托克利斯返回西西里，整個事件才告一段落。阿加托克利斯並不是真的想要征服迦太基，而是優先想要擴大自身在西西里和南義大利的勢力，這對迦太基而言是件好事，不過此事件也讓人看到充滿危機的一幕。

這個被處死的波米爾卡，是最初幫助阿加托克利斯的哈米爾卡之姪。此人物被查士丁稱為「王」，如同查理．畢凱一派的說法，認為到此時為止迦太基仍持續保有國王的君主政體。狄奧多羅斯暗示，波米爾卡會背叛祖國想成為僭主，是因為身為將軍卻懼怕戰後的審判和處罰之故。戰爭期間迦太基會把城市的領導人們作為將軍派遣至前線，因為他們認為領導者們為了國家整體的安全，自然要冒著危險站在第一線。然而等到戰勝取得和平後，人們又因為忌妒這些將軍們，會以各種莫須有的罪名起訴、重罰這些將軍，因此將軍們在恐懼這種狀況之下，有些會捨棄地位，有些則會嘗試成為僭主。

如西元前四世紀在雅典可見的官僚勤務審查、彈劾審判般的制度，也存在於這個時代的迦太基，而且處罰也比雅典更加殘忍嚴苛。前述泰摩利昂戰役中未察覺阿加托克利斯逃出包圍的將軍馬果，就被召喚到百人會面前，在被以十字架處死之前自行了結了生命。精緻化的寡頭政治各機關對將軍們的監視，往往會疑神疑鬼，造成波米爾卡這種將軍另生陰謀。這也與利比亞（亞非利加）人隨時可能叛離一樣，並列為迦太基國家的沈痾之一。

就在迦太基與錫拉庫薩不斷相互攻擊而陷於疲弊之際，在東方已經出現了亞歷山大帝國——這也造成了推羅被攻陷。在亞歷山大大帝去世後最終形成了希臘化的諸國，圍繞著地中海的情勢發生了激烈變化。而對迦太基而言的重大變化，就是在西西里北部、義大利半島發生的羅馬帝國的崛起。

首次對羅馬的戰爭——第一次布匿戰爭

◎羅馬與義大利

台伯河畔的一個城邦國家羅馬，透過什麼樣的機制開始擴張，這種分析並非本書的主旨，而且討論起來還需要另外一大本書籍才夠。此處僅就其擴張起始的西元前四世紀後半，也就是拉丁戰爭（Roman-Latin wars，西元前三三八年）與漢尼拔的介入，賦予「沒有投票權的羅馬公民權」這段期間加以議論。

從這個時期之後，羅馬形式上仍然維持著城邦形式，但實際上已經成為可以約束義大利中部各城市的一個大「帝國」（Imperium，拉丁文原意指古羅馬的帝權、最高權力），而原本的羅馬貴族，以及各被征服地的義大利各城市的貴族，形成了被稱為「顯貴貴族」（Nobiles）的更加廣泛統治階層。由該貴族層執牛耳的元老院，才是共和政體羅馬的真實權力所在。作為公民總體大會的公民大會也存在，執政官（consul）等政務官僚由公民大會選舉，但無論政務官或公民大會，一般都會遵從元老院的權威建言。如果亞里斯多德分析這種政治體制，大概也會說與迦太基相同，是包含了寡頭政治及民主政治的貴族政治。

羅馬在義大利中南部擴張的歷史背景，並非僅來自包含羅馬城在內的拉丁地方諸城邦的內在原因，還有西元前四世紀初期以來，來自北邊的高盧人（Gallia）入侵，以及薩莫奈人（Samnite）等未形成城邦的亞平寧山脈（Appennini）山地居民開始活躍的外在要素。西元前四世紀的義大利半島是各族群不斷移動、入侵的殺伐社會，其中羅馬城扮演的角色是「平地方」、「城市方」的軍事上的冠軍，因此他們也獲得了各城市的保護者＝征服者的地位。

強調這點是因為羅馬城與義大利諸城的關係，和迦太基城與非洲諸城（北非腓尼基人城市，亦即北非沿岸的腓尼基裔諸城、利比亞人城市）的關係相較，前者是由羅馬賦予諸城公民權並伴隨著法律制度的精密結構體，與此相對，後者則是迦太基單一城市以獨斷、粗糙的霸權進行統治。這也可以說是一種羅馬聯邦對迦太基帝國的戰爭結構。只是，這可能只是一種結果論，因為在羅馬對迦太基的戰爭（布匿戰爭）中，結果如眾所周知是由羅馬取得最終勝利。因為羅馬在征服義大利的過程中使用了超過迦太基征服北非時的，更加縝密的暴力進行併吞，這也是事實。

第二次薩莫奈戰爭（Second Samnite War，西元前三二七～前三〇四年）後，義大利半島上羅馬的軍事性優勢已經變得無可動搖。過往擁有羅馬城的王權，且自古即是迦太基／腓尼基夥伴的伊特拉斯坎人（Etruscan）也漸次屈服在羅馬的統治之下。在西元前四世紀初，以隔著台伯河（Tiberis）與羅馬城對峙的伊特拉斯坎的城市維愛（Veii）被攻陷為始，羅馬的勢力進入到伊特拉斯坎勢力範圍，卡厄瑞（切爾韋泰里）也被賦予「沒有投票權的公民權」並歸屬於羅馬勢力範圍。卡厄瑞就是出土腓尼基語書寫的黃金板（皮爾吉碑文）之處。西元前二九五年，伊特拉斯坎、高盧人、薩莫奈人、溫布利亞人（Umbria）集結聯合部隊與羅馬進行最後的決戰卻敗北（森提努姆戰役〔The battle of Sentinum〕），薩莫奈人勢力衰落，羅馬勢力則進逼到南義大利希臘殖民城市分布的區域——也就是所謂的大希臘（Magna Graecia）地方。

◎皮洛士戰爭

當時已經過了鼎盛期，自狄奧尼西歐斯一世以來到阿加托克利斯為止屢次被錫拉庫薩僭主統治大希臘下的希臘裔諸城市中，僅有塔拉絲（Tárās，塔蘭托〔Taranto〕）仍繼續保持繁榮。被稱為斯巴達殖民城市的塔拉絲，從西元前四世紀中葉起便依靠外國傭兵，對抗活躍的山地居民——盧卡尼亞（Lucania）與梅薩比人（Messapians）——所進行的攻擊。塔拉絲城與其勁敵圖里（Thurii）城，雙方都在爭取此地區的盟主地位，西元前二八二年，圖里為了抵抗盧卡尼亞人而向羅馬求援，羅馬軍也接受了要求，接著羅馬軍隊便出現於塔拉絲城灣。塔拉絲對此提出抗議，擊沉了羅馬船隻，趕走了圖里的羅馬士兵，羅馬也因此對塔拉絲展開攻擊。塔拉絲一如以往依賴外國傭兵——對過往已數度委託過對方救援的希臘西北方伊庇魯斯（Epirus，今名 Epeiros）王國送出求援使節。

伊庇魯斯國王皮洛士（Pyrrhus）是位有如亞歷山大大帝般的野心家，藉此機會想要打造一個橫跨南義大利與西西里島的帝國。他率領著兩萬五千步兵，三千騎兵及二十頭戰象的部隊，在赫拉克利亞戰役（Battle of Heraclea，西元前二八〇年）中打敗羅馬軍隊，之後不僅獲得希臘城邦軍，還加上了盧卡尼亞人、布魯提亞人（Bruttians），以及薩莫奈人等山地居民前來助陣，朝著羅馬城進軍攻擊，不過最後卻因羅馬的和平示好舉措而未能成功（這也就是所謂的皮洛士式勝利〔Pyrrhic victory〕——即便在作戰中獲勝但仍失去勝利成果的慘勝）。

翌年的西元前二七九年，再度打敗羅馬軍（阿斯庫倫姆戰役〔Battle of Asculum〕）之後，伊庇魯斯王把矛頭轉向了西西里。與迦太基對峙的西西里人們（希克利）請求伊庇魯斯救援。如此一來，羅馬和迦太基在對抗皮洛士這件事上站在了同一邊。

因此，迦太基和羅馬締結了軍事同盟。更正確來說，應該是把從過往至今數度修正、更新、改訂過的兩國間條約，追加上對皮洛士戰爭時相互協助的軍事條款。查士丁記錄的迦太基對羅馬派出援軍一事，也是在此前後，約西元前二七九年左右的事情。率領一百二十艘船艦前往羅馬城（或者羅馬外港奧斯提亞〔Ostia〕）的迦太基將軍馬果，在元老院做了如下的演說：「羅馬人在義大利遭外國國王侵略而蒙受戰禍，這是迦太基難以容忍的事情。因此迦太基派遣我前來，因為羅馬受到外國敵人的侵害，所以就算接受（迦太基軍這支）外國軍隊的救援，應當無妨。」這裡我們可以理解到，從西元前五〇九／八年的第一次條約以來，限制迦太基勢力進入拉丁地方甚至整個義大利的條款，此時又被提起，並以迦太基本次是以援軍的姿態前來，藉此試圖說服元老院。

羅馬元老院僅表達了感謝之意，謝絕並請回了迦太基援軍。幾天之後，馬果以「腓尼基式的處理方法」，假裝是調停者前往皮洛士的陣營，據說探聽出了皮洛士前往西西里的計畫。根據查士丁的解釋，為了延遲皮洛士進軍西西里，使其在義大利多停留一些時間，亦即打算把對皮洛士戰爭的主戰場從西西里換成義大利，這才是迦太基派援軍給羅馬的目的。這裡也表現出所謂「迦太基人沒有信義，所作所為必有其他內幕，必定要警戒」的羅馬人式偏見。

然而，實際上羅馬因為迦太基在西西里的力戰之助，才能在皮洛士戰爭中倖存下來。迦太基於西元前二七八年至前二七五年把皮洛士軍隊拖在西西里戰線，返回義大利時疲弊的皮洛士軍隊於貝內文托戰役（Battle of Beneventum）敗於羅馬軍隊。皮洛士撤回伊庇魯斯，塔拉絲城降於羅馬成為同盟國（西元前二七二年），至此羅馬的大希臘地區征服完成。而從這個瞬間開始，羅馬與迦太基之間也開始出現了各種疑心生暗鬼、互相試探的對峙，最後終於導致了戰爭。

◎梅薩納問題

義大利半島和西西里島之間緊隔著墨西拿海峽，近在咫尺。突出於西西里島東北方尖端的梅薩納（今墨西拿），和義大利半島尖端的城鎮利基翁——隔著海峽互望的兩個希臘裔城市所發生的事件，成為了迦太基和羅馬直接發生衝突的契機。

錫拉庫薩的阿加托克利斯（一直侵略到非洲本土的僭主）死後（西元前二八九年），他所僱用的大量坎帕尼亞傭兵們也失去了歸屬。他們往昔見識過阿加托克利斯占領時的梅薩納美景和財富，因此盯上了此地，最初他們被梅薩納當作朋友來接待，之後卻流放、殺害梅薩納城的居民，占領了該處，並自稱為「瑪美爾提尼」（Mamertini）。在坎帕尼亞人的語言中，意味著「戰神之子」（Sons of Mars）。此事發生在西元前二八〇年代，正確是在哪一年我們並不清楚。

傭兵們占領城市的想法，立刻出現了模仿犯。皮洛士王侵略義大利時，利基翁城向羅馬求助並接受了羅馬的防衛部隊，但這個部隊與其說羅馬市民，不如說是由坎帕尼亞人所組成，指揮官德西烏斯・維貝流士（Decius Vibellius）是出身卡普阿（Capua）的名門世家。他模仿瑪美爾提尼的前例占領利基翁，如此一來皮洛士戰爭的期間中，利基翁和梅薩納兩個坎帕尼亞傭兵城市相互合作，免於皮洛士的入侵。不僅如此，獲得利基翁的羅馬人防衛部隊這面後盾，梅薩納的瑪美爾提尼掠奪了西西里的許多地區，並要求對方進獻納貢，讓西西里西部的迦太基人和錫拉庫薩煩惱不已。

羅馬對於自己派出的防衛部隊竟然占領了該城的事態雖然感到遺憾，但在對皮洛士戰爭期間卻未對利基翁的防衛部隊出手。不過等到皮洛士離開後，羅馬立刻著手圍攻利基翁，將大部分的防衛部隊隊員殺害後，剩下三百人押解回羅馬，於大廣場上鞭打後斬首（西元前二七〇年）。嚴厲地懲罰背叛利基翁城的防衛部隊，藉此恢復同盟者對羅馬的信賴，這完全是羅馬式的做法。

失去利基翁的坎帕尼亞人支援，梅薩納的坎帕尼亞人（瑪美爾提尼）敗給了錫拉庫薩的新僭主希倫二世（Hiero II，西元前二七〇／六九年左右），並被趕出了錫拉庫薩。隆加納斯河（Longanus River，梅薩納近郊）戰役中大敗於希倫二世的瑪美爾提尼，一部分對迦太基訴求要親手把梅薩納獻給迦太基軍，另一部分則遣使前往羅馬告知欲將本城交給羅馬，看在同族的情誼上要求羅馬出兵協助。

布匿戰爭的主要史料波利比烏斯的《歷史》中記錄，羅馬在是否出兵救援瑪美爾提尼，也就是出兵西西里一事上遲疑了相當時間，理由是利基翁的羅馬防衛部隊因叛國罪而遭嚴厲處分，現在出兵救援一樣以不正當手法獲取梅薩納的瑪美爾提尼，於理不合。

然而，如果對瑪美爾提尼見死不救，任迦太基取得梅薩納，又將如何？羅馬人對此展開議論。已如願以償取得西西里其他部分的迦太基，很明顯想要消滅錫拉庫薩，將整個西西里納入自己的管轄下。如此一來，迦太基不僅握有整個非洲，還把伊比利半島的許多地方、薩丁尼亞海、第勒尼安海的所有島嶼盡收於手中，因此可以從任何方向圍攻義大利。所以有人認為不應該對梅薩納見死不救，不可以替迦太基人鋪好前進伊比利半島的道路。然而，雖然波利比烏斯否認，但在這個場合還有別的要素可能成為羅馬出兵梅薩納（瑪美爾提尼）的阻礙。那就是羅馬和迦太基之間存在著一項條約。

◎義大利—西西里條款

據說此條約規定「羅馬人全數離開西西里，迦太基人全數離開義大利」，如果此條約，甚至條約中的一個條款確實存在的話，那麼羅馬介入西西里城市梅薩納很明顯就是違反條約。面對第一次布匿戰爭以「偏袒迦太基」立場進行記錄的當時歷史學家，出身於阿克拉加斯（Akragas）的菲林諾斯（Philinus），他針對此條約有所記錄，並主張羅馬人跨海進入西西里時便已違背了此一條約。然而菲林諾斯的著作現已不存，我們是透過波利比烏斯批評菲林諾斯的主張完全是無知甚至虛偽的產物一節，才能間接知道有如此觀點。

羅馬和迦太基的條約，如前文所介紹以西元前五〇九／八年為始，包括西元前三四八年、前二七九／八年（對皮洛士戰爭時），至少有締結過三次，其他尚有蒂托．李維記錄的西元前三〇六年的條約（更新）。菲林諾斯所說的「義大利—西西里條款」實際上是否存在，若實際存在，又是在何年締結，這些問題都是研究史上的困難疑問，我們也無法在此處解決。不過，波利比烏斯批評菲林諾斯：「相信菲林諾斯文書的大量人們對於此點（亦即認為羅馬前往西西里一事本身就是違反條約這點），抱持著遠離真理的錯誤觀念。」這段批評應當加以注目。也就是，反過來說同時代的許多人，雖然不太清楚詳細狀況，但對屬於義大利半島勢力的羅馬跨越海峽進入西西里島，仍感覺那是超越權限的行為，我們從上述批評中可以讀到當時人們很直截地接了受菲林諾斯的說法。

反過來說，迦太基援助義大利半島內的城市——例如拉丁地區以外的大希臘地方希臘裔各城市——也是「違反條約」的行為。西元前二七二年，為了馳援塔拉絲（塔蘭托）城（免受羅馬侵略）時派遣的迦太基艦隊，從羅馬一方來看就是「違反條約」。蒂托・李維的第十四卷摘要便是如此概述。從此處史料上的些微痕跡，隱約可以讀出羅馬與迦太基之間存在著規範義大利、西西里互不干涉的條約。

◎開戰

無論如何，羅馬元老院對是否馳援瑪美爾提尼躊躇不前，這個議題由執政官提交給公民大會。執政官從戰爭的好處——不只針對國家的好處，也說明了公民個人也可獲得戰利品等優點——進行說服，因此平民（有另一個說法，就是波利比烏斯關於此點認為不是在公民大會，而是在元老院進行討論）贊成出兵，決定了援助梅薩納的法案，執政官之一的克勞狄（Appius Claudius Caecus）被任命為司令官，並派遣前往梅薩納。

西元前二六四年，羅馬軍隊終於渡過了墨西拿海峽，與此同時應瑪美爾提尼請求迦太基軍隊也抵達梅薩納，並已占領城寨，但在瑪美爾提尼的策略與威脅下，迦太基軍的司令官將城寨讓出，瑪美爾提尼則喚來了克勞狄。迦太基政府對於不加熟慮便放棄城寨的司令官（漢諾）施以十字架處死之刑（crucifixion）。

迦太基軍為了挽回這個過失，率領艦隊壓制西西里東北的沛羅里亞斯（Pelorias）岬，同時陸軍由休耐斯（或葉屋涅斯）率領，從海陸兩面攻擊梅薩納城。另一方面，梅薩納（瑪美爾提尼）原本的戰爭對手，錫拉庫薩的希倫——他在隆加納斯戰勝後稱王——在城市的反側山坡上佈陣進逼梅薩納。迦太基與錫拉庫薩竟結成軍事同盟，約定若羅馬軍沒有迅速撤離西西里，他們將共同抵抗羅馬。如此一來，羅馬軍隊渡海之初的對戰態勢，變成了既存於西西里的勢力，也就是迦太基和錫拉庫薩，對上了自義大利半島入侵的惡徒傭兵政權及支援他們而來的羅馬軍團，結盟者放棄過去的爭執攜手迎擊另一陣營。對講信重義的羅馬而言，這實在是一個不太像樣的開戰狀態。而波利比烏斯在他史書上對此事件的記載會如此拐彎抹角，大概也是因為這個原因。

這段期間，羅馬和迦太基一度在海上相對峙。在這場戰爭之後，考量橫在眼前的戰爭將會演變得規模巨大，迦太基派遣了使節前往羅馬，嘗試進行最後的對話。似乎是握有制海權的迦太基想趁尚有優勢時逼迫對手。「貴國竟做出跨海至西西里的事情，如果我們雙方無法維持友好關係，很快地羅馬人就會面臨想伸手到海裡洗個手也辦不到的狀況。」這是狄奧多羅斯記載迦太基使節發出的威脅話語。「海上的問題就別裝出一副師父的模樣了。我們羅馬人至今為止在陸戰上也把擺出師父模樣的伊特拉斯坎、希臘人全部打成徒弟，將他們趕走。這是因為我們同樣高明地使用對方發展出來的盾、隊形、攻城兵器。這次迦太基人想要在海戰上教我們一課，就試試看吧。一定讓你們看看，我們這些學徒立刻就能打跑你們這些師父。」——據說羅馬人大致上就如此回答。從羅馬共和政體開始以來雖然有所曲折，但也維持了兩百年以上的迦太基與羅馬友好關係，至此終於轉變成敵對關係。

◎希倫的判斷

那麼，梅薩納近郊羅馬軍對迦太基、錫拉庫薩軍的最初陸戰結果又如何？實際上，關於此點並不清楚。「親迦太基」的菲林諾斯似乎如此記載，即羅馬軍敗給錫拉庫薩軍也敗給迦太基軍，但會戰之後不知為何，希倫和迦太基一方竟感到恐懼而放棄駐紮陣營，導致最後羅馬包圍了錫拉庫薩。波利比烏斯直接批評菲林諾斯記載胡說八道，論證說有著羅馬包圍錫拉庫薩城這樣的事實，就代表戰爭伊始羅馬就戰勝了錫拉庫薩與迦太基的軍隊，並認為這才是事實真相。

無論如何，克勞狄指揮下的羅馬軍結果成功地留在了西西里島。羅馬於第二年（西元前二六三年）派遣兩個執政官率領全軍團前往西西里，表現出意欲擴大戰爭的意思。見到此狀西西里的大部分城市（六十七或五十個城市）都脫離了迦太基和錫拉庫薩。錫拉庫薩的希倫看到時局不利，便捨棄了與迦太基的同盟，與羅馬軍司令談和且繳付戰爭賠款，並締結條約成為羅馬的友人、同盟者。

第一次布匿戰爭——迦太基與羅馬的最初戰事，可說在此時已經大幅轉變為對迦太基不利的狀態。原本迦太基握有制海權，一直以來都可以從義大利到西西里的各處截斷羅馬軍隊的補給運輸，但此時在西西里的羅馬軍隊已經可以從包含最大城市錫拉庫薩在內的大多數西西里各希臘裔城市取得補給。而且最重要的是，因為錫拉庫薩的反叛，讓原本迦太基一方「防守西西里抵抗來自義大利半島的入侵」這種戰爭的道義藉口，也隨之崩潰了。

據說錫拉庫薩國王比較過迦太基和羅馬軍隊後，選擇了羅馬的理由，是著眼於「羅馬軍團的數量之多及其堅實的程度」。從結果而言，這位希倫國王的判斷完全準確。被派往西西里的羅馬軍隊，包括了羅馬公民軍四個軍團以及同盟國軍隊，合計有四萬人左右，其實與過往迦太基對西西里的派兵規模相較，並不具壓倒性優勢。但羅馬軍最近這十年之內征服了包含大希臘地區的義大利全土，在長年於西西里島中與迦太基持續進行小型戰鬥的錫拉庫薩人眼中，羅馬軍隊的精實強大更形顯著。希倫轉投向敵方，羅馬正式介入西西里，這讓迦太基下定決心要召集軍隊。他們從歐洲找來利古里亞人和高盧人，從伊比利招募傭兵後派往西西里。西西里南岸的阿克拉加斯——過往遭迦太基占領、破壞的希臘裔城市——成為迦太基的基地。

西元前二六二年，羅馬投入全部軍隊著手攻擊阿克拉加斯。為了救援遭包圍的迦太基軍，迦太基送出傭兵與戰象部隊，以及諾馬迪斯（Nomades，希臘語中有遊牧民之意，即努米底亞人）騎兵前往西西里，率領這些新加入部隊的漢諾從更外側包圍了攻擊阿克拉加斯的羅馬軍。羅馬軍隊雖苦於物資缺乏和流行病，但靠著來自錫拉庫薩的希倫二世的補給，辛苦地堅持著。這種雙重包圍態勢維持了七個月，結果是阿克拉加斯城內的迦太基軍糧食先告罄。城內迦太基軍為了告知城外的漢諾目前苦境而燃起狼煙，漢諾見狀決定賭上一把，進行決戰。

羅馬軍隊和漢諾軍隊進行長時間的激戰，第一線的迦太基傭兵部隊逐漸敗退到後方的戰象部隊，其他的部隊受到壓迫也開始往後退，全軍陷入混亂狀態紛紛逃往鄰近的赫拉克利・

米諾亞（Heraclea Minoa）。見到漢諾軍敗走，羅馬軍沉浸在勝利的喜悅中而疏於包圍，阿克拉加斯城內的迦太基軍隊趁夜躲過羅馬人的包圍逃出。等到天明羅馬軍察覺後，便衝入阿克拉加斯城掠奪這個已經沒有敵人的城鎮，並把全體居民兩萬五千人都作為奴隸。

西元前二六一年初的這次阿克拉加斯奪取，成為羅馬人戰爭方針的巨大轉換點。類似救援梅薩納這種小目標已經無法滿足羅馬的元老院。他們決定將迦太基趕出西西里，把西西里當作羅馬的領土。「那接下來就是……」羅馬人的構想，就如此逐步地擴大。雖然當時還不至於展望征服世界（征服整個地中海周邊），但至少也要在西地中海搶奪迦太基的制海權，挑戰這個海上帝國，從他們手中搶奪部分資源，這樣的構想完全在他們的視野之內。第一次布匿戰爭從開展以來邁入第四年，拋開梅薩納問題，羅馬已經走到要把西西里當作舞台，實際上則鎖定了迦太基「帝國」，準備發動起一場「小型的大戰爭」。

◎米列海戰

西元前二六一年底，羅馬著手建造大艦隊。一百艘五層槳戰船與二十艘三層槳戰船，據說初次打造這種船隻的羅馬造船匠們花費了九牛二虎之力，最後才成功。作為他們造船範本的，是羅馬軍渡海至梅薩納之際（此時羅馬尚無具甲板的船隻，而是使用自塔拉絲、那不勒斯等南義大利的希臘裔城市借用來的船隻運送士兵），想要迎擊羅馬軍卻被俘虜的一艘具備甲板的迦太基船。同時羅馬也努力訓練操槳手。古代的海戰，是由在船艏附有衝角的手划船艦互相衝撞決勝，因此船的性能及操槳手的熟練程度都會左右航行速度，這也是是否能順利衝撞敵艦將其擊沉的關鍵。據信從過往就擁有海軍的南義大利、大希臘地區的同盟城市提供了許多的操槳手，此外羅馬市本身的無產下層市民，即無產階級（proletari），可能也有加入。

艦隊完成，操槳手的訓練也結束後，羅馬海軍旋即前往墨西拿海峽。然而，此時也發生了意外事件。身為海軍司令官的西元前二六〇年執政官率領十七艘另外行動的船隻，打算攻擊西西里東北的利帕里島（Lipari），未料卻反遭迦太基艦隊困在港灣內，操槳手逃亡，執政官和羅馬船隻落入迦太基人的手中。算是處女航新手會犯下的錯誤。

不過羅馬艦隊的的主要部隊仍然健在，沿著義大利半島持續航向西西里。另一位陸軍司令官蓋烏斯．迪利奧斯（Gaius Duilius）取代遭俘虜的海軍司令官指揮艦隊。知道自家船艦裝備較迦太基差、行動也較遲緩的羅馬人，為了靠近敵艦時能夠登上對方船隻進行戰鬥，在各艘船隻上裝置了可移動式的通路（舷梯）——之後被命名為「烏鴉吊橋」。這種接舷通路以繩索和滑車綁在柱上，當敵方船隻撞上來時，便把通路放到對方船隻甲板上。通路的尖端有一個尖銳處，可以釘入對方甲板進行固定。

羅馬艦隊與迦太基艦隊在西西里東北，沛羅里亞斯岬（Pelorias）附近的米列海面發生激烈衝突。迦太基一方擁有一百三十艘船艦，司令官漢尼拔（Hannibal Gisco）搭乘據說過往推羅王曾使用過的七層槳戰船。羅馬的各船艦都將「烏鴉吊橋」高掛，迦太基人雖然看到了這項從未見過的裝置，但依舊展開了攻擊。就在此時，「烏鴉吊橋」開始一同放下，各艘衝向敵艦的迦太基船被「烏鴉吊橋」抓住，遭對方船隻固定，羅馬士兵利用此通路不斷湧入迦太基船隻的甲板，瞬間甲板便成為白刃戰的戰場。

波利比烏斯寫道「這場戰爭與陸上作戰完全相同」，且以迦太基艦隊慘敗做收。至少有五十艘船隻被擄獲或擊沉，七千人遭殺害，三千人被俘虜。司令官漢

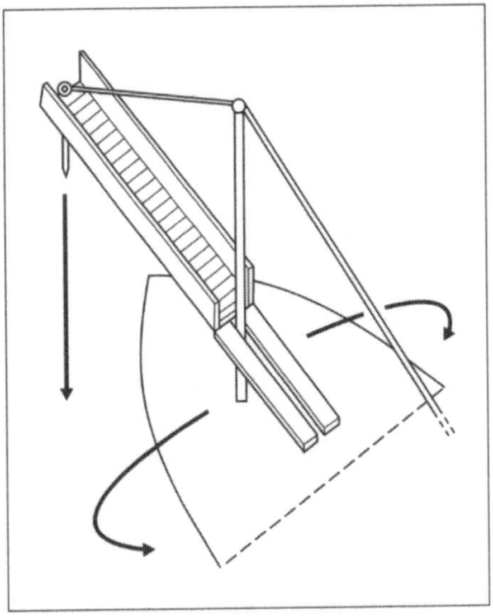

羅馬軍的「烏鴉吊橋」　引自 J. F. Lazenby, *The First Punic War,* 1996。

尼拔的七層槳戰船也被擄獲，但他本人則乘坐小舟逃走。迦太基海軍——在沒有遇到海難等狀況下——被敵人徹底打敗，這恐怕是第一次。這也是羅馬這位徒弟，打敗師父迦太基的瞬間。

◎攻擊非洲本土

西元前二六〇／五九年米列海戰的數年後，羅馬計畫登陸迦太基所在的的北非本土。因為海上航行已經無須畏懼迦太基艦隊，所以打算將戰場由西西里移向非洲，在迦太基本身的領土內作戰——如果幸運得手，甚至可以威脅迦太基的存在。羅馬的這個想法，有錫拉庫薩的阿加托克利斯進攻非洲的前例可循。非洲本土的諸城面對外部攻擊時防禦力低落，如過往所見，居民有立刻反叛迦太基的傾向，這點迦太基本身有相當的自覺。阿加托克利斯侵略之際非洲畜牧民族諾馬迪斯（努米底亞人）諸部族大量反叛，迦太基為了鎮壓，甚至還到了出動了精銳部隊的程度。

迦太基決定在海上中止羅馬的侵略，西元前二五六年春天，雙方艦隊在西西里南岸的埃克諾穆斯（Ecnomus）海域發生激烈戰鬥。迦太基海軍雖然善戰，但這次也是由隨艦出征的羅馬陸軍發揮戰力，結果羅馬方面獲得勝利。迦太基海軍三十艘船沉沒，六十四艘遭俘虜。相對羅馬方面沉沒了二十四艘船艦，但無船艦遭俘。

羅馬艦隊朝非洲前進，與阿加托克利斯時相同，羅馬人由迦太基城東北的卡本半島登陸。在幾乎沒有遭遇抵抗之下羅馬軍掠奪了富有人家的大量家財，並帶走大量家畜與兩萬人俘虜。此時夏天已經接近結束，羅馬軍兩位執政官之一先率部分艦隊返回羅馬，另一位執政官馬爾庫斯・阿蒂利烏斯・雷古魯斯（Marcus Atilius Regulus）則帶著四十艘戰船、一萬五千名步兵與五百騎兵駐留非洲。

這位雷古魯斯所屬的阿蒂利烏斯宗族為坎帕尼亞地方的有力貴族，應該是羅馬元老院中對迦太基主戰派的核心人物。當時的坎帕尼亞是持續成長的新興工商業地帶，製造陶器、橄欖油、葡萄酒等輸出給塔拉絲等大希臘地區，從過往開始便對西西里送出大量傭兵，這也是梅薩納問題的起因，此部分已於前文說明。有部分研究者認為，羅馬介入西西里，以及第一次布匿戰爭的背後，便包含著坎帕尼亞貴族們自身的商業利害關係——他們企圖奪取迦太基的制海權，以擴大自己的商業圈。把羅馬進行戰爭的動機完全歸因於經濟利害的看法或許有不盡完備之處，但第一次布匿戰爭中由無論攻擊性、積極性都相當突出，並登陸非洲作戰的阿蒂利烏斯一族的雷古魯斯擔當重任，此點仍值得我們注意。

之後，留在非洲的雷古魯斯開始獨自向非洲諸城發動進攻。迦太基召回駐紮西西里西部的主力部隊，與哈斯德魯巴（Hasdrubal）、波斯塔（Bostar）兩位將軍共同向雷古魯斯進軍，但仍舊無法阻止羅馬軍隊。雷古魯斯終於占領了突尼斯城，僅有一步之遙進逼迦太基城。諾馬迪斯各族也蜂起反抗迦太基，比起羅馬軍隊，諾馬迪斯侵擾迦太基城周邊的傷害更大，田園地區的居民因恐懼而逃入迦太基城內，急遽增加的人口更加速了城內的糧食缺乏。

認為迦太基已經被逼到絕境的雷古魯斯，想在翌年的執政官來到之前徹底解決此事，因此對迦太基提出了嚴厲的談和條件。合約內容根據某史料記載，要求迦太基不僅要放棄西西里，也要放棄薩丁尼亞，除了可留下一艘之外其他全部艦隊都給交給羅馬，以後沒有羅馬的允許，既不可發起戰爭也不准和解等等。原本想要和談的迦太基元老院收到這些條件非常憤慨，決定要使用所有手段進行戰爭也不願污損迦太基過往的光榮。

此時正好募集希臘傭兵的負責人帶著大量士兵入港回到迦太基城，其中有一位名為克桑提普斯（Xanthippos）的斯巴達傭兵。身為受過斯巴達軍事教育的熟練士兵，教導迦太基人正確的軍隊佈陣與行軍方式，並指導如何配置騎兵、步兵與戰象部隊。迦太基的將軍們聽從這位希臘人的建言，帶著一萬二千步兵、四千騎兵與一百頭戰象前往迎擊羅馬軍隊，為了最大限度發揮戰象與騎兵的能力，選擇在平地上與雷古魯斯對決。面對擁有壓倒性數量的騎兵與戰象，遭四面包圍的羅馬軍隊大部分被戰象踏殺而亡，最終羅馬部隊全滅，阿蒂利烏斯・雷古魯斯與五百名部下遭到生擒，羅馬首次進攻非洲本土以悲慘的失敗做終。

◎頹敗的象群

這段期間，對羅馬、迦太基雙方而言戰爭都陷入了泥淖當中。因為大型暴風雨而兩度失去艦隊的羅馬，已經沒有能力再攻擊非洲，戰場只能限定在西西里。然而迦太基也因為雷古魯斯的侵略而疲弊不堪，特別苦於諾馬迪斯的抵抗，被迫花費大量精力維持非洲統治，因此也無法送出大軍前往西西里。

戰局各有進退，西西里西北部的迦太基據點帕諾爾莫斯（今巴勒摩）於西元前二五一／〇年落入羅馬人手中，接下來的利利俾圍攻戰迦太基一方則長時間堅持下來。迦太基以必死的決心守護著，自馬果王朝以來一直保有的西西里最西端的幾個據點——從西元前五世紀初的希梅拉戰役時便當作基地的帕諾莫爾斯，或莫提亞島被毀後成為最主要據點的利利俾等地。羅馬對這些地方的戰爭，就像把緊握拳頭的手指一根一根掰開一般。

此時羅馬舉行了鼓舞公民的熱鬧活動。帕諾爾莫斯攻防戰時，羅馬軍靠著對戰象部隊投擲標槍，導致戰象部隊潰散，並且捕獲了所有的戰象。這次勝利讓羅馬人欣喜若狂，從過往與推羅王的戰爭，到最近雷古魯斯敗北所累積下來羅馬士兵的「戰象恐懼情結」，因此獲得緩解。第二年戰勝的司令官路奇烏斯・凱奇利烏斯・梅特路斯（Lucius Caecilius Metellus）趕著超過一百頭的大象意氣風發地舉行凱旋儀式（照片即為刻有此時模樣的貨幣）。之後還在觀眾面前狩獵象群，將其全數屠殺殆盡。

遭到包圍，被弓箭射殺而分崩離析的象群，看在羅馬人眼中，大概與仇敵迦太基的印象有所重合。迦太基海上帝國，這個從共和政體羅馬誕生之際就存在，對羅馬人而言就像一直存在於環境中的前提條件般——一個比自身更加古老、更加龐大的存在，而今日狩獵象群的那種狂喜，猶如狩獵迦太基一般，讓羅馬人久久沉浸其中。相對的迦太基這一方，雖然對羅馬的戰鬥也奮力不懈，但卻顯得被動。在偶爾獲得勝利後總無力將勝利繼續下去。

刻有大象的羅馬貨幣　有梅特路斯的銘文。栗田伸子藏。

◎德雷帕那海戰

西元前二四九年，迦太基獲得了一個機會。在西西里西端被包圍的利利俾之北發生德雷帕那（Drepana）海戰，阿德巴爾（Adherbal）指揮下的迦太基艦隊大勝普布利烏斯・克勞迪烏斯・普爾徹（Publius Claudius Pulcher）率領的羅馬艦隊。因為造船技術和熟練船員讓迦太基船隻較羅馬船隻更為迅速，而且從外洋將羅馬艦隊壓制在海陸之間也造成戰勝的有利條件。此戰中擄獲了超過九十艘的羅馬船艦，接著後續由優尼烏斯・普魯斯（Junius Pullus）指揮的羅馬艦隊，也在前往補給羅馬圍攻利利俾軍隊的途中，遭遇加太羅（Cartalo）將軍所指揮的迦太基艦隊，因為寡不勝眾而退守避難，但避難中卻遭遇暴風雨而全軍覆沒。

迦太基看來似乎又握有制海權了。但羅馬人即便失去海軍，也不放棄圍攻西西里西部。從船難中生還的優尼烏斯占領了厄律克斯山。此山在伊利米人當作聖地的山頂有著阿斯塔蒂／阿芙蘿黛蒂的神殿，是鄰接著德雷帕那並可眺望帕諾爾莫斯的要害重地。迦太基所擁有的城市於此時只剩下利利俾和德雷帕那二者，占領厄律克斯山後便可自陸路攻擊這兩處。

很明顯迦太基未能掌握勝機。在德雷帕那海戰與羅馬艦隊海難之後，如果採取更大膽的攻擊行動，並且成功奪回帕諾爾莫斯的話，羅馬方面或許就會放棄全面占領西西里，並且以至此為止與錫拉庫薩進行戰爭時相同的模式，維持西西里西部勢力穩定，如此應可帶來和平。

◎鎮守孤壘的哈米爾卡．巴卡

於是，戰爭便來到最後的局面。西元前二四八／七年，由哈米爾卡．巴卡（Hamilcar Barca）取代阿德巴爾領導海軍。巴卡這個姓氏帶有「閃電」或「白刃」之意，擔任將軍之前他以高潔的人格為人所知。此時期迦太基由偉人漢諾——據說是活躍於西元前四世紀的「鷹派」偉人漢諾的子孫——掌握在非洲的最高指揮權，他打出的戰略是，較諸在西西里與羅馬對戰，更重要的是在非洲對付利比亞（亞非利加）人、諾馬迪斯（努米底亞）人的非洲戰局優先政策。

有些論者認為這位偉人漢諾是雷古魯斯侵略時蒙受損失的大地主階層利害關係的代表者。為了維持海上帝國，比起海外戰爭更重視本國非洲經營的一派勢力抬頭，雖然這樣的主張是否正確仍有商榷的餘地。無論如何，實際上迦太基政府在西西里攻防戰仍在進行當中，已經開始對非洲的迦太基領土進行重新平定、擴大。漢諾親自到非洲內陸沙漠中的城鎮赫卡通皮洛斯城（Hecatompylos）（意為「百門之城」，今日的泰貝薩〔Tebessa〕），並在沒有發生戰爭流血的情況下讓對方開門獻城，而且受到感激他寬大處理的居民們盛大款待。在這種政策轉向的局勢下，哈米爾卡·巴卡不得不孤獨地在西西里繼續作戰。

哈米爾卡率領艦隊後，先劫掠義大利南部海岸，接著在帕諾爾莫斯領域的敵軍面前登陸，占領附近的厄克帖（Eircte）山丘。此處據說位於現在的佩萊格里諾山（Monte Pellegrino）或卡斯泰拉奇歐山（Monte Castellachio），是一處險要之地，海、陸兩面都有斷崖，並有港口。從德雷帕那或利利俾攻向義大利時，是非常合適的軍事要地（實際上哈米爾卡也出擊至庫邁）。

之後的數年間，哈米爾卡·巴卡持續堅守此天險，與帕諾莫爾斯的羅馬軍，以及厄律克斯山的羅馬軍不斷戰鬥。阿米爾卡軍占領了厄律克斯山腰的厄律克斯城，山頂與山腳的羅馬防衛部隊反過來圍攻厄律克斯城，這種狀態下在西西里西端的一隅兩軍用盡雙方的攻城技術，而且也使出一切方法維持長年戰鬥。在敵陣中被孤立，只靠著一條海上通路接受補給便一路堅持下來的哈米爾卡，連歷史學家波利比烏斯都不吝對他加以讚賞。波利比烏斯把這場戰爭中的哈米爾卡比喻為即便翅膀已經不能動，依舊勇猛面對，持續打擊對手的高昂鬥雞。

無論是羅馬或是迦太基，都已經氣息奄奄。從開戰至今已經超過了二十年。無限制的持續戰鬥及士兵消耗，以及戰爭期間的重稅、物資補給、戰爭費用……等，雙方的國力都已瀕臨界限。靠著再一擊、只要再給對方一擊，對方肯定就會倒下的想法支撐，但彼此卻無力施加這最後一擊，而呈現出一種永遠不斷攻防的狀態。

◎戰敗

戰爭的轉機，來自海上。德雷帕那海戰之後便放棄海面作戰的羅馬，嘗試著再次打造艦隊。羅馬方面思考，靠著這支艦隊從海上切斷堅守厄律克斯的哈米爾卡軍補給，便可替戰爭劃上休止符。羅馬的國庫已經空虛，因此透過由有力公民一人出資一艘，或者兩、三人支援一艘的方法，承建了五層槳戰船。而這些戰船打造時參考的範本，是數年前在利利俾近郊俘虜的羅德市人（Ródos）冒險者漢尼拔所擁有的高速船。這號人物為了在羅馬的包圍中打探利利俾城的狀況，勇敢地屢次突破羅馬軍隊封鎖，最後他的船隻終於落到羅馬人的手中。

基於此珍貴的船隻範本，羅馬打造出兩百艘船的艦隊，於西元前二四二年的初夏由當年的執政官蓋烏斯・魯泰提烏斯・卡圖魯斯（Gaius Lutatius Catulus）指揮下出發。不巧在這個時間點上迦太基艦隊正好返回非洲。突然出現在西西里外海的羅馬艦隊立刻占據德雷帕那的港口及利利俾港外的下錨地點，加入了對德雷帕那城的圍攻。迦太基以漢諾為司令官送出了滿載物資的艦隊，準備航向厄律克斯。他計畫在厄律克斯與哈米爾卡會合，卸下船上物資後，以輕承載的戰艦搭載哈米爾卡．巴卡的陸軍，前往與羅馬艦隊交戰。

魯泰提烏斯預測到漢諾的戰略意圖，急忙航向利利俾外海的埃古薩（Aegusa）島。第二天漢諾的艦隊從被稱為赫拉（Hera，聖者之意）島的基地啟航，順風揚帆而行，而對魯泰提烏斯這方面而言則是逆風狀態，但因憚忌如果敵人登陸了就不得不面對哈米爾卡這個對手，因此魯泰提烏斯的海軍依舊出動。雙方艦隊遭遇後立刻爆發激戰，成為互相以衝角互撞的海戰。不過這次的海戰當中，羅馬船隻除了最低限度的必需品之外沒有載運其他物品，相對地迦太基運載補給荷重的船隻移動便顯得遲緩。

戰鬥很快地便有了結果。迦太基艦隊遭擊沉五十艘船，六十艘被俘虜，剩下的幾艘逃回赫拉島。埃古薩外海（埃加特斯〔Aegates〕外海）的這場海戰便以迦太基輕易敗北做收。

面對意外的敗北，迦太基一方終於被逼入絕境。雖然還有作戰的氣力與熱情，但自身已失去了艦隊，只要對手羅馬還擁有大艦隊，便沒有辦法繼續對西西里進行補給。尚且困在厄律克斯的哈米爾卡．巴卡軍，自此完全被孤立在敵方包圍之下。

迦太基政府派遣使者去見哈米爾卡．巴卡，告知接下來要戰要和，都全權委託他處理。

據說這是因為怕他越過上級直接與羅馬達成和談，形成哈米爾卡及其軍隊集體背叛的情況。哈米爾卡仔細地審度了當下狀況和自己所能採取的方法後，理解到眼下能夠拯救麾下士兵們的理性方法，只剩下求和一途，於是派遣和平使節前往魯泰提烏斯陣營。魯泰提烏斯也立刻回覆，畢竟，羅馬一方實在也已疲弊至極。

提交給迦太基的談和條件相當嚴苛，要求必須交出整個西西里。為了西西里，至少為了保障西西里西部，從希梅拉戰役（西元前四八〇年）以來迦太基花費了幾百年的歲月，甚至可說迦太基的國家制度與社會結構本身都配合著長年以往的西西里作戰歷史，而這一切便如此唐突的中止了。

被要求的條件不只如此，還有禁止與羅馬同盟者錫拉庫薩希倫王及西西里發動戰爭，必須釋放所有羅馬戰俘且不得要求贖金，並課以支付二十年年賦的義務，即二千二百尤比亞他連得的銀（一尤比亞他連得約等於二十六公斤）。迦太基也接受了這些條件，但羅馬公民大會不滿足於這些條件，又派遣十人委員前往追加更為嚴厲的條件，包括支付的期限減半要求在十年內償付，並且又追加了一千他連得，還要求割讓義大利與西西里之間的所有島嶼（埃加特斯群島及利帕里群島）。

迦太基也甘願地接受了這些條件。給人一種——既然已經戰敗，想要趕緊切割並確定損益——的感受。實際上，如果羅馬僅僅如此要求，往後不再出手，迦太基可能還是可以海上貿易國家的形式維持下去——雖然已經是受損過的「帝國」。然而，不幸的是，這次戰敗，不過僅僅只是一個開端。

第八章

漢尼拔戰爭

札馬戰役　1567 年義大利畫家寇特（Cornelis Cort）所繪。

非洲的叛亂

◎返鄉傭兵

西元前二四一年，迦太基港每隔幾天，就會駛回一艘又一艘運送西西里傭兵們返鄉的船隻，接連不輟。這是迦太基對羅馬戰敗後，正從戰場上把士兵們載運回本土。從哈米爾卡・巴卡手中接過大軍指揮返鄉的利利俾司令官吉斯戈（Gisco）為了防止傭兵們集結於迦太基引起動亂，規劃讓先抵達者領取薪餉後返鄉散去，此時再讓下一批士兵抵達，為了做出這樣的時間空檔，才會故意將返鄉運輸船的間隔拉開。

然而，他的精心打算，最後卻派不上用場。因為迦太基政府正做著自私的打算，想要等傭兵們全部聚集一塊後，嘗試對他們進行降低酬勞的談判。因此傭兵返回迦太基後便暫時安置在迦太基城內。實際上會這麼做的理由，在於因龐大的戰爭費用已經導致迦太基國庫枯竭。之後城內的傭兵數量過度膨脹，他們的粗暴舉止到了不容漠視的程度，迦太基政府此時才各給士兵們一史塔特金幣（stater，當時的標準重量金幣），並下令從西西里返鄉完畢到做好薪俸支付準備之前，要他們離開迦太基到內陸城希加（Sicca）待命。傭兵的家人和行李也一同移往此城。傭兵們則在抱怨領取薪資時總還得再回到迦太基城一次，為何不能將家屬與行李先放在城中的狀況下，抱持著不滿行軍前往希加城。

非洲的司令官偉人漢諾終於來到希加城等候領取薪津的傭兵部隊處。他非常不智地提出減少薪津的提議。他的理由是國庫空虛再加上還需要支付給羅馬的賠償金，因此無法依照原本的金額進行給付。傭兵們的憤怒爆發。偉人漢諾的說明因為語言隔閡無法正確傳達給傭兵們，也造成了一定程度的麻煩。迦太基政府為了怕傭兵們私通聲氣團結起來，因此從不同的民族中徵募士兵是一種常態。但這也像「巴別塔」（Tower of Babel）一樣招來了混亂。迦太基從利比亞（亞非利加）人、伊比利亞人、凱爾特人（Celts）、利古里亞人、巴利亞利人、混血的希臘人等等中招募混合部隊，而這些傭兵集團一度陷入不信任和憤怒當中，政府既無勸解撫慰的方法，又無傳達事實的手段，讓他們陷入狂亂有如野獸一般——歷史學家波利比烏斯如此分析後，並將接下來將要發生的傭兵戰爭形容成好似「人類靈魂上的潰瘍」一發病。

傭兵們以兩萬兵力在迦太基眼前的突尼斯城佈陣，除了薪餉及其他必須支付的費用之外，每天想到什麼新的要求就會派使節前往迦太基告知。波利比烏斯寫道，這些人對在西西里一同戰鬥的米哈爾卡·巴卡感到不滿，因為士兵們認為戰敗之後巴卡立刻辭去司令官職務，是為了逃避了薪資交涉。他們表示，如果是吉斯戈，或許還有交涉的可能性，因為吉斯戈親自處理了士兵返鄉的作業。

◎從爭議到造反

吉斯戈聽聞這個情況，急忙帶著金錢從西西里返國，到突尼斯與士兵們展開交涉。他把傭兵們依照種族集合，在說服他們並開始著手支付薪津時，開始發生了騷動。因為史班迪烏斯（Spendius）和馬托斯（Mathos）兩個領導者出現教唆眾人暴動。

這兩個人的經歷是一種鮮明的對照。坎帕尼亞人史班迪烏斯是從羅馬人處逃走的奴隸，迦太基敗給羅馬後的此時，他害怕會被引渡回給他的主人，羅馬人對逃亡奴隸的處置習慣，是先進行拷問，最後則加以殺害，這是史班迪烏斯叛亂的理由。他的同志馬托斯則是個自由人，但也是一個利比亞人。最初傭兵反抗前往突尼斯時，他就是核心的人物。因此他身為暴動主謀者畏懼可能出現的處罰，所以也不願看到和解。

他們二人在集會所反復發表煽動性演說，非難迦太基與責問吉斯戈。傭兵們聽到後深表同感，以至於如果有此二人之外的其他人想要驅前發表意見，傭兵們立即會扔石頭打死該人。「對他丟石頭！」只有這句是全體傭兵都能理解的話，據說對他們而言拿石頭丟同伴似乎是家常便飯。如此在沒有反對者之後，傭兵們便選出史班迪烏斯和馬托斯為「將軍」，吉斯戈為了阻止傭兵暴動仍舊繼續說服傭兵，但被延後支付薪餉的利比亞人率先暴動，搶走金錢並拘禁吉斯戈，以此為契機傭兵全軍就在馬托斯的指揮下，演變到對迦太基舉兵進行戰爭的狀態。

馬托斯立刻遣使前往非洲的各城市，要求大家為了自由前來參戰。此時如波利比烏斯所言，其實根本無須要求諸城立即響應，因第一次布匿戰爭中迦太基人對利比亞人的課稅高達極限，收穫的一半皆被收奪，城市稅金也是過往的一倍。對不繳納特別稅的人毫不寬恕立刻加以逮捕。為了盡可能取得最多的稅收，把對待地方最嚴苛的將軍們評價為有能力的人才——當時就是這樣的時代，而最具代表性的「財政家」，就是偉人漢諾。

亞非利加的人們在傭兵叛變時同時起義，至少有七萬人以士兵身分加入起義軍。親眼見到丈夫或雙親因特別稅而遭逮捕的女性們，也互相發誓絕不藏私，要把自身的珠寶飾品全數捐出，當作起義軍的軍隊資金。最初不參加叛亂的烏蒂卡城和希帕阿克拉（Hippo Acra）城，最終也把來自迦太基的援兵們推下城牆，加入了利比亞人。換言之，整個迦太基非洲領土中，不僅田園的各部族與農民，連相當腓尼基化的城市公民們也背棄了迦太基，轉而協助傭兵軍隊。因此這場戰爭，不僅被稱為傭兵戰爭，也被稱為利比亞戰爭或諾馬迪斯戰爭。

迦太基察覺自己突然失去了所有的東西。非洲的田園正是提供每日必需品的產地，也是戰爭的戰費及物資供給泉源，而迦太基軍隊的核心又是傭兵軍隊。現在非洲與傭兵軍團團結起來對迦太基挑起戰端。為了對抗這場叛亂，迦太基能運用的根據地，以及能夠取得資源的地區，瞬時只剩下迦太基城自身而已。西元前二四一年起持續了四年的叛亂，意味著從根本毀壞了迦太基的非洲統治，比起對羅馬的敗北，這次叛亂更表現出了迦太基「帝國」的威信喪失。

亞非利加遭受迦太基的不義統治，為了自由應當奮起戰鬥——之前馬托斯對利比亞諸城的請求中，可以看出一種「解放戰爭」的思想。這種類似訴求顛覆「帝國」的想法，在古代地中海應該算是危險的思想。波利比烏斯會強調這場傭兵戰爭是充滿獸性，表現得「窮凶惡極」的原因，大概也是因為這種思想上的背景理由。因之，各地的統治階層思考到迦太基「帝國」若放置叛亂不管，接下來將會危急到自己的統治權，所以開始出兵援救迦太基。西西里的希倫王，那位機會主義者的錫拉庫薩國王，竟最熱心響應迦太基的求援。其實他冷靜地計算過，如果迦太基毀滅，羅馬將成為無人能敵的最大勢力，他在錫拉庫薩的統治也將隨之動搖。

就連羅馬也是，表面上作為友好國盡力支援迦太基，但也做出從義大利送食糧給傭兵軍團的舉動。這個船隊被迦太基捕獲，帶走了五百名船員，對此羅馬提出了抗議，迦太基也將他們全部釋放。之後羅馬便轉換方針，對前往迦太基的物資輸送船總是給與出航許可，另一方面也禁止了對利比亞軍的補給。

◎努米底亞人那拉瓦斯

接受這些「友好國」的幫助後，在非洲孤立無援的迦太基從海上獲得補給，募集到新的傭兵，而動員公民軍的騎兵隊和步兵隊也持續獲得盛大反響。偉人漢諾身為將軍卻把自己的無能展現無遺，因此哈米爾卡・巴卡取而代之掌握了指揮權。他的身旁有一個最近才加入迦太基軍的努米底亞人。這位叫那拉瓦斯（Naravas）的青年，在許多諾馬迪斯（努米底亞人）都加入起義軍中時，他卻率部下前來造訪哈米爾卡・巴卡陣營，提議要協助迦太基。

那拉瓦斯的家族乃是名門，據說世代皆為迦太基的友人。遭傭兵軍、利比亞軍、諾馬迪斯軍從四面包圍的哈米爾卡很歡迎這個提議，為了當作結盟的證明，他還與那拉瓦斯約定，要把自己的女兒嫁給他。雖然看起來是很瑣碎的插曲，不過迦太基的統治階層會把女兒嫁給一直當成野蠻人來對待的非洲臣民，確實是相當特殊的例子。也說明此時情勢有多麼嚴峻。為了瓦解起義的諾馬迪斯，這種政治婚姻大概也是不得不為的做法。

那拉瓦斯率領的諾馬迪斯騎兵隊表現非常亮眼。「諾馬迪斯」（Nomades）這個希臘詞彙是英語「nomad」語源，原本帶有類似「遊牧民」的意思，從西元前四世紀末阿加托克利斯侵略非洲時開始，「諾馬迪斯」就作為非洲的種族集團之一，數度出現在史料中。這個族群雖然不至於完全沒有農耕，但他們最擅長的還是騎馬技術，只要給馬掛上類似馬頸圈（馬軛）之類的簡單馬具，他們就能夠輕鬆駕馭沒有馬鞍的馬匹，在戰場上他們一個人可以驅策好幾匹馬，並且還能從一頭馬跳到另一頭馬上，是擁有宛如馬戲團般高超技藝的騎士。也因為如此，人們往往強調他們身為騎馬民族、遊牧民族的一面。在第一次布匿戰爭中他們也擔任迦太基騎兵，參加了阿克拉加斯攻防戰。

哈米爾卡．巴卡最終靠著那拉瓦斯的騎兵隊和戰象部隊的威力，屢屢度過險境，最後還能從被起義軍包圍的迦太基城突圍。這段期間，遭起義軍監禁包括吉斯戈等迦太基的使節，都遭切斷手臂並以慘忍的方式殺害。在殘忍程度方面，迦太基也毫不落後，他們把抓到的起義軍士兵全丟到象群的腳邊，任象群將他們踩踏致死。

包圍迦太基城的傭兵、利比亞軍遭哈米爾卡、那拉瓦斯的軍隊從外側切斷補給，陷入糧食缺乏狀態中的起義軍，開始食用俘虜，接著食用奴隸，最後甚至互食，完全呈現出一幅地獄的景象。為了談判停戰協議而前往巴卡陣營的史班迪烏斯，被當作叛亂代表人物，和他的九名友人合計十人都被釘上十字架處死。之後起義軍的主力在被稱為鋸子山的地方遭到包圍（Battle of "The Saw"），總共有超過四萬人被殺。

馬托斯帶領殘餘部隊轉戰各地，但因敗色漸濃，最終他遣使送出決鬥書給巴卡，要求決一死戰。

結果是由巴卡軍、迦太基一方獲勝。利比亞軍在決戰中幾乎全軍覆沒，非洲的反叛結束。重新平定非洲領土的迦太基，對加入叛亂的城鎮、種族進行了殘酷的報復。諾馬迪斯中的米加塔尼族人連女性與兒童都被抓走，全員都被上了刑柱處死。據說他們逃過這場虐殺的子孫，成為了迦太基最不可饒恕的敵人。

◎失去薩丁尼亞

西元前二七三年初，迦太基鎮壓大叛亂之後所迎來的，竟是羅馬的背信行為。問題出在薩丁尼亞島上。傭兵戰爭，或稱利比亞戰爭期間，同為迦太基傭兵的薩丁尼亞防衛部隊也隨之起義，該島暫時脫離了迦太基的掌控。這導致迦太基無法從薩丁尼亞島獲取補給，讓苦於被傭兵軍團包圍的迦太基城更加走投無路（過往迦太基也遭遇過多次被包圍的經驗，大致上都能透過海路由薩丁尼亞獲得糧食補給，因此沒有出現太大的危機）。因此，當平定傭兵戰爭後，恢復薩丁尼亞島便成了迦太基的燃眉之急。

然而，羅馬卻先決定要遠征薩丁尼亞島。對此迦太基提出抗議，主張這些島嶼一直以來都由迦太基統治，並且為了處罰叛亂的首謀者也開始準備軍隊，羅馬見狀立刻以此為藉口，指稱迦太基並非要對付薩丁尼亞島，而是在進行對羅馬的戰爭準備，並對迦太基宣戰。

剛剛度過非洲大叛亂危機的迦太基，並無餘力再忍受一次戰爭，因此放棄了薩丁尼亞島，而且為了不被捲入和羅馬的戰爭，又掉入了必須支付一千二百他連得的困境。此外科西嘉島也同樣落入羅馬的手中。

這項打擊在某種意義上較第一次布匿戰爭因敗北撤出而西西里島更為嚴重。迦太基在西西里從未獲得完全勝利，僅在島嶼西部的根據地諸城不斷有所得也有所失。然而科西嘉和薩丁尼亞則從腓尼基人進入西地中海的西元前九世紀、前八世紀以來，一直都屬於腓尼基、迦太基完全掌控的海上貿易據點，而且薩丁尼亞更是重要的糧食基地。從薩丁尼亞的諾拉所出土的碑文，是說明腓尼基人向西拓展的最古老的考古學資料，這已於第三章討論過。失去這兩個島嶼，意味著失去從義大利到薩丁尼亞之間的海域，加上第勒尼安海的制海權，如此西地中海將逐漸變得不再是腓尼基、迦太基船隻得以自由航行的空間。

波利比烏斯在論及第二次布匿戰爭，也就是漢尼拔戰爭的原因的部分，力排以開戰前夕發生的伊比利半島諸事件——迦太基軍包圍薩貢圖姆（Saguntum）城、渡過厄波羅河（Ebro）——為原因的主張，認為那不過是戰爭的開端而已。真正的原因還出在第一次布匿戰爭末期，特別是可以追溯到傭兵戰爭時期的薩丁尼亞島問題。

在西西里的戰爭（厄律克斯山攻防戰）一直與羅馬較勁到最後的哈米爾卡・巴卡有意再掀起戰端，而且這樣的意志也被女婿哈斯德魯巴和兒子漢尼拔所繼承，波利比烏斯明白表示這是第一個原因；第二個，也是最大的原因，則是因為將薩丁尼亞讓渡給羅馬竟然還必須支付鉅額賠償費用，掀起了迦太基市民的憤慨。

在迦太基城全體公民對羅馬憤怒不已的背景下，據說哈米爾卡・巴卡為了鎮壓傭兵、確保祖國安全，立刻前往伊比利半島，想要利用此地作為對羅馬戰爭的資源。根據波利比烏斯的解釋，巴卡家族（Barcids）自此開始經營的伊比利半島，從一開始建設基地的目的就是為了遂行對羅馬的報復戰爭。漢尼拔戰爭（第二次布匿戰爭），實際上從漢尼拔自西班牙進軍義大利之前約二十年，就已經註定要發生。

◎自西班牙出發

不過，哈米爾卡．巴卡前進西班牙，可能也意味著其他的事情。對腓尼基人、迦太基人貿易活動整體而言，伊比利半島的礦物資源，特別是銀礦，是最重要的項目，此點已經在前文說明過。從加地斯到推羅的白銀航路才是腓尼基人海上貿易的原型，即便時代變遷，掌握好西班牙的銀礦，對腓尼基人、迦太基人而言，應該仍是基本法則中的基本法則。從狄奧多羅斯的證言我們也可得知，僱用傭兵的白銀主要都來自西班牙的銀礦礦場。或許，當羅馬奪取薩丁尼亞、科西嘉時，迦太基城的公民們腦海裡反覆思考的疑念，就是「西班牙沒問題吧？」

通過失去薩丁尼亞，迦太基政府感受到羅馬漸次剝奪自己勢力範圍的意圖，因此想要早日把白銀貿易體系的中心部分明確劃入自己國家的領土內——透過直接的軍事性統治而非過往的間接性統治——或許，這才是真相。認為巴卡家族的做法與迦太基政府本身的想法有差距，是種對羅馬過度激烈的報復主義，這種想法並不太合理。無論如何哈米爾卡．巴卡出發前往了伊比利半島。偉人漢諾的勢力已然衰弱，鎮壓了傭兵戰爭、利比亞戰爭的巴卡成為英雄。當時應當沒有可以反對他提議的人。渡海前往伊比利半島時，巴卡把他九歲的兒子也一同帶去。據說是漢尼拔像個小孩子一般要求一同前往。那時正好是為了此行而向「宙斯」（巴力・哈蒙或者巴力・夏門〔Beelshamên〕）敬獻犧牲之際，據說哈米爾卡聽到兒子的請求，抓著他的右手來到神壇，把他的手放在獻祭的獸上，要他發誓此生都將以羅馬為敵。這是日後漢尼拔自己描述的童年回憶。

穿越阿爾卑斯山脈前夕

◎巴卡家族的西班牙

西元前二三七年夏天，從迦太基出發的哈米爾卡・巴卡遠征軍，沿著北非海岸向西行，通過直布羅陀海峽（海克力士之柱）抵達了伊比利半島的加地斯。之後，到哈米爾卡的兒子漢尼拔向羅馬發動戰爭——即漢尼拔戰爭，也就是第二次布匿戰爭——之前的西元前二一八年為止，共有二十年的時間，哈米爾卡與其後繼者女婿哈斯德魯巴，以及之後的漢尼拔持續經營對伊比利半島的征服。這也就是所謂的「巴卡家族的西班牙統治」。

這段期間，迦太基本國政府、元老院似乎不可能逐一掌握在西班牙的作戰，因此看起來好像是巴卡一族獨斷在推動整個事態。如果只強調此點，那麼或許第二次布匿戰爭就會像是抱持執念固執於報復羅馬的哈米爾卡．巴卡一族「暴走」後引發，是在違反迦太基本國的意志下引起的。當時的人們之中，也有人抱持著這樣的看法。以身為最早的羅馬人歷史學家而聞名，擔任第二次布匿戰爭期間元老院議員的昆圖斯．費比烏斯．皮克托爾（Quintus Fabius Pictor），似乎就是一個典型。

根據他的說法，「暴走」始於哈米爾卡女婿哈斯德魯巴的野心。哈米爾卡過世後，在西班牙建構起龐大勢力的哈斯德魯巴，返回非洲本國迦太基要求廢止國家制度，改由他一人統治（monarchia），卻直接遭有力人士們的反對。據說他感受到生命有危險便返回西班牙，之後便無視本國元老院繼續統治伊比利半島。漢尼拔自幼便憧憬哈斯德魯巴的做法，日後也以此為範本行動。據說成為對羅馬戰爭導火線，對伊比利半島羅馬同盟國薩貢圖姆城的攻擊也是如此，即便迦太基的高官們沒有一個人贊成，漢尼拔仍舊獨斷決定執行。這樣的看法除了反映出經歷第二次布匿戰爭的羅馬統治階層「憎惡漢尼拔」情緒之外，也帶有想要分裂實際入侵義大利的漢尼拔和迦太基本國間的信賴關係、孤立漢尼拔的立場；此處另外也反映出羅馬元老院想嘗試越過漢尼拔，促成自己想像中的迦太基政府內部「親羅馬派」派出人來談判的政策或者心願。

這個迦太基本國不贊成對羅馬發動戰爭的意見，是費比烏斯・皮克托爾所提出，由希臘人歷史學家波利比烏斯所介紹，但波利比烏斯對此看法付之一笑。當薩貢圖姆陷落後，實際上迦太基政府有機會把漢尼拔引渡給羅馬以迴避戰爭。根據皮克托爾的說法，薩貢圖姆陷落後羅馬使節來到迦太基，質問並脅迫對方：要選擇引渡漢尼拔，還是要戰爭？波利比烏斯則論證道，即便有這樣的機會，迦太基政府還是遵從了漢尼拔的決斷，進行了往後長達十七年的第二次布匿戰爭，而且是傾全國之力，即便瀕臨國家毀滅也未曾放棄。

波利比烏斯的看法是，被羅馬奪走薩丁尼亞的迦太基，全國都有對羅馬復仇的傾向，而他們的急先鋒就是哈米爾卡・巴卡。因此當哈米爾卡出發前往西班牙時，就已經開始第二次布匿戰爭的倒數計時。他會提到前述兒時漢尼拔在「宙斯」神的祭壇發誓——此生都將以羅馬為敵——也是為了證明自己主張的證據。

◎巴卡家族的「革命」

波利比烏斯主張不應當過度誇大伊比利半島的巴卡家族和迦太基本國間雙方對和羅馬戰

爭的認知差距，這是站在大局上觀察第二次布匿戰爭的卓見。不過把問題搞得更複雜的，是巴卡家族和迦太基政府、元老院之間存在著微妙的緊張關係，這也是事實，何況海外遠征軍司令官與迦太基元老院之間從往昔便互存警戒心，而且此時更牽涉到所謂「巴卡家族的革命」這個要素。

哈米爾卡．巴卡是在傭兵戰爭、利比亞戰爭的過程之中驅逐政敵偉人漢諾登上權力寶座的。當時他們同時身為將軍要鎮壓叛亂，但兩者卻存在著激烈的對立，為了解決此一爭端「迦太基人們」（迦太基的公民大會）委請軍隊士兵投票決定兩位將軍何者該去何者應留。投票結果，漢諾被迫去職，他的職位由公民大會派遣的另一名將軍取代。

波利比烏斯記載的這個事件，根據查理．畢凱的說法，他如此解釋：至此為止將軍任命都屬元老院的專斷事項。當兩位將軍對立時，元老院當然會支持寡頭派大老偉人漢諾，不過，哈米爾卡．巴卡把其中一個女兒與「國王」（最高政務官？）波米爾卡進行政治婚姻，而波米爾卡反對元老院的決定。當元老院和「國王」們的意見不一致時，則遵從迦太基的國家制度原則，由人民決定該事項是否提交公民大會，將事情委託全體公民參與的公民大會；而公民大會如前所述，委請軍隊決定將軍去留，之後大會則選出取代的新將軍。換句話說，漢諾的被迫去職，其實是哈米爾卡籌劃的龐大政變的一部分，將一直以來迦太基的寡頭國家制度，透過動員公民大會中占多數的底層公民來加以改變，因此才說這是一種「革命」。

這個時期，迦太基一般公民，特別是下層公民變得無法忍受以上層公民為主的往昔體制，原因之一大概是由於傭兵戰爭所帶來的生存危機。在迦太基城本身遭到圍攻的情勢下，袖手旁觀的偉人漢諾和元老院明顯就是居民的敵人。然而原因不僅如此，有些看法也認為，第一次布匿戰爭的敗北，特別是因為海軍遭毀滅的艦隊操槳手們——其中也包括了下層公民——因為失去了去處，所以加入了巴卡一方。海軍操槳手的身分究竟算不算公民，他們在公民大會中是否有投票權等，尚存在許多疑問，不過若此一說法正確，那麼巴卡家的「革命」，就和希臘史中記錄伯羅奔尼撒戰爭期間雅典的「操槳手民主政治」，有著共通之處。

此外，再加上對羅馬戰敗後失去西西里西部所帶來對社會經濟的影響也不容忽視。如亞里斯多德所言，迦太基選擇「國王」或將軍時是以財富為基準，具有寡頭政治型國家的傾向，當領有海外土地時，不富裕的公民可以前往所屬領地進行貿易，或者擔任統治所屬領地的低階官僚以積蓄財富，藉此得以擁有往上提昇本身社會階級的機會。迦太基非洲本土的政治中樞是由祖先歷代積累下財富的數十個家族——或許既是大貿易商又是大地主——所獨占，即便如此中低階層的公民在利利俾（西西里西部）、諾拉或塔羅斯（薩丁尼亞）仍有無數致富以及爬上統治階層的機會，這是為了防範大眾對寡頭統治的叛亂。

在傭兵戰爭中戰火也延燒到薩丁尼亞，在海外領土一度失去之際，這些中下階層的貿易商、商人、手工業者、低階官僚等等人們，有可能轉而支持激進的「愛國主義者兼民主派」的哈米爾卡．巴卡。對這些公民而言，他們大概認為自第一次布匿戰爭末期以來偉人漢諾與元老院的「無能」，是因為他們在非洲擁有廣大農場，因此就算海外領土縮減，這些有錢人也沒有直接的感受，進而表現出令人無法忍受的「悠閒態度」。鎮壓完傭兵戰爭之後立即出發征服伊比利半島的哈米爾卡，其行動背後擁有這些中低公民階層——也就是迦太基「帝國」的受益者們的推動力，推測這些工商業大眾存有在海外致富雄飛的願望，當屬合理的推論。

◎「新天地」的夢想與事實

巴卡家族的伊比利半島統治，是在對羅馬戰敗及接下來失去薩丁尼亞和科西嘉，以及非洲叛亂造成可說是「帝國」整體崩解的事態之下，由直接面對崩毀結果的中下階層公民以及從失去的海外領地歸國的人們，一起在公民大會中團結起來牽制元老院，把復興「帝國」的夢想依託在「沒有敗給羅馬」的英雄哈米爾卡身上的結果。

看在寡頭統治層的眼裡，公民大會上出盡鋒頭的巴卡家族做法，自然是讓人感到不快且危險的，但與其讓巴卡一族在本國雄踞展開正式的「民主化」國家制度改革，還不如讓巴卡家族和支持者們一起前往西班牙遠征更為合適。因為，確保伊比利半島統治的重要性，不是只有巴卡家族，整個統治階層也都具備這樣的共同認知。

巴卡家族的新計畫只限於伊比利半島內部，這點元老院及百人會也默認。原本迦太基的海外作戰就是由被選為將軍的名望仕紳承包，以自己的才能做出作戰計畫，招募傭兵，遂行作戰，作戰結果和責任雖然必須在百人會面前受到嚴格審問，但作戰的各個階段本國並不會逐一的加以確認。

哈米爾卡·巴卡的女婿哈斯德魯巴在西班牙採用的，是一種受到馬其頓亞歷山大大帝影響的「希臘化」王朝統治。巴卡家族時代在西班牙發行的一連串貨幣，就訴說著這樣的狀況。此地發行的貨幣上或者是推羅、

據說是哈米爾卡·巴卡像的海克力士貨幣　引自長谷川博隆《迦太基人的世界》（カルタゴ人の世界），2000年。

迦太基的城市神明，或者是西班牙統治據點加地斯的神明美刻爾（海克力士），都是以肩上扛著棍棒的希臘式海克力士像來表現。

這些貨幣全都使用這種設計，與希臘化諸王國的貨幣非常相似。在希臘化諸國，經常以君主的側面加上海克力士的扛棒姿態來加以打造，而這些巴卡家族的硬幣也如此。據推測，留有鬍子看來年長的海克力士側臉應該屬於哈米爾卡，而較年輕且無鬍的「海克力士」則是被稱為美男子的哈斯德魯巴的肖像。

迦太基本國如何定位暫且不論，伊比利半島的作戰指揮權由哈米爾卡傳遞給哈斯德魯巴，再由漢尼拔繼承，這種世襲傳承時的「理論」，只能說是一種王朝體制，而這種體制也確實是有模仿當時東地中海標準統治體制的希臘化王權繼承手法的一面。

那麼，巴卡家族是如何進行西班牙征服的？透過軍事力量進行征服並沒錯，但過程也並非全靠武力。如前文所述，在伊比利半島，特別是加地斯腹地所謂的「塔提蘇斯」地區，至少從西元前八世紀前後開始，就屬腓尼基人們為了銀礦、銅礦而持續有所接觸的地區。雖然「塔提蘇斯」文化已經成為過去，但腓尼基人的影響則深深地滲透，西班牙南部廣泛分布著以閃米語系的字母表記自己言語的種族。這種受腓尼基文化洗禮的地區，其有力人士階級、貴族階層的人們，或許就以參與類似「礦坑共同開發」的提議，加入了與巴卡家族的同盟關係。哈斯德魯巴和漢尼拔自身也都和西班牙族群的女性們結婚。成為漢尼拔妻子的，是莫雷納山脈（Sierra Morena）銀產地卡司特羅的貴族女兒，名為伊米爾珂（Imilce），她為漢尼拔生下了兒子（西元前二二〇年）。

為了達成這種包含政治婚姻的交涉，哈米爾卡、哈斯德魯巴已經無法僅以迦太基派遣的將軍名義來達成，還必須具備類似「國王」的外在制度。而且，對西班牙各族群而言，也必須強調他們是長期作為西班牙腓尼基文化發祥地加地斯城的統治者。前述巴卡家族的貨幣，可以推估就是推進這種「外交」的重要宣傳手段。

但是，雖然也有這類透過交涉讓對方臣屬的面向，然而西班牙統治的本質終究是軍事性的征服。狄奧多羅斯記載，哈米爾卡與伊比利亞人、「塔提蘇斯」人、更與伊斯特拉提歐斯（Istolatios）兄弟率領的凱爾特人作戰，他消滅了包括這兩位兄弟在內的所有敵人軍隊，把存活下來的三千人編入了自己的軍隊。接著又打敗了因多帖士（Indortes）率領的五萬敵軍（數量可能有所誇大），生擒了因多帖士，並剜去他的雙眼處以十字架極刑，不過卻釋放了超過一萬人成為俘虜的士兵們。與西元前五世紀希梅拉戰役失敗後馬果王朝進行北非征服一樣，第一次布匿戰爭失敗後巴卡家族的西班牙征服，也是面對強敵失敗後，再從弱者手中搶回失去部分來加以填補的作戰，無可否認整個過程是冷酷無情的。

◎哈米爾卡之死

當哈米爾卡・巴卡持續征服伊比利半島的西元前二三〇年代，非洲的諾馬迪斯（努米底亞人）再度叛亂。而鎮壓這次叛亂的，卻是哈米爾卡從西班牙派遣自己女婿哈斯德魯巴帶領的軍隊，此點頗值得思考。連非洲本土的戰爭都是由哈米爾卡及巴卡家族去對付，而不是由迦太基本國政府（那兒有偉人漢諾活躍於政壇）處理。

哈斯德魯巴殺了八千名諾馬迪斯，生擒了兩千人，剩下的人成為了奴隸並對他們課以納貢義務。約二十年後的布匿戰爭時代，發現了努米底亞人兩個王權的史料，一個是馬西利（Massyli），一個是馬塞西利（Masaesyli），這兩個王權統治努米底亞的起源，或許可以上溯到叛亂鎮壓後哈斯德魯巴的戰後處置。

讓我們回到伊比利半島，哈米爾卡把統治範圍從直布羅陀海峽以西的加地斯拓展到面向地中海伊比薩島的努角，在現在的阿利坎特（Alicante）附近，建立希臘語稱為阿克拉・盧柯（Akra Leuke）的殖民城。西班牙從過往就有包括加地斯在內，馬拉加、塞克西、阿布迭拉等腓尼基人居住地，這些地方也就理所當然成為迦太基的統治據點，但由迦太基人自己進行城市建設在此之前並無前例。

至伊比利半島東岸的努角附近為止，是北方恩波里翁（安普里亞斯）城等佛卡亞裔、馬西利亞（馬賽）裔的殖民城市活動所及的地區。西元前五世紀到前四世紀，迦太基在西西里投入對錫拉庫薩戰爭期間，這附近持續接受希臘文化的滲透，甚至產生了如「埃爾切夫人像」（Lady of Elche〔埃爾切古名為Elx〕）這般高度融合腓尼基、希臘、伊比利亞文化的作品。

迦太基進入這個地區，特別是由抱持對羅馬報復論的先鋒哈米爾卡·巴卡建立城市，除了給羅馬帶來強烈刺激外，也導致了馬西利亞的警戒。有一種說法是，西元前二三一年前後，羅馬使節前往西班牙見哈米爾卡，並質問他為何在西班牙，在此處做什麼。哈米爾卡則反諷地回答，我是為了籌措給羅馬的賠款而在這裡工作。

兩年之後，哈米爾卡圍攻名為「赫利刻」（Helike）的城市——此城屢屢被認為是埃爾切——時，在撤退途中陣亡。趕來赫利刻救援的奧雷希（Orissus，奧雷塔尼〔Oretani〕）人國王提供假意的協助導致哈米爾卡敗北，據說在撤逃的途中掉入大河中溺斃。他的兩個兒子，漢尼拔與哈斯德魯巴（親生兒子，與女婿哈斯德魯巴非同一人）也同行參加此場戰役，哈米爾卡為了救兒子們而引誘敵人們來追擊他，當他騎著馬想要渡河時遭到河水沖走。他的兩個兒子則得以平安返回阿克拉·盧柯。

◎「厄波羅條約」

西元前二二九／八年，繼承哈米爾卡遺志的女婿哈斯德魯巴與本國政府間發生傾軋齟齬，這已於前文說明。他被伊比利半島的軍隊選為將軍後，可能由迦太基公民大會追認他的將軍地位。被稱為巴卡家族「革命」的動員中下階層公民政治手法，此時依然持續。

哈斯德魯巴率領包含了兩百頭戰象的大軍向奧雷希人復仇，之後包含奧雷希人手中的十二個城市，他將「全伊比利亞的城市」都收歸所轄，並與伊比利亞其中一個君主的女兒結婚，宣稱自己是受「全伊比利亞人擁戴」，握有全權的將軍。哈斯德魯巴在西班牙的實際統治領域究竟擴大到什麼程度，目前難以斷定，不過他宣稱的「全伊比利亞的統治者」主張，恐怕應該是事實。同時他也在努角的稍微南部，也就是西班牙的東南方建立了「迦爾特・哈達休特」（Qart Hadasht），也就是與本國迦太基同名的新城市，並建築了宮殿，作為統治西班牙的根據地。也就是所謂的新迦太基城（Carthago Nova，現在的卡塔赫納〔Cartagena〕）。此地接近銀礦、錫礦與鹽田，是地中海地區的良港。

這一連串的舉動羅馬立刻有所反應。羅馬人大概是這麼想的：在自己睡著的時間迦太基竟在伊比利半島建立起龐大的統治領域，情況緊急，如果再拖延將無法取回優勢。然而在這段期間羅馬並沒有辦法命令迦太基撤退或對迦太基發動戰爭。因為羅馬正忙著與義大利北部的高盧（凱爾特）人進行戰爭。

西元前四世紀初曾占領過羅馬城的高盧人，對羅馬而言經常是迫切的威脅。西元前二三〇年代，高盧人入侵到溫布利亞（Umbria）地方的阿里米露（Ariminum），羅馬人則反過來打敗這個地方的高盧族群塞農人（Senones），並將他們所占有的皮克努（Picenum）土地分給了羅馬市民。這個舉動刺激了高盧人，義大利北部的高盧人號召阿爾卑斯以北的隆河流域的高盧人一同開始準備進攻羅馬。當哈斯德魯巴在伊比利半島構築起龐大勢力的西元前二二〇年代前半情勢大致如此，羅馬軍隊往北義大利移動，正忙著防備隨時蠢蠢欲動的高盧各部族。

西元前二二六／五年，前往會見哈斯德魯巴的羅馬使節，因為上述的原因所以無法採取太強硬的態度，關於伊比利半島的事宜，僅對哈斯德魯巴提交了包含如下條項的條約。條約中的此一條項就是：「迦太基不可帶有戰爭企圖，越過名為伊伯（Ibēr）的河川。」這個所謂「名為伊伯的河川」，是東西向流淌於西班牙北方，最後注入地中海的古代伊貝魯斯河（Iberus）。通說認為此河指的是今天的厄波羅河，因此大多把此條約稱為「厄波羅條約」。然而記載這個條文的波利比烏斯原文中，「伊伯」可以看作是對「伊比利半島河川」的一般說法，因此也可以認為不必然是指伊貝魯斯（厄波羅）河。如果認為是厄波羅河的話，那麼等於羅馬默認了哈斯德魯巴在厄波羅河以南，也就是在大部分的伊比利半島都握有統治權，但其實並非如此，而是更南部的其他「伊伯的河川」——例如就有指瓦倫西亞稍微南方的舒卡河（Xúquer，胡卡爾河〔Júcar〕）的說法（卡克皮諾〔J. Carcopino〕）。在此種說法之下，哈斯德魯巴的統治範圍將限定在伊比利半島的中南部地區，日後成為與羅馬開戰的契機，也就是薩貢圖姆城就在此河界的北岸，也就是在哈斯德魯巴統治範圍以外之處。

無論如何，羅馬在等待哈斯德魯巴向北揮軍的期間，先出發與高盧人進行對決。「厄波羅條約」締結後，隆河河畔高盧人的蓋薩塔依（Gaesatae）族（據說此名意為「為了薪餉而出征的人們」）便越過了阿爾卑斯山現身於波河平原，義大利北部最大的高盧人部族，因蘇布雷（Insubres）人與博伊（Boii）人也會合威脅羅馬人，結果在伊特魯里亞地方的泰拉蒙（Telamon）遭羅馬軍所擊潰（西元前二二五年）。之後羅馬人加強對高盧人的監視，西元前二二三年攻破因蘇布雷族的據點米迪奧拉姆（Mediolanum，今米蘭〔Milan〕），高盧人因此被逐出波河平原的周邊區域。迦太基，或者巴卡家族真的想要消滅羅馬的話，西元前二二五年到前二二三年的這段期間遵守條約忠實程度就令人感到不解。究竟是因為基於迦太基的作風不願模仿羅馬露骨違反條約的行為，或者是先以穩定統治伊比利半島為最優先目標，尚不得而知。

無論哈斯德魯巴的構想為何，他都未能完成。西元前二二一年，因為個人恩怨，他被自己家中的奴隸（據說是高盧人），於夜裡在住處中遭到殺害。有學說認為這次暗殺的背後有羅馬指使。哈斯德魯巴死訊傳至迦太基後，迦太基政府尊重伊比利半島軍隊的想法，軍隊士兵全體選擇由漢尼拔擔任最高指揮官，而迦太基公民大會也一致承認這項決定。哈米爾卡的孩子漢尼拔因此僅以二十五歲的年紀，取得了伊比利半島的最高指揮權。

◎薩貢圖姆城

漢尼拔就任將軍的瞬間，就開始展開戰爭。只是，目標是西班牙的各部族們。首先他征服了舒卡河、瓜地亞納河（Guadiana）上游的奧爾卡德斯族（Olcades）的首都阿爾泰亞（Althea），使周邊各部族均臣服，並課納貢義務，獲取大量的資金後返回新迦太基城過冬。

第二年西元前二二〇年夏天，這次他往北進攻瓦卡威（Vaccaei）族的土地，並攻略了兩個城市，但在班師途中卻遭卡佩坦尼族（Carpetani）的大軍襲擊，陷於困境。去年的敵人奧爾卡德斯族的逃亡者與逃出被征服的瓦卡威族城市人民，都加入了卡佩坦尼的這支大軍。戰場在太加斯河（Tagus）上游的托雷多（Toletum，今Toledo）近郊。往南撤退全軍渡過太加斯河的漢尼拔，當機立斷要求全軍向後轉，臨著河岸佈陣，等追來的敵軍開始渡河的瞬間便展開攻擊。強行渡河的西班牙軍隊在登上河岸時遭迦太基戰象部隊踩踏擊殺，還在河中的人被迦太基騎兵砍倒，全軍蒙受了極大的損害。最終漢尼拔的軍隊反過來渡河追擊，敵方敗走。面對超過十萬人的龐大敵軍，這是漢尼拔首次的大勝仗。這並非雙方準備好後展開的會戰，而是意外遭敵人伏擊時必須臨機應變的形式，漢尼拔以河流為盾牌，適切地抓到對手渡河的時機，並活用戰象和騎兵的特性，展現出他機敏應戰的特色。

西元前二二〇年末，漢尼拔圓滿完成遠征回到新迦太基城，等待他的則是羅馬的使節。這個使節是應薩貢圖姆城的要求而來，警告迦太基方面不可攻擊薩貢圖姆及渡過「伊伯河」（厄波羅河？）。使者主張，因為薩貢圖姆尚在羅馬的保護之下，而渡過伊伯河乃違反哈斯德魯巴時簽訂的條約。

薩貢圖姆——第二次布匿戰爭的直接導火線城市，就在這樣的脈絡下首次於史料中登場。有些史料主張薩貢圖姆為希臘裔城市（如阿庇安〔Appian〕等），但似乎並非如此。這個西班牙族群的城鎮位於舒卡河（胡卡爾河）的北方，並在厄波羅河的遙遠南邊，位於西班牙東海岸，立基於可以眺望沿海平原的岩地上。因為這樣的地理位置，才讓薩貢圖姆成為悲劇的城市、大戰的引爆點。西班牙東海岸的平原到此處附近開始收束變得狹窄，如果能控制此處，便可以很容易阻止從新迦太基出發的迦太基軍隊，不使他們向北至厄波羅河，甚至越過庇里牛斯山。

羅馬是何時看上這個城市的？薩貢圖姆成為羅馬的同盟國是在「厄波羅條約」之前，還是之後？目前存在諸多說法。不過，如果攻擊這個城鎮羅馬絕對不會沉默，這點迦太基一方、巴卡家族似乎也都很早就認識到了。波利比烏斯說明，漢尼拔也盡量不對薩貢圖姆出手，這是因為他遵從父親哈米爾卡的建議，在全部取得伊比利半島之前不要

迦太基時代的伊比利半島　顯示主要城市和主要原住民種族。

給羅馬任何可以正當開戰的藉口。

「不要攻擊薩貢圖姆」——在羅馬使節如此脅迫之下據說漢尼拔顯得激動。就算他從一開始便企圖對羅馬發動戰爭，但大概也沒預料到羅馬方面會率先提出「薩貢圖姆」問題。對漢尼拔而言，其實有更具說服力，更具正當性的開戰理由。波利比烏斯指出，如要求羅馬歸還趁傭兵戰爭時奪取的薩丁尼亞島，以及當時不當索取的賠款，如此的說法更妥當，但漢尼拔卻被自己的執著所衝昏頭，錯失了他原本可以據理力爭的正當性理由。年輕的漢尼拔沒有淡淡地指責羅馬犯下的巨大過失，反而針對羅馬指摘自己有攻擊薩貢圖姆的意圖（何況此時他根本完全尚未著手進行），忘我地替自己介入薩貢圖姆的「正當性」進行辯護。

他的反駁大概如下。不久之前薩貢圖姆內部發生黨派紛爭時，被委託調停的羅馬因為不公正，所以幾個領導的公民遭到處刑。迦太基並不打算無視這個違反信義的舉止。對於不公不義下的犧牲者，絕對不會加以拋棄，這是迦太基祖先們傳下來的原則——介入薩貢圖姆是為了保護在羅馬不公正下犧牲的薩貢圖姆城有力人士（大概是親迦太基派的公民），漢尼拔主張薩貢圖姆的真正保護者，是自己所屬的迦太基的這方。對羅馬使節丟出如此回答之後，漢尼拔對本國送出請示的信使。薩貢圖姆人仗著與羅馬人同盟的力量，對遵從迦太基的人們做出不公不義的舉措，對此應當如何處置？他遣使做出的如此詢問，已可以視同為請求開戰許可。

當漢尼拔對羅馬使節公開說明要介入薩貢圖姆的瞬間，第二次布匿戰爭就完全不可避免了，且同時這場戰爭的論述方式也決定了。也就是「因為漢尼拔攻擊羅馬的同盟國薩貢圖姆，因此羅馬與迦太基發生戰爭」的結構。如同波利比烏斯所言，這對迦太基而言是個不太划算的開戰理由。意識到戰爭已無可避免的羅馬使節，為了向迦太基本國提出與對漢尼拔時相同的請求，遂從新迦太基城出航。只是，他們判斷戰場將會是在伊比利半島，以薩貢圖姆為基地展開戰爭，作夢也完全沒想過戰場將會是在義大利。

◎宣戰布告

這段期間迦太基政府給予漢尼拔什麼樣的指示，對羅馬使節的要求又做出什麼樣的答覆，波利比烏斯卻保持了沉默。史料下一個時間點已經到了漢尼拔為了進攻薩貢圖姆，從新迦太基城開拔。占領薩貢圖姆從西元前二一九年春天起，共花費了八個月。羅馬歷史學家蒂托・李維記錄，在包圍戰最激烈之際，羅馬元老院派遣兩位使節去見漢尼拔卻遭拒，他們便轉而前往迦太基本國，接受兩位使節的偉人漢諾在迦太基元老院展開了批判漢尼拔的大演講。這或許是要透過漢尼拔在本國也被批評的描述，強調和他無法無天的一種巧妙的記錄技倆。

攻陷薩貢圖姆後，漢尼拔將這個城鎮富裕的金錢當作遠征義大利的資金先存在自己的手邊，俘虜全部當作奴隸根據戰功分配給士兵們，物品部分為了討取本國公民的歡心而送回迦太基。一切都如同事先計畫的一般。波利比烏斯如此說明漢尼拔的意圖，亦即，透過奪取薩貢圖姆，把羅馬想在伊比利半島發動戰爭的想法扼殺於萌芽之際，也讓其他想反抗的西班牙族群看到下場，最重要的是可以無後顧之憂地向前進軍。

漢尼拔像的貨幣　長谷川博隆，2000年。

薩貢圖姆陷落推算是在西元前二一九年的秋天，羅馬大概是在西元前二一八年春天之後對迦太基送出最後通牒，給予迦太基兩個選擇，是要將漢尼拔和其顧問團引渡給羅馬，或者是要戰爭。面對此羅馬使節，迦太基元老院代表的反駁相當具有深意。

首先針對違反「厄波羅條約」的責難，迦太基一方指出，此條約是由哈斯德魯巴在未獲得元老院的同意下擅自締結的，因此無效，在這樣的狀況下，繼續援用第一次布匿戰爭結束時的條約（西元前二四一年羅馬公民大會介入後遭改訂的最終版本條約），而此條約中卻沒有任何關於於伊比利半島的規定，僅有禁止危害雙方的同盟國而已。在此前提下，強調薩貢圖姆於西元前二四一年還不是羅馬的同盟國，並朗讀了條約中的幾個地方。光是看波利比烏斯此處的記錄，可以理解比起巴卡一族在西班牙的軍事性「暴走」，迦太基元老院更不愉快的是他們在外交上先斬後奏的情況。迦太基與羅馬之間不存在關於伊比利半島的相關條約，從而在伊比利半島上的迦太基——也就是漢尼拔，應可自由執行任何軍事作戰。這就是迦太基政府的官方見解。

羅馬的使節回答：如果薩貢圖姆尚且安然無恙，或許還有各種討論的餘地，現在此城市已經成為違反條約的犧牲品，遭到了屠戮，現在是要將犯人引渡給羅馬，或者要選擇戰爭？西元前二四一年條約中所說的「雙方的同盟國」，不只是包含該時間點上的同盟國，也包含了將來新締結的同盟國——至少條約中並無規定新加入的同盟國不包含在內——波利比烏斯此處指出的看法應該是正確的。征服薩貢圖姆是違反條約無誤，如果把視野侷限在「薩貢圖姆問題」上，漢尼拔／迦太基的錯將相當明顯。羅馬也顯然不打算讓這種有利的開戰藉口逃走。

其中一位羅馬使節——最年長的一位，不斷指著他穿的托加長袍（Toga，羅馬的公民服裝）懷中，向迦太基的元老院集會如此陳述：「這裡頭裝著戰爭以及和平，不管諸位希望那一種，我們都會奉上。」對此迦太基「國王」（最高政務官）回答，你們想奉上哪一種都可以，羅馬人見狀便說，那麼我們就奉上戰爭。迦太基元老院的大多數議員們立刻大叫「接戰吧！」第二次布匿戰爭——除了決定迦太基和羅馬命運，也會改變整個地中海世界樣貌的大戰爭——就從這裡展開。

◎開始進軍

這段期間，漢尼拔在西班牙持續準備遠征。不在伊比利半島，而要直接衝擊羅馬根據地義大利的計畫，此時首次變得明朗。他把大量的軍艦、騎兵、步兵以及二十一頭戰象交給他的弟弟哈斯德魯巴，藉此加固伊比利半島的防禦，因為他預計羅馬將會攻擊伊比利亞。同時為了防守在非洲的本國迦太基，他將非洲兵力調往伊比利亞，將伊比利亞兵力調往非洲。他雖然說明這是為了連結起非洲、伊比利亞兩國的忠誠心，但也是顧慮到如果把士兵屯駐於徵募當地，萬一發生如先前傭兵戰爭、利比亞戰爭的狀況時，出身當地的士兵們會有呼應當地叛亂的可能。透過這種部隊輪調，非洲有馬斯提亞尼（Mastieni）人、奧爾卡德斯人、歐列塔尼人等伊比利南部族群的士兵，另一方面伊比利半島的哈斯德魯巴軍隊中則包含有利比亞人、利比亞腓尼基人、馬西利人、馬塞西利人及毛里人。

準備妥當等待出發的漢尼拔，焦急地等待著高盧（凱爾特）人的使節到來。北義大利的高盧人因為皮克努地方的土地遭羅馬剝奪，以此為契機號召了阿爾卑斯北部的高盧人攻擊羅馬，卻於西元前二二五年的泰拉蒙戰役中戰敗，一如前文說明過的，高盧人對羅馬人積怨日久。漢尼拔針對北義大利、波河流域的肥沃程度、人口，以及和羅馬的關係做完詳細的調查，並得出抵達北義大利後如能獲得高盧人的協助，那麼就有可能在義大利遂行對羅馬的戰爭。

他對北義大利和阿爾卑斯山中的高盧人數度派出使節，做出各種約定引誘他們加入同盟。他們的回答終於到來。來使說明，高盧人將協助迦太基，且翻越阿爾卑斯山雖然既困難又辛苦，但並非完全不可能。

西元前二一八年春天，漢尼拔的軍隊終於開始前進。在此之前迦太基本國把已經發出宣戰布告的通知送達漢尼拔，因此現在他可以確定擁有本國公民的支持展開行動。出發之前他對軍隊召開集會，號召大家對羅馬作戰，並談及羅馬使節要求引渡自己和幕僚一事，挑起了士兵們的憤怒，接著又對大家說明之後作為目標的土地非常豐饒，而且又有高盧人加入同盟等，以激勵士兵們。在士兵集會上說明戰爭的正當性與大致的計畫，這在古代地中海世界中相當普遍，這應該是因為來自城邦的軍隊帶有「公民軍隊」特質之故，而身為「巴卡家革命」化身的漢尼拔，更必須透過演說把士兵的意志統合起來，這對他而言是不可或缺的。因為他身為將軍的合法性，本身就有士兵們的推選，加上有本國公民大會承認等合法手續而來。關於這點，即便漢尼拔的軍隊包含了非洲、伊比利半島、地中海各地的民族，而且身分有傭兵、同盟國軍隊、巴卡一族的迦太基公民等，組成非常多樣，但這些構成擬似民主的士兵集會成員都共享同心協力的感受，如果僅把他們當成以領薪餉為目的的傭兵來理解，就會出現無法完全解釋的部分。

◎渡過隆河

從西班牙的新迦太基城到越過庇里牛斯、渡過隆河，翻越阿爾卑斯山脈進入到義大利北部的波河流域為止。漢尼拔這段行軍的全部里程，依照波利比烏斯的計算總共長達九千斯塔迪昂（stadion），換算起來是一千六百二十公里。

行軍到現在西班牙、法國國境的庇里牛斯山脈為止，大概占了整體行程的一半以上，到此處為止的道路在西班牙內部，前進尚且容易。一行人首先渡過厄波羅河，連續打敗西班牙的伊爾該特斯族、巴固希族（Bargusii）等西班牙的族群，來到庇里牛斯山的山腳。

到達此處後，漢尼拔重新編制軍隊。從遠征軍中分出一萬步兵、一萬騎兵委託給名為漢諾的部下，請他擔任厄波羅河以北地區的總督。這是為了監視剛征服的族群，特別是與羅馬人具友好關係的巴固希人。另外還讓兩萬伊比利亞人士兵返回故鄉，這個做法除了希望他們各自返鄉後能夠成為親迦太基派的中心人物，也考量到讓留下來繼續參與遠征軍的士兵們，能夠懷著自己最終也能平安回家的希望。此外，遠征軍的行李也先交給漢諾保管。考量之前發生傭兵戰爭的原因之一，就是迦太基對待傭兵們不夠親切，不准傭兵們把行李和家人放在迦太基，便可理解漢尼拔的這個舉措。而且在此幫大家好好保管行李，也就傳達了大家必然能夠回到此處的信息。

如此一來，完成輕裝整備的遠征軍，共有步兵五萬和騎兵九千。如波利比烏斯所言，和羅馬的動員能力相較，這樣的人數可以說少到接近無謀。西元前二二五年與高盧人戰爭時，可以徵調從軍的羅馬方面人數，根據波利比烏斯的計算，包括羅馬公民及同盟城市公民，合計有超過七十萬步兵，騎兵則有七萬。或許這樣的數字有誇大之嫌，但羅馬擁有超過數十萬的充足兵力，這點無可置疑。

漢尼拔軍隊正要開始越過庇里牛斯山脈的時候，接到來自迦太基的通知，說明羅馬送來最後的使節交涉破裂，雙方已經開戰。而一收到漢尼拔已經越過厄波羅河的戰報，羅馬也展開應戰的準備。西元前二一八年羅馬決定派遣兩位執政官，一位普布利烏斯．科爾內利烏斯．西庇阿（Publius Cornelius Scipio）前往伊比利半島，一位提貝里烏斯．塞姆普羅尼烏斯．隆古斯（Tiberius Sempronius Longus）前往非洲，此時卻出現了意外的困擾。

羅馬在義大利北部高盧人地區強行建設過往便計畫的蒲拉肯提亞（Placentia）及克雷莫納（Cremona）兩個殖民城市時，高盧人的博伊（Boii）人及因蘇布雷（Insubres）人皆奮起反抗。原本應當分配給普布利烏斯．西庇阿的軍團，前往救援在義大利北部陷入困境的軍團，因此西庇阿被迫要從同盟國徵兵來編制新的軍團。因為收到迦太基軍前來的消息引起博伊人的叛亂，漢尼拔打算與義大利北部的高盧人結盟攻擊羅馬的計畫，很快便已經起到效果。

羅馬的兩個執政官從港口出發前往伊比利半島和非洲，是西元前二一八年的盛夏。塞姆普羅尼烏斯先前往西西里在利利俾調集物資，一副立刻就想要登陸迦太基的態勢，另一方面西庇阿領著六十艘船沿著利古里亞海的海岸北上，在比薩停靠後前往馬西利亞城附近的隆河河口下錨。雖然他收到漢尼拔越過庇里牛斯山的戰報，但離隆河尚有段距離，因此判斷還有些時間。

然而漢尼拔軍隊卻出其不意出現在隆河附近。軍隊位在距離海岸行軍需要四天的上游地帶。只是在此處河流對岸有想要阻止迦太基軍隊的一隊高盧人，因此漢尼拔放棄在此渡河，改往更上游找到有河中沙洲的處所，利用該處渡河。波利比烏斯詳細描寫了漢尼拔如何一面驅逐高盧人，一面讓三十七頭戰象搭上木筏渡過河川的困難作業，成功甩掉西庇阿的羅馬軍。但漢尼拔為了探知位於河口的羅馬軍位置派出的努比底亞人騎兵隊，遭遇了西庇阿派出的斥候騎兵隊而受到損失，這是漢尼拔軍和羅馬軍最初的戰鬥。

完成渡河的漢尼拔召開集會，並讓來自波河流域的高盧人（博伊族）的領袖們在士

渡過隆河的漢尼拔軍　19世紀的畫家所繪。引自 A. Lloyd, *Destroy Carthage!*, London, 1977。

兵面前講話。這是為了向眾人展現義大利高盧人確實期待迦太基軍的到來，並且來到隆河迎接的事實。漢尼拔和他們約定嚮導如何跋涉過阿爾卑斯山的道路以及進行途中的糧食補給。這也讓我們理解翻越阿爾卑斯山並非漢尼拔一時興起的冒險做法，而是透過事前的各項工作確保了整個行程。大概腓尼基人、迦太基人的商人們從過往就有和高盧人接觸的經驗，特別是包括錫礦交易等途徑。當巴卡家族三代人統治西班牙的期間，應該不可能沒研究過由西班牙經阿爾卑斯路徑前往攻擊義大利的方法。比羅馬人預計更快地由庇里牛斯山抵達隆河並完成渡河，這與其說因為漢尼拔是名將，不如說這是腓尼基人、迦太基人發揮了經年累積累下來的地理學實力。

漢尼拔軍隊暫時沿著河川向東發進，這是為了接下來將進入阿爾卑斯山區。當率領羅馬軍的西庇阿三天後抵達渡河地點時，知悉迦太基軍已經由阿爾卑斯前往義大利時，只感到一陣茫然。他立刻從河口折返，委託他兄弟格奈烏斯（Gnaeus）繼續前往當初目的地的伊比利半島，同時自己則調船回頭返回義大利，訂定在漢尼拔從阿爾卑斯下山處等候的計畫。

走上坎尼會戰

◎通過阿爾卑斯山的十五天

從抵達阿爾卑斯山的入山口後約半個月期間，從羅馬人的角度來看，迦太基軍變得下落不明。即便到了今天，討論漢尼拔穿越阿爾卑斯路徑的書籍就有數百冊，提出的說法也有幾十種。這些說法是拿波利比烏斯、蒂托．李維等相關記載再比對實際的地形與道路來建立的，在比較過兩者的史料之後發現波利比烏斯的可信度較高。因為波利比烏斯自稱在漢尼拔翻越阿爾卑斯山約七十年後，親自走了一趟同樣的路徑，踏察各個地方，另外他似乎也有和漢尼拔軍隊的生還者進行過訪談。

如果大致區別，大概有：自渡過隆河之後溯河而上，從支流伊澤爾河（Isère）河谷入山，從此處有幾個地方可以開始攀登，這是北方路線；或者由比伊澤爾河更南方的支流德羅姆河（Drôme）河谷開始攀爬的南方路線。其中對後者路線德．貝爾（Gavin De Beer）做出如此的結論：漢尼拔從亞爾（Arles）渡過隆河，再渡過迪朗斯河（Durance）與愛格河（Aigues），進入波利比烏斯稱為「島」的豐饒三角洲狀的區域，溯著隆河而上沿著德羅姆河行至格里莫寧隘口（Col de Grimone），在此地與敵對的高盧人發生第一次戰鬥。從此處經過拉巴蒂耶．蒙特薩萊翁（La Bâtie-Montsaléon）附近的城鎮，通過加普（Gap）進入吉爾河（Guil）流域，在此地發生第二次戰鬥。沿著吉爾河的夏朵．凱拉斯（Chateau-Queyras，凱拉斯堡）附近有波利比烏斯記錄漢尼拔紮營地的「裸岩」，自此跨越維佐峰（Mont-Viso）旁的特拉佛斯特隘口（Col de la Traversette）後，由薩盧佐（Saluzzo）進入波河流域的平原區。

考量到「北方路線」較「南方路線」更迂迴遙遠，德．貝爾的說法雖然是少數派但更具說服力。如同波利比烏斯以富於機智的說法一語道破一般，把漢尼拔描述成行至前人未竟之處，挑戰魔鬼般高山野嶺的想法，根本是錯的。漢尼拔並非登山專家（alpinist）。正因為他選擇了當地人熟知的，更低海拔的安全道路，所以他才有資格被稱為名將。

越過阿爾卑斯山脈對高盧人而言是家常便飯。西元前二二五年對羅馬戰爭之際，隆河谷的蓋薩塔依人受波河流域的因蘇布雷人和博伊人之邀侵入伊特魯里亞，這個前例便清楚證明這個事實。從博伊人的觀點來看，與羅馬人圍繞著義大利北部土地的紛爭中，雖然試著請來蓋薩塔依人但依舊敗北，因此這次才會帶著迦太基軍前來進行復仇。渡過隆河後的軍隊集會上出現了一位來自波河流域名為馬吉洛斯的高盧人領袖，當眾說明了他們對漢尼拔一行的偉大期待。因此，在道路嚮導上並無困難的漢尼拔軍隊，最大的問題毋寧是對居住阿爾卑斯山中的各高盧人部落，如何分辨其中哪些是友好的，哪些是敵對，找出迴避敵對部落土地的路徑相形重要。

在波利比烏斯所說的「島」的區域中，迦太基軍正好遇上當地兩個兄弟對立爭奪王權。兄長對漢尼拔請求支援，迦太基軍加入王兄陣中驅逐了弟弟，為此王兄盡數提供了漢尼拔軍糧食、武器以及為了翻越山脈所需的服裝設備，甚至一路護衛漢尼拔軍隊來到登山口為止。如此通過敵對的阿洛布羅基斯（Allobroges）人土地，開始攀登阿爾卑斯山。但護衛部落引兵而回，漢尼拔軍自行登越隘口時，阿洛布羅基斯人卻展開了攻擊。沿著山崖通過的狹窄登山道，馬匹和馱獸不斷墜落斷崖。如果背負物資的馱獸全部被殺，那麼剩下的部隊將難以生存。不過在艱苦擊退阿布羅基斯人的攻擊後，便可看到行軍順利了起來。

接下來等著他們的，是假裝友好的陰謀。阿爾卑斯居民們拿著展現友好，以嫩枝編起的花圈來歡迎迦太基軍。漢尼拔不相信這套歡迎，不過將他們趕走顯然就是擺明要他們加入敵軍陣營，因此他假裝相信這些居民，接受了他們送來的人質與家畜，並委託他們嚮導道路。結果當他們被領到地勢險峻之處時，這個部落便進攻而來。若非漢尼拔謹慎，先行指揮讓運補的輜重部隊和騎兵先行，以重裝步兵殿後，恐怕他們將於此全數遭殲滅。然而敵人從高處丟下石頭的激烈攻擊，仍舊造成了相當大的損害。拯救了漢尼拔軍隊的是戰象們。當地居民因為警戒這些不熟悉的巨獸身姿，所以面對行軍陣列時特別留心不對戰象部隊所在區域進行攻擊。

進入阿爾卑斯山第九天，漢尼拔軍來到最高峰。此時已過了十一月七日，是昴宿星團（Pleiades）在日出前就會沒入地平線的季節，山頂附近已經積雪。面對意志消沈的士兵們，漢尼拔以手指著羅馬方向，告訴大軍們下方就是寬廣的波河流域及義大利平原，藉此激勵大軍。

然而，下山的道路遠超乎想像的困難。所經之處皆是即將坍塌的可怕狹窄山路。迎風面一帶有著險陡坡，陳年積雪上又蓋上今年剛下的雪，新雪踏盡後踩到下方的萬年積雪便滑溜不已。一旦滑倒無論是人是獸都必定喪命。人無法爬起就如此一路往下滑落，馱獸或戰象陷入雪堆中無法動彈。

漢尼拔最初想要繞過這些危險地區，但因為積雪的緣故而無法辦到。他只好把山脊上的雪挖開讓軍隊在該處宿營，並動員了努米底亞士兵針對難以通過的山崖進行通道開鑿。根據蒂托・李維的說法，此時迦太基軍以火加熱阻擋通路的巨岩，並淋上醋使其易碎，之後以鐵擊碎。為了保養武器醋在軍隊中似乎是常備用品。這種技巧或許是巴卡家族在伊比利半島著手開採礦山時學到的。他們只花一天就打通了馬匹和馱獸能夠通過的通道，並立即讓馬匹通過移動到對面沒有降雪的地區，讓牠們到草地上吃草。拓寬到大象能通過的寬度則花了三天。翻山越嶺期間因為積雪連草料都沒法吃到的象群，以又餓又瘦的悽慘模樣通過了山頂。穿過崖道後三天，迦太基軍隊終於抵達了義大利的平原地帶。

從新迦太基出發已經過了五個月，翻越阿爾卑斯山脈花了十五天，在渡過隆河與阿爾卑斯山上的戰鬥，加上難以通過的道路造成了龐大的損害，可以說是一場死屍累累的行軍。越過庇里牛斯山時尚有步兵五萬、騎兵九千，渡過隆河時減少到步兵三萬八千，騎兵八千，越過阿爾卑斯抵達波河流域時，又再折半，剩利比亞人步兵一萬二千，伊比利亞人步兵八千，騎兵總數不過六千。不過，象群倒是大多存活了下來。要說迦太基軍人究竟抱持著什麼樣的心情，看著這些值得信賴的象群呢？那大概是，這些戰象證明了他們不是殘兵敗將，牠們是成功跨越阿爾卑斯的最佳證明。

◎交戰提基努斯河畔以及特雷比亞河

之後，在義大利的漢尼拔雖然獲得義大利北部高盧人的加入，但仍舊人數不多，在率領少數軍隊面對羅馬執政官率領的軍團時，他則屢屢獲得戲劇性的勝利，也在戰爭史上獲得極高的評價。首先他攻陷了義大利北部高盧人中反迦太基派的陶里尼（Taurini）人首府（杜林〔Torino〕），之後在波河支流的提基努斯河（Ticinus，提契諾河〔Ticino〕）附近，與從馬西利亞搭船回來的普布利烏斯・西庇阿騎兵隊相對峙，並打敗了對方。

這次的小對決，在努比底亞騎兵隊攻破羅馬騎兵隊這點上，可以說預言了之後戰爭的走向。實際上，看到羅馬騎兵隊敗走的鄰近高盧人部族，接連派遣使者前去見漢尼拔，締結同盟，並允諾提出援軍和物資。在提基努斯戰役中身負重傷的西庇阿，也南渡波河撤退。而且該陣營當中，參加羅馬軍的高盧士兵開始出現了叛變。

在這個時候，博伊人也出現在漢尼拔陣營中。他們是為了索取不久前抓到的羅馬三位高官——這三個人是為了把波河流域的土地分配給羅馬市民而被派遣而來的土地徵用委員——而來。對博伊人與因蘇布雷人而言，第二次布匿戰爭是面對一直以來不斷入侵殖民他們故鄉的羅馬人所進行的土地收復鬥爭。漢尼拔感謝博伊人並與其交換同盟誓約後，表示博伊人可以拿這三個羅馬人去交換博伊族本身被羅馬捉走的人質，並建議嚴加看管後將三個羅馬人交給了他們。

察覺到高盧人有背叛危險的西庇阿，將軍隊撤往特雷比亞河（Trebia）。他估計在該處的丘陵上進行佈陣將可以封鎖迦太基軍騎兵的威力。另一方面，之前送往西西里的另一支羅馬軍隊——提貝里烏斯・塞姆普羅尼烏斯率領的軍團——也被從利利俾召回，前往與西庇阿會合。耳聞提基努斯河畔騎兵戰鬥結果而開始覺得不安的羅馬市民，見到提貝里烏斯和他的軍團穿過羅馬市內往北行軍，都覺得這下應當可以取勝了。

特雷比亞河附近提貝里烏斯軍和迦太基軍的前哨戰，由羅馬方面取得勝利。漢尼拔擔心在沒有整體作戰構想的零星交戰中會逐漸被捲入大會戰，早早便吹起號角收兵。提貝里烏斯沉醉於這次勝利而急於挑起決戰，負傷的普布利烏斯・

第二次布匿戰爭時代的義大利半島

西庇阿試圖說服提貝里烏斯，認為只要時間一長，高盧人也會改變想法反叛迦太基軍，眼下應該先撐過這個冬天，但提貝里烏斯並沒有聽進去。因為羅馬的執政官任期只有一年，繼任的選舉時間在即，這似乎是讓貝里烏斯．塞姆普羅尼烏斯感到焦急的原因。

特雷比亞河畔的會戰發生於西元前二一八年年尾的冬至之日。當天下著混著冰的雨，分外地寒冷，最終變成下雪。首先全軍渡過特雷比亞河的是羅馬軍，他們中了努米底亞騎兵挑釁的計謀而發起追擊。波利比烏斯說明，漢尼拔在作戰前一天的晚餐前做好安排，教導弟弟馬果作戰的程序和戰法。這個仔細思考過的計畫，在使用河川當作盾牌這點上，可說是漢尼拔最初獲得勝利的托雷多近郊戰役的變化型。渡過水深及胸的特雷比亞河，羅馬軍直接面對迦太基軍整然的陣勢顯得毫無招架之力，就此敗北。羅馬軍被夾在背後的河川與迦太基軍之間，成為象群和騎兵的最佳攻擊目標，不斷地被擊倒。一萬名步兵逃到蒲拉肯提亞（Placentia），剩下的兩萬幾千人全數遭到殲滅。

於此稍微說明一下此次作戰中漢尼拔的基本陣勢。他在中央配置了橫列的長步兵陣（伊比利亞兵、高盧兵、利比亞兵），兩翼配置努米底亞人及高盧同盟軍的騎兵。戰象部隊分成兩部配置到步兵部隊兩側的前方側翼。兩翼的騎兵追殺驅散羅馬騎兵，之後從兩側包圍剩下的羅馬步兵部隊將其趕盡殺絕。這是一場大勝利——但，對戰象們而言卻是最初也是最後的戰役。戰役結束後因為持續降下的豪雨及大雪，跨越阿爾卑斯山來到此處的象群，除了一頭活下，其餘全部死去了。除此之外人和馬也都遭凍死。就算對漢尼拔的士兵來說，這也是一個非常嚴苛的冬天。

◎特拉西美諾湖畔的戰役

特雷比亞戰役的真相傳到羅馬之後，羅馬方面慌張地尋求對策。從內容來看，我們可以得知羅馬警戒著迦太基會立刻從南方——海上——送來別的部隊。因此增強了配置在薩丁尼亞、西西里的軍團，加固塔拉絲（塔蘭托）等其他要衝的防衛部隊，派出使節前往錫拉庫薩要求希倫的支援。希倫立刻送來包含五百名克里特士兵的一千五百人援軍。確保錫拉庫薩的支持相當重要，若此時錫拉庫薩倒向迦太基一方，羅馬可能承受不起這個後果（錫拉庫薩之後在老希倫過世的西元前二一六年，也就是在坎尼會戰之後，捨棄羅馬倒戈於迦太基，但此時已經喪失最佳時機）。

西元前二一七年兩位執政官格奈烏斯・塞爾維利烏斯・格米努斯（Gnaeus Servilius Geminus）及蓋烏斯・弗拉米尼（Gaius Flaminius Nepos）徵集同盟諸城的軍隊，從羅馬公民編制新的軍團，塞爾維利烏斯前往亞得里亞海方面的阿里米露（Ariminum），弗拉米尼則前往伊特魯里亞在亞雷提恩（Arretium）佈陣。以此兩處作為前線基地，擺好陣勢要阻止漢尼拔軍隊的南下。

兩位執政官中的弗拉米尼，就是主張把義大利北部高盧人（塞農人〔Senones〕）土地分配給羅馬下層公民的元兇，他也是反抗元老院的「民眾派」政治家先鋒。漢尼拔發動戰爭的前提條件之一，也就是義大利北部高盧人對羅馬的敵意，可以說就是弗拉米尼主張的土地政策所帶來的結果。羅馬的指揮官從羅馬城出發前會透過鳥的占卜等方式詢問神意，帶著好預兆前往作戰是個重要的原則，但弗拉米尼卻未舉行這個儀式便發兵前進，這也表現出元老院反對他就任將軍的一種抵制做法。欠缺觀鳥占卜法（auspicium）的執政官將被不吉利的陰影所壟罩，根據蒂托・李維記載，各地可以見到大量凶狠的惡兆，如羅馬士兵攜帶的長槍突然燃燒起來、盾牌遭血浸濕、灼熱的石頭從天而降、天空可見有如在爭吵一般的太陽和月亮，還有升起了兩個月亮等。在卡厄瑞城的水中混入了血、海克力士之泉滴落的水留下血的痕跡。在羅馬亞壁街道（Via Appia）沿邊上的戰神瑪爾斯（Mars）與狼的雕像，也令人毛骨悚然地溽濕了。

另一方面，漢尼拔在義大利北部的冬季陣地推演如何瓦解羅馬對義大利的統治。在特雷比亞俘虜的羅馬軍隊中，漢尼拔只給羅馬城的士兵最低限度的口糧並以鎖鏈鎖住，但對於來自羅馬其他盟國的士兵，則給予慎重殷勤的待遇，並且集中這些人對他們進行演講：我們不是為了與諸位作戰而來的，和羅馬作戰的目的，是為了諸位，也就是為了恢復義大利人們的自由，我們是來幫助各位取回被羅馬人所剝奪的所有城市和土地。他如此說明後，並未要求贖金便釋放這些士兵返回故鄉。

漢尼拔軍隊中有一位希臘人歷史學家賽列努斯（Silenus Calatinus）同行，波利比烏斯記錄中的漢尼拔言行據信許多都是根據賽列努斯的文書，因此應當相當接近事實。這個時期，據說漢尼拔在軍隊中會喬裝，因為他不信任加入幫忙的高盧人，為了避免遭到暗殺而準備了符合各種年紀的假髮，除了換上假髮還會配上相符的服裝，避免讓人們知道他真正的容貌。

西元前二一七年春天，漢尼拔的軍隊朝著伊特魯里亞前進。他們花了四天三夜強行軍直接穿越阿諾河（Arno）的氾濫平原，以高盧士兵為主有許多士兵陣亡。一望無際的泥淖中完全無法睡眠的迦太基軍不斷挺進，漢尼拔自己乘坐僅剩的一頭大象，勉強不用浸泡水中前行。他的眼睛遭受感染，雖然承受著激烈的痛苦但在這種情況下也無法獲得治療，終於導致一眼失明。

進入伊特魯里亞後，漢尼拔避開駐紮在亞雷提恩的弗拉米尼軍團往南推進，漸次騷擾掠奪羅馬的領土。他採取這樣的做法，是因為仔細研究過弗拉米尼這個人，弗拉米尼身為煽動型政治家，他所具備的虛榮心使他無法不顧「民眾的受害」，加上他的性格又極易暴躁，果然，弗拉米尼不等執政官同僚塞爾維利烏斯軍前來會合，便逕自開始追蹤漢尼拔的軍隊。在羅馬軍的陣營中跟來了大批等著看弗拉米尼勝利的羅馬民眾，他們已經帶著要來分配繳獲戰利品的心情，自行帶來鎖鏈與腳銬，想要把迦太基士兵鎖回去當作奴隸。

如此追蹤迦太基軍的羅馬軍，從特拉西美諾湖旁通過進入前方的山谷。這是六月二十一日一個多霧的清晨。漢尼拔在這個山谷設下了巨大的陷阱。在山谷深處的險峰上漢尼拔佈下了伊比利亞士兵和利比亞士兵，前進路線右側配置長槍部隊及來自巴利亞利群島的投石兵，左側配置騎兵和高盧士兵。結果一萬五千名羅馬士兵在幾乎沒有做出像樣的抵抗下遭到迦太基軍的擒殺。弗拉米尼自己也被高盧士兵所殺。通過山谷前方隘口的後續羅馬軍隊被推向湖中，有些身著沈重盔甲就此溺斃，有些站在湖水淺處只能露出頭部，也遭到騎兵的砍殺。逃出此處的大約六千人也成了俘虜。弗拉米尼軍至此被消滅。

◎諸神的戰爭

至此為止的戰爭，羅馬統治階級並不見得會向羅馬公民傳達正確的作戰結果。例如去年特雷比亞戰敗，民眾也僅是聽到風聲，指揮官塞姆普羅尼烏斯只回報因受暴風雨影響妨礙羅馬軍取勝。但這次敗戰卻無法完全隱藏了。羅馬召開集合全體公民的公民大會，法務官（Praetor，又稱民選官、裁判官、副執政官）宣布「我們在一場大戰中戰敗了」。首次明確體驗到戰敗的羅馬民眾既驚愕又動搖。元老院總算還保持著平靜，但接著存活下來的另一個執政官塞爾維利烏斯從阿里米露傳來派遣出去的騎兵隊四千人遭漢尼拔部下的馬哈伯（Maharbal）全數殲滅的戰報，元老院也不得不頹然絕望。他們決定停止每年舉行的最高政務官選舉，改選出在非常事態下最長時間半年將國家事務全權委任的獨裁官（dictator）。

受到任命的是昆圖斯·費比烏斯·麥克西穆斯（Quintus Fabius Maximus）。他出身自羅馬的地主貴族（Patricii，或稱豪族）名門，他的政績之一，便是曾反對過死於特拉西美諾湖畔的弗拉米尼土地分配政策。對迦太基戰爭也非常謹慎，是一位直到最後都反對宣戰布告的人，可說是保守的良知派人士。獨裁官握有軍事大權，本人率領步兵，但騎兵長官則另外任命。此時被任命為騎兵長官的是馬庫斯·米努奇烏斯（Marcus Minucius），屬親「民眾派」，行徑稍嫌輕率。

整備非常時期戰爭體制的，不僅止於羅馬的人們。羅馬的諸神、宗教界也呈現出了異樣的狀態。古代人認為戰爭除了是人類之間的戰鬥，同時也是雙方神明的戰爭。與漢尼拔軍隊一同侵入義大利的是哪位神明？羅馬人如此自問，得出的答案就是加地斯的海克力士（美刻爾）。

羅馬歷史學家李維記載，漢尼拔從西班牙出發前親赴加地斯，在海克力士神殿進獻了約定的供品，並對神明起下新的誓言，如果能在剩下的作戰中獲得勝利，將再奉上哪些供品。特拉西美諾湖戰敗之前出現了各種凶兆，在卡厄瑞（即皮爾吉〔Pyrgi〕附近）曾有從海克力士之泉滴下血水的案例，羅馬的祭司們或許因為此事才獲得靈感。

如此判斷之後，他們決定必須想辦法把海克力士拉攏到自己這一方。在羅馬的海克力士神殿舉行了進獻犧牲的儀式，為了海克力士之妻朱文塔斯（Juventas，青春女神）舉辦了饗宴（西元前二一八年）。騎兵長官米努奇烏斯在與漢尼拔軍隊作戰之餘，也會在海克力士神壇上獻祭（西元前二一七年）。這也明白顯示了羅馬人有意識到迦太基人把海克力士當作美刻爾神來崇拜。

西元前二一七年年末的十二月十九日，羅馬舉行自古以來的祭祀儀式之一，薩圖爾納利亞祭典（Saturnalia，即農神節），不過這一年的儀式據說改為「希臘風格」。研究者之一認為，此項變更是因模仿迦太基的農神，也就是巴力．哈蒙信仰中神的饗宴，導入在公開場合開設饗宴之故（帕瑪〔R. E. A. Palmer〕）。這種饗宴主人要招待奴隸上餐桌，亦即是一種對通常價值觀的反轉做法。

除了把美刻爾神、巴力．哈蒙神拉攏到自己一方，為了獲得羅馬自古以來的諸神援助，羅馬人也採用了異常的方法。費比烏斯．麥克西穆斯就任獨裁官的日子，認為這次災難的原因是弗拉米尼就任執政官時輕忽儀式之故，為了解除諸神的憤怒，他命令對《西坡拉占語集》（*Libri Sibyllini*）——從王政時代傳承下來詳細記載羅馬命運的預言書籍——進行查閱。結果，在各式各樣宗教上採取非常手段後，其中最重要的是「神聖之春」（*ver sacrum*）的誓言。也就是，如果今後五年之間，羅馬這個國家能夠在與迦太基和阿爾卑斯以南的高盧人戰爭中撐過來，那麼羅馬將把當年春天生下的所有家畜當作犧牲，都獻給朱庇特神。公民大會雖然決定了此事，不過真正施行得等到西元前一九五年。好像為了對抗迦太基的陀斐特儀式——希臘人、羅馬人認為是大規模的幼兒犧牲儀式——也把剛生下來的孩子（只不過不是人類而是動物）大量殘殺進獻給神明。

◎「拖延者」費比烏斯

如此盛大地完成宗教上的手續後，獨裁官費比烏斯出發迎擊漢尼拔軍，但意外地他並不進行戰鬥。因為對身經百戰，砥礪磨練過的迦太基軍挑起決戰大概也無勝算，因此這是一種寧可強調羅馬的強項——因為在自己根據地義大利，所以擁有無限的補給和豐富的人員——靈活運用這些條件進行持久戰，等待敵軍陷入疲弊的戰略思考。

實際上，阿諾河沼澤行軍之後，漢尼拔軍隊的人和馬匹都出現皮膚病的困擾，甚至在特拉西美諾湖戰役勝利後，還前往靠亞得里亞海一側的鄉下，以葡萄酒清洗馬匹進行治療。抵達亞得里亞海岸之後，漢尼拔入侵義大利之後首次得以遣使返回迦太基。接獲勝利戰報的本國除了歡喜之外，也更鞏固了全力投入義大利與西班牙戰線的方針。

迦太基軍隊將亞得里亞海沿岸掠奪殆盡之後便南下，進入義大利半島東南部的阿普裏亞（Apulia）地方，攻陷羅馬的拉丁殖民城市盧切拉（Lucera）等地，並在道尼亞（Daunia）地方佈好軍陣。在此地漢尼拔軍遭遇了費比烏斯的軍隊，但費比烏斯軍只與漢尼拔軍隊保持平行並進，並未加以攻擊。鬆懈的迦太基士兵離開主要部隊外出掠奪時，很快就遭襲擊被殺。費比烏斯一側採取的是潛身義大利「民眾大海」中的一種游擊戰術。而這種戰術能夠成功，是因為義大利中南部各地方對羅馬的恐懼，以及保有對羅馬的忠誠心。當地與義大利北部的地域性差異，也可從這點上看出。

漢尼拔與高盧人一同攻擊羅馬這個事實，或許反而造成了義大利中部的人向羅馬集結的情況。對經歷過數次高盧人自北方入侵的義大利半島人們而言，這位與高盧人一起的迦太基將軍即便疾呼「義大利的自由」、「從羅馬解放」，民眾不見得會想追隨。加上費比烏斯大軍也在，即便想要加入迦太基軍隊大概也會停下三思。另外，羅馬軍為了不讓迦太基軍獲得糧食，甚至還不惜進行焦土作戰。

看出費比烏斯不打算接戰的漢尼拔，率軍下了亞平寧山進入坎帕尼亞（Campania）平原並掠奪卡普阿城周邊。與義大利半島東面的亞得里亞海一側不同，坎帕尼亞鄰接羅馬根據地的拉丁姆地方，如果做出想要奪取此地的行為，漢尼拔判斷羅馬軍應該會不得不應戰。

但是費比烏斯並不受引誘，只在山腰上看著漢尼拔軍隊掠奪肥沃的法勒努斯（Falernus）平原蒐集大量的戰利品，並守住漢尼拔軍隊要返回冬季營地時必須經過的山路。陷入被甕中捉鱉狀態的漢尼拔，則靠著牛角綁上火炬的牛群——這也是戰利品——狂竄的奇招，突破了費比烏斯的封鎖線，平安地回到了冬季營地。因為未能掌握抓住漢尼拔的絕佳機會，費比烏斯遭到相當的責難，甚至被冠上了「拖延者」的綽號。

費比烏斯的同僚騎兵長官米努奇烏斯見到這種情勢認為自己出場立功的時機到來，奮勇而起。費比烏斯為了出席某個獻祭儀式返回羅馬期間，把軍隊委託給米努奇烏斯。米努奇烏斯立即出兵挑戰漢尼拔，並且在被迦太基軍占領的戈洛尼亞（Geronium）城附近取得一次勝利。接獲這個通報羅馬城欣喜若狂，最後甚至免除了費比烏斯的獨裁官職，改任命米努奇烏斯為獨裁官。費比烏斯等於被貼上了無能的標籤一般。漢尼拔見到羅馬兩位獨裁官之間的競爭心態，也看穿了米努奇烏斯一心想要求取戰功，因此選擇將米努奇烏斯當作目標，將其誘入周遭佈滿伏兵的山丘，給米努奇烏斯軍帶來重創。若非在附近另外駐紮的費比烏斯前來搭救，米努奇烏斯軍隊甚至將變成特拉西美諾湖慘敗的翻版。

◎坎尼會戰

西元前二一七年就這樣結束了。羅馬政務官選舉的結果，由盧基烏斯・埃米利烏斯・保盧斯（Lucius Aemilius Paullus）以及蓋烏斯・特雷恩蒂烏斯・瓦羅（Gaius Terentius Varro）擔任西元前二一六年的執政官。去年生還下來的執政官格奈烏斯・塞爾維利烏斯，以及替補陣亡執政官弗拉米尼的馬庫斯・阿蒂利烏斯・雷古魯斯二人被延長命令權，以前任執政官身分繼續指揮軍隊。也就是啟用了四位指揮官對抗漢尼拔的軍隊。

動員的羅馬軍團達到八個軍團，是平時準備的四個軍團的一倍。一個軍團擁有步兵四千，騎兵二百（非常時期可能增為步兵五千、騎兵三百），再加上同盟諸城也加入相同數量的步兵及三倍的騎兵。普通的戰爭以一位執政官領導兩個羅馬軍團，加上同盟軍前往作戰為原則，面對僅僅兩萬左右的迦太基軍（即便加上高盧人的同盟軍也不超過五萬）竟出動如此大軍，可以看出羅馬方面有多麼驚恐。

漢尼拔入侵義大利，已經進入了第三年。在這年無論如何必須根除漢尼拔軍，否則將會危急羅馬的威信，羅馬元老院絕大多數都傾向進行決戰。漢尼拔這方也希望能夠進行決戰，問題出在選擇何處當作戰場。雖然僅有敵方一半的兵力，但其中騎兵超過一萬，核心騎兵還是翻越阿爾卑斯山的剽悍努米底亞騎兵及魁梧的伊比利亞騎兵。漢尼拔的看法是，在開闊的場地能夠活用騎兵的優勢，如此或許可有獲勝的契機。

他選擇了阿普裏亞地方奧凡托河（Aufidus）的小城坎尼（Cannae）。這個城市到去年為止已經遭到破壞，但仍舊被當作收集各地方物資以補充羅馬軍隊的基地。西元前二一六年六月，小麥的收成結束，已經可以徵收今年穀物的時節，漢尼拔從冬季營地戈洛尼亞出發，經過五天的行軍後，占領了坎尼。

在塞爾維利烏斯指揮下與迦太基軍對峙的羅馬軍開始動搖。糧食基地遭到占領當然也是問題，更重要的是坎尼的城寨是控制此地區整體的要衝。塞爾維利烏斯屢屢派遣信使前往羅馬，要求立即對漢尼拔決戰，說明如果放置不管，將導致同盟各國的決心動搖，將會造成不可收拾的嚴重局面。決議要進行會戰的元老院指示塞爾維利烏斯等待援軍抵達，並派遣西元前二一六年的兩位執政官保盧斯和瓦羅前往馳援。其中特別是埃米利烏斯・保盧斯，他是在西元前二一九年在伊利里亞（Illyria）戰役中獲得成功的名將，可說是羅馬的希望之星。

坎尼會戰在西元前二一六年的夏天，傳說則是在八月初爆發。朝漢尼拔軍隊佈陣的坎尼附近推進的兩位羅馬執政官之間，出現了意見的對立。保盧斯見到此處是沒有森林的一大片平原，認為與騎兵能力更強的敵軍在此決戰是危險之舉，主張應當將敵軍誘導至其他可以發揮羅馬重裝步兵本領的地點，但瓦羅並不聽從此意見。當有兩位執政官率兵時，指揮權由兩位執政官各負責一日，彼此交替。次日當瓦羅取得指揮權時，羅馬軍隊朝著迦太基軍隊逼近，行進中的羅馬軍雖然遭受漢尼拔的輕裝兵及騎兵襲擊，但位於羅馬軍隊前方的重裝步兵頂住了攻勢，這天就在羅馬軍取得整體優勢的狀態下結束。然而，這一天的作戰中，羅馬軍隊變得無法再撤退。如果改變進軍方向將會露出羅馬軍隊側面，此舉定會招致迦太基軍騎兵的攻擊。隔天取得指揮權保盧斯只能保持這樣的態勢在奧凡托河（Aufidus）附近佈下軍陣。

河川的左岸為羅馬軍的主要陣地，右岸也分出三分之一的兵力另設一處陣地，以做威嚇敵軍之用。

知道決戰時刻逼近的漢尼拔，集合士兵們進行演說。這是為了激勵因為之前小對戰中敗北而顯得低落的士氣。他對士兵們說，先看看周遭吧。樹木鮮少，草也枯萎的地中海區域夏季平原向外延展無際。「在現在的這種情況下，在這樣的戰場以遠勝對方的騎兵威力和敵軍決戰，我還能夠再向諸神祈求更好的狀況嗎？」——立刻回答「不能！」的士兵之間瞬間士氣大振。「那麼，向諸神們感謝這樣的狀況！因為，為了讓諸位獲勝而將敵軍引導至此的，正是諸神們。而且，也向我致上感謝吧！因為能強使敵軍來到此處的正是我！他們已經無法迴避戰爭。在這個明顯對我方有利的地點作戰，他們將無處可逃！」漢尼拔的此番言語，彷佛在遠離故鄉置身敵境，在無藏身之所的平原上面對數量倍於己方的迦太基士兵們身上施加了魔法一般。他們眼前的廣袤平原，以及在此佈陣的敵軍，變成了一種諸神賜予的奇蹟。敵人不是因為自己的意志來到此地，而是諸神、是漢尼拔將他們引導至此，把他們化為大好的獵物。

實際上爆發大會戰是在三天之後的八月二日。瓦羅取得指揮權的當天。目前比較有力的說法指出戰爭主要發生在奧凡托河的右岸，但事實上今日我們並無法得知詳情。唯一清楚知道的，是迦太基軍擺出的特殊陣形。

當時的羅馬軍佈陣通常以兩側配置騎兵，中央配置步兵，迦太基軍也是如此。但是迦太基軍的中央步兵隊並非以直線排列，而是像新月一般向中央突出。位在中央的是高盧士兵和伊比利亞士兵。高盧士兵按照他們的習慣，作戰時全裸，只在脖子掛上金項鍊。伊比利亞士兵身著紫紅鑲邊的戰鬥服裝，相當引人注目。在他們兩側則為利比亞（亞非利加）士兵，穿用著至今為止從戰鬥中獲取的戰利品，也就是羅馬士兵的武裝。騎兵方面，左翼為伊比利亞和高盧騎兵，右翼則配置了努米底亞騎兵。

雙方的輕裝士兵衝突之後，重心轉移至左翼的騎兵戰，以及中央的重裝步兵隊的戰鬥。中央的戰鬥一如漢尼拔的意圖，首先由正中央突出部展開，也就是高盧士兵和伊比利亞士兵對上羅馬的重裝步兵部隊。羅馬步兵與裸身的高盧步兵作戰時或許還想著「這群野蠻人」。迦太基軍的步兵人數遠劣於羅馬方面，而且排出的陣列也相對顯得稀疏。果然高盧、伊比利亞士兵們開始轉身退卻，趾高氣昂的羅馬重裝步兵開始進行追擊。羅馬部隊衝入敵方陣列崩潰之處，也就是突出部分的中央端，並且逐漸被吸入迦太基全軍的中央部位。

迦太基軍原本突出的戰陣現在向後收縮，成為了類似漏斗的形狀。就在羅馬軍正以為可以將敵軍自中央一分為二時，他們的兩側出現了身穿羅馬式武裝的利比亞步兵，利比亞步兵九十度轉向，朝著羅馬軍隊發動攻擊，羅馬步兵無法保持原本列隊，陣勢反倒被切斷。

另一方面，如果觀察兩側的騎兵交戰狀況，右翼的努米底亞騎兵與敵兵接近後隨即大範圍地退後，之後重新掉頭朝向敵軍攻擊，以他們獨特的作戰方法封鎖住羅馬軍左側與同盟國騎兵，同時迦太基軍左翼的伊比利亞、高盧騎兵戰勝羅馬右翼的騎兵後又前來加入戰局，羅馬同盟國的騎兵們見狀動搖，開始朝後退開。

指揮左翼騎兵隊的指揮官哈斯德魯巴把追擊的任務交給努米底亞騎兵，接著親自率領伊比利亞、高盧騎兵衝向中央步兵戰的戰場，從羅馬軍的背後加以衝擊。等

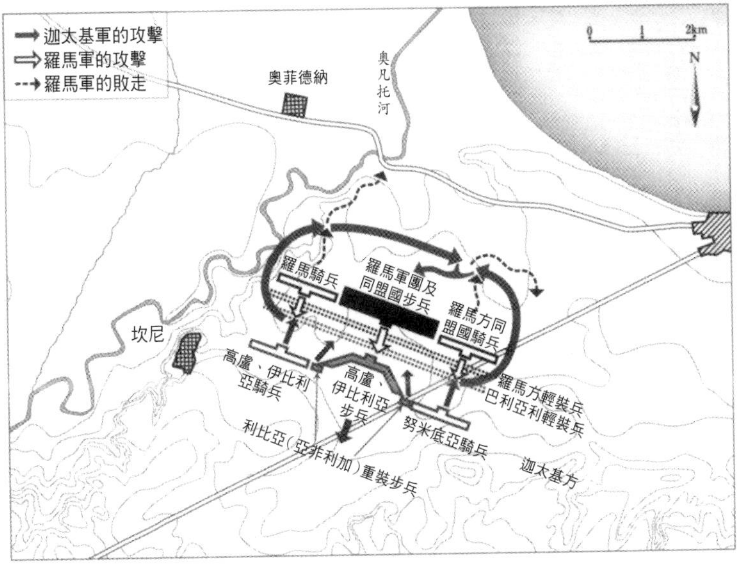

坎尼會戰的陣形圖　根據 J. Kromayer 之圖繪製。

到羅馬軍察覺時，已經遭到迦太基軍的包圍。保盧斯首先陣亡，殘餘的羅馬軍從外側士兵依次往中央被砍擊身亡，最終無一人生還皆死於當場。去年的兩位執政官塞爾維利烏斯及雷古魯斯也在其中。這段期間同盟國的騎兵幾乎也盡數遭到努米底亞騎兵殺害。僅有七十名羅馬騎兵逃至遠處的韋諾西亞（Venusia）城，執政官瓦羅也是其中之一。其他在中央主戰場以外之處成為俘虜，或者逃亡者大約一萬多名。這就是坎尼會戰的結果。平原上盡覆蓋著羅馬人的屍體。八萬人的大軍中，有七萬人戰死疆場。五萬名左右的迦太基軍大約僅損失了五千七百人。在前近代的會戰當中，如此壓倒性的勝利，如此淪為單方面殺戮的例子鮮少。或許這只能視為是巴力神和美刻爾神的神力所為。

數日後，義大利北部也發生了戰鬥。法務官波斯圖米烏斯（Postumius）率領的羅馬軍遭到博伊人的襲擊而全部陣亡。推估在坎尼會戰之前，漢尼拔應當會讓軍中高盧人返回故鄉穆提納（Mutina，今日的摩德納〔Modena〕），這支羅馬軍便朝此地進軍，卻在森林中落入陷阱，兩個羅馬軍團遭到消滅，波斯圖米烏斯的首級還被帶去了博伊人的神殿。

羅馬城陷入了恐怖的氣息當中。從前線傳來兩軍在坎尼對峙時起，羅馬城內到處都是獻給神的供品與對神的祈求，到處充斥著預兆與神諭。羅馬市民不顧儀容在所有場所祈禱，希望將諸神請到自己的陣營來。然而，隨著悲慘的消息接續傳來，街道上開始呈現宛如喪事的模樣。羅馬城中被如黑夜一般的沈默所支配，店家緊閉門扉。甚至到了元老院的市政官（aedilis，或營造官，負責監督市場）必須巡迴城內央請店家開門的程度。

漫長的下坡

◎發生變化的漢尼拔

漢尼拔的軍事經歷至此達到最高點。阿普裏亞海岸地方全部納入迦太基軍的統治之下。亞庇（Arpi）城的居民或卡普阿城皆邀請漢尼拔前去，許多城市也都將目光投向漢尼拔軍。西元前二一六年夏天的這些日子中，迦太基軍似乎取得了全能的力量。如果一口氣攻向羅馬，不知道將會發生什麼事情。從坎尼到羅馬只有幾天的距離，而且此時義大利半島上，除羅馬外港的奧斯提亞（Ostia）艦隊和新徵募倉促成軍的兩個軍團以外，已沒有其他任何的羅馬軍隊。

然而，以八月二日為界，漢尼拔突然變得慎重起來。他穩坐義大利南部的坎帕尼亞地方，開始進行長期性的穩固地盤作業。這個方針轉換，或許是因為漢尼拔遠征義大利的目的過於籠統。雖然說是對羅馬進行報復，但此次遠征究竟具體要實現什麼，要達成到什麼程度為止，似乎從最初就沒有清楚的計畫。在進行長遠考慮之前便被迫面對「薩貢圖姆問題」，且最終走到不得不開戰，這或許才是事實的真相。

漢尼拔的迅捷雖然能出羅馬人意表地消滅義大利本土的羅馬主力部隊，但如何利用這樣的空前勝利，無論漢尼拔或者迦太基本國政府都不清楚。到坎尼會戰為止，一直依靠所謂西班牙巴卡一族的主觀報復意識猛然前進的漢尼拔，在獲得空前成功的當下，開始被迫必須去面對在義大利，甚至整個地中海的客觀情勢中，「勝利者迦太基」該如何軟著陸的問題。這需要老練的外交手腕，是異常困難的一項作業。然而雖然經過極大的努力，最終他仍舊未能成功。

波利比烏斯試著分析左右作戰方向的要因之一，也就是漢尼拔的性格，漢尼拔性格中屢屢遭人指責的，就是他的殘忍和對金錢的欲望，波利比烏斯針對這部分持續進行檢討，大多數的場合，決定人們行動的是事態的複雜程度和周圍人們的影響，而並非個人的性格——波利比烏斯認為漢尼拔的狀況也符合這樣的原則。他質疑當時一般普遍的論調，也就是驕傲自滿的漢尼拔成為貪慾和殘暴的俘虜，不斷進行掠奪和採取各種野蠻行徑是造成他無法掌握各城市而敗北的理由。

實際上，漢尼拔在坎尼會戰之後，一直在義大利嘗試締結「反羅馬」甚至「非羅馬」的鬆散同盟。西元前二一六年秋，背叛羅馬同迦太基軍進軍坎帕尼亞的卡普阿城，就是這種同盟中的最大城市。其他同為坎帕尼亞地方的阿泰拉（Atella）、卡拉地亞（Calatia）；薩莫奈地方的一部分，以及阿普裏亞地方的薩拉皮亞（Salapia）、亞庇、赫多尼亞（Herdonia）；布魯蒂姆（Bruttium）地方的居民等都是主要的同盟者。

羅馬方面的史料把這些倒戈迦太基的各城市，特別是卡普阿，描寫成因富貴而驕奢頹廢的城鎮，嘗試打造漢尼拔煽動這些墮落城鎮的民眾走上反羅馬運動的國家敘述。甚至在迦太基國內也認為代表「革命」和「民眾」一方的巴卡家族，也在義大利埋下了動亂種子的解釋方式，無論何者都與真相差距甚遠。無論卡普阿或者其他城市，與迦太基結盟都是由數位當地貴族、有力人士主導進行締結的。會特別強調漢尼拔「革命」派、「民眾」派的理由，或許是因為在當時羅馬統治階層的眼中漢尼拔這個外敵與自己城市中的下層民眾，也就是「內在威脅」二者重疊之故。

無論如何，漢尼拔就如此盤據在義大利南部，特別是坎帕尼亞地方，不斷進行多重的努力，等待羅馬前來乞和。坎尼會戰勝利後，他立刻召集了被俘虜的羅馬人，說明自己絕非計畫要對羅馬發起滅絕戰爭，這一切只是圍繞著名譽和統治（帝國）的競爭，並以要求贖金作為條件，讓俘虜代表前往羅馬交涉。歸還俘虜只是名義上的交涉目的，他也派遣名為加太羅（Carthalo）的迦太基貴族和俘虜同行，指示如果羅馬方面出現求和的傾向，便提出條件談判。然而，羅馬在城門口就逼加太羅返回，即便俘虜的家族們聚集在公民大會會場請願，羅馬依舊拒絕支付贖金，向漢尼拔表示將持續戰爭的意志。

坎尼的勝利並未帶來漢尼拔預計的外交上成果。漢尼拔幼少年時期體驗過傭兵戰爭、利比亞戰爭，屬於兒時記憶中還聽過第一次布匿戰爭時羅馬軍登陸傳聞的世代，他以為只要一樣攻擊敵人的本土，就能期待對方統治體制完全崩潰，但這終究落於一場空想。

◎馬其頓和錫拉庫薩

被迦太基軍在坎尼壓倒性勝利所撼動的，毋寧是義大利半島以外的各國。李維記載所有的國王、所有的民族都在注目羅馬和迦太基這兩個所謂「世界上最豐饒」國家之間的戰爭。

其中希臘各國中最強的國家馬其頓，因為只隔著亞得里亞海與義大利相望，因此從收到漢尼拔軍隊越過阿爾卑斯山之後，便一直非常關心整個事態的發展。關心的理由是因為羅馬在第二次布匿戰爭之前就已經在伊利里亞地方發生兩次戰爭，不斷將其觸手伸至巴爾幹半島及亞得里亞海岸。

當時馬其頓國王腓力五世（Philip V）是於西元前二二一年即位的年輕國王。而勸腓力五世和漢尼拔結盟的，則是法洛斯（Pharos）的德米崔厄斯（Demetrius）。他是擔任伊利里亞女王特塔（Teuta）總督管理亞得里亞海岸外克基拉島（Corcyra）時，背叛女王將該島讓渡給羅馬人（第一次伊利里亞戰爭之際，西元前二二九年），因為這項功勞才成為伊利里亞地區的統治者，但之後因為他出發攻擊周圍羅馬保護下的城市，且反遭羅馬圍攻（第二次伊利里亞戰爭，西元前二一九年），這才逃來馬其頓的朝廷——在替羅馬製造介入希臘世界契機的這層意義上，他是個有點像瘟神一般的人物。見到羅馬在義大利吃了三次大敗仗後，腓力五世於西元前二一五年夏天遣使至漢尼拔陣營，為了對羅馬的戰爭而締結了條約。

腓力五世像的硬幣　D. Hoyos, *Hannibal's Dymasty,* London, 2003。

波利比烏斯的殘稿中記錄了此條約的全文，讓我們得知此時迦太基和馬其頓各自站在自己的立場與對方握手合作。條約由漢尼拔及同行的迦太基政府代表全體人員，以及腓力五世的全權使節色諾芬尼（Xenophanes）所締結，並在雙方的神明之間發誓，其中列舉的諸神之名有——宙斯、赫拉、阿波羅、迦太基的守護神、海克力士、波塞冬等等——這也是研究迦太基、馬其頓宗教體制時獨一無二的史料。特別有趣的是沒有置換希臘的諸神名稱，而接著在「與我們一同作戰的諸神，太陽、月亮、大地、河川（複數形）、港口（複數形）、水（複數形）」說明下登場的諸神，正好是和希臘諸神相當的迦太基自身崇拜的神明，或者迦太基軍中傭兵等不同民族的神明。

在神明面前起誓的內容為：「腓力國王和馬其頓人們，以及只要是同盟國家的希臘人們」，會對「迦太基人、漢尼拔及其同行者、迦太基統治下處於同樣法體系中的人們、烏蒂卡人、迦太基統治下全部城市及各民族的士兵與同盟者們、義大利、高盧、利古里亞的同盟者，以及以下作為同盟者的所有城市及民族」提供保護及援助，相對的，迦太基方面的全體成員也要對馬其頓方面的全體成員提供保護及援助。此外，迦太基方面將把腓力五世的敵人當作自己的敵人，馬其頓方面則誓言到迦太基戰勝羅馬之日到來前都將是迦太基的盟友。條約中包含羅馬人如果求和時應當如何處置的規定，這也說明了迦太基和馬其頓二國不必然以滅亡羅馬為目的，也設想到在某個時間點上可以進行談和。訂定此條約的馬其頓，日後也展開對羅馬的戰爭（第一次馬其頓戰爭），羅馬也在東方製造了敵人。

與馬其頓並列，在坎尼會戰之後也成為迦太基盟友的，是西西里島的錫拉庫薩。第一次布匿戰爭時迅速倒戈羅馬的錫拉庫薩王希倫，此時以超過九十高齡過世，繼承他王位的是孫子希洛尼摩斯（Hieronymus），此時年僅十五歲。

即位之後對新任國王的陰謀事件——一般認為與親羅馬派一方有關——遭到揭發，剩下的親信進言對義大利的漢尼拔送出使節，希洛尼摩斯聽從了這個建議。被選為使節的是出身昔蘭尼及阿爾戈斯的兩位希臘人，加上漢尼拔派遣的從錫拉庫薩逃亡而來的希波克拉底（Hippocrates）、埃庇希德斯（Epicydes）兄弟（此二人從祖父一代便亡命至迦太基，把迦太基當作祖國，從軍跟隨漢尼拔）的仲介，實現了與迦太基之間的條約締結。條約內容記載，迦太基在陸、海軍上援助希洛尼摩斯將羅馬軍趕出西西里島，之後以「希梅拉河」為界線，由錫拉庫薩和迦太基平分西西里島。

屯駐在西西里利俾的羅馬司令官為了阻止簽訂條約，曾兩度遣使前往希洛尼摩斯宮廷，逼迫希洛尼摩斯遵守祖父希倫簽訂的條約，必須與羅馬保持同盟關係，但卻不見效果。年輕國王對漢尼拔在義大利的勝利印象深刻，為了把埃及托勒密王朝拉攏入反羅馬同盟，甚至把自己的兄弟們送至亞利山卓。希洛尼摩斯更進一步提議，讓錫拉庫薩領有整個西西里，迦太基則統治整個羅馬，迦太基方面對此似乎沒有反對，因為此時尚需要錫拉庫薩這位盟友。如此，西元前二一四年春天，錫拉庫薩向西西里西部的羅馬軍開戰。

◎地中海大作戰

因為馬其頓和錫拉庫薩也加入對羅馬作戰，第二次布匿戰爭從義大利半島、伊比利半島上羅馬和迦太基兩國間的攻防，幾乎擴大到整個地中海區域，狀況升級到當時主要的強國都捲入這場大戰當中，完成了「羅馬包圍網」。

這種結構，大概是從西元前二一六年坎尼戰役後不久便開始萌芽。收到在坎尼獲勝的戰報，迦太基一方面為了救援殘留西班牙的部隊（由漢尼拔的弟弟哈斯德魯巴指揮）送出了超過一萬名兵力，並且也準備奪回薩丁尼亞島。另一方面在西元前二一五年夏天，也由迦太基艦隊送出騎兵、新的戰象部隊以及軍隊資金到義大利半島。在錫拉庫薩，當老希倫還在世的時候宮廷內親迦太基派便開始暗中活躍。如此看來當漢尼拔軍在義大利獲得成功之際，迦太基政府也浮現了一些處理方針，包括如果有機會也對西西里出手從外側包圍義大利半島，如此羅馬為了乞和將帶來談和條件，大概會以漢尼拔軍撤出義大利為交換條件，羅馬則承認義大利半島外迦太基所占領地區及伊比利半島的迦太基統治權。西元前二一六年末至前二一五年，這樣的戰略構想其實相當實際。

然而，西元前二一五年之內迦太基奪回薩丁尼亞的計畫失敗，迦太基援助的當地居民叛亂遭到鎮壓，迦太基從本國派出的援軍也因為暴風雨而來不及前往協助，以敗退收場。西班牙的哈斯德魯巴軍也和格奈烏斯、普布利烏斯兄弟的羅馬軍陷入苦戰，並於西元前二一五年在厄波羅河近郊大敗。此外，腓力五世馬其頓軍在亞得里亞海域、伊利里亞地方的作戰，也於西元前二一四年遭到羅馬軍的奇襲而不得不後退。

錫拉庫薩的希洛尼摩斯在同年夏天被馬庫斯．克勞迪亞斯．馬塞洛（Marcus Claudius Marcellus）率領的羅馬軍奪去了雷歐蒂尼（Leontini），並遭到殺害。錫拉庫薩短暫期間內由推翻這位僭主的寡頭派掌握政權，並試圖與羅馬談和，

馬庫斯像　被稱為「羅馬之劍」的馬庫斯對上漢尼拔時相當善戰。取自 D. Hoyos, 2003。

結果卻由漢尼拔送來的使節希波克拉底（Hippocrates）、埃庇希德斯（Epicydes）兄弟奪取了政權。錫拉庫薩向漢尼拔伏首稱臣這樣的狀況看在馬庫斯的眼中相當礙眼，他立刻率軍包圍了錫拉庫薩城，接下來的兩年仍持續發生攻防戰。

數學家阿基米德（Archimedes）在這個圍城戰爭中運用他最得意的力學知識，發明了各種機械擊退攻城羅馬軍的逸事，也廣為人知。如何測量巨大投石器和箭弩的正確射程，藉此發射石塊和飛箭；為了讓羅馬方面的工程器具失效設計了裝置用來投下成噸的石頭和鉛塊，以及打造巨型弔臂可以從船艄將羅馬船艦垂直吊起等。曾經誇下豪語說「給我一個支點，我就可以舉起整個地球」的老阿基米德出身錫拉庫薩，是希倫王的朝廷重寶，為了防衛故鄉城市傾注了他所有的知識。

得力於錫拉庫薩的能爭善戰，迦太基軍能夠在西西里進行較有利的戰事，攻下阿克拉加斯，而且也從包圍錫拉庫薩的羅馬軍外圍，對羅馬軍展開攻擊。

◎風向轉變

西元前二一二年前半事態再次轉為對迦太基有利，透過奪取義大利半島南部的塔拉絲城，漢尼拔軍隊可說真正控制了義大利南部，此外隔著亞得里亞海的伊利里亞地方馬其頓軍隊也進攻到了亞得里亞海岸的要衝阿波羅尼亞（Apollonia）。

然而這個夏天一切卻開始變調。首先在西西里，從本國遠征前來的迦太基軍之中流行病大範圍傳染，司令官希米爾卡（Himilco）也斃命，接著到了夏天結束之際，錫拉庫薩終於被攻陷。在馬庫斯軍隊的虐殺與掠奪之中阿基米德也遭殺害。在錫拉庫薩被攻陷的這個瞬間，「羅馬包圍網」的構想可說也出現了破綻。

羅馬乘著這次勝利也開始打出外交攻勢。首先針對東方，羅馬將希臘西北的部族聯合集團埃托利亞（Aetolia）同盟拉入反馬其頓腓力五世的的軍事聯盟，來自背後的敵人封鎖了腓力五世的軍事行動，使其財政逐漸出現破綻。

在西班牙也是，而且在非洲本土企圖脫離迦太基陣營的舉動也漸趨熱烈，特別是非洲自西元前二一三年以後努米底亞人國王西法克斯（Syphax）對迦太基不斷發動反叛，此事也影響到西班牙戰線。為了鎮壓西法克斯，哈斯德魯巴不得不將一部分的軍隊送往非洲。

即便如此，到西元前二一一年為止可說雙方陣營仍保持對峙。在伊比利半島西庇阿兄弟率領的羅馬軍逐漸敗給哈斯德魯巴．巴卡，兩人皆戰死。從厄波羅河附近持續往南推進到瓜達幾維河流域的羅馬軍隊，一時呈現破滅的狀態。原本可以乘機確保西班牙的迦太基軍，卻因為幾位將軍的內鬨而受到干擾。來自本國的吉斯戈之子哈斯德魯巴，槓上了巴卡家族的哈斯德魯巴與馬果。

然而就在同一年，義大利發生了對迦太基方面非常不利的事態。從前一年開始，羅馬軍隊的坎帕尼亞作戰——卡普阿包圍戰取得了進展。因為卡普阿城是坎尼戰役中取得的最大戰果，遠在南方塔拉絲的漢尼拔立刻撥兵趕回坎帕尼亞，但包圍卡普阿的羅馬軍堅守於城寨之內，拒不出戰，因為他們已經充分理解進入騎兵可以充分發揮的空曠場地將會是一場惡夢。加上卡普阿周邊已經被掠奪一空，連餵馬的草糧都找不到，率領騎兵的漢尼拔無法長久逗留於此。

取而代之，漢尼拔試著進軍羅馬，他的想法是，即便無法真的攻陷羅馬城，但接獲羅馬城被包圍的戰報，攻擊卡普阿的敵人應當會解除包圍回兵拯救羅馬，但這個計謀也沒有成功。當漢尼拔迫近羅馬城門時，本年度的兩位執政官剛完成一個軍團的徵集，當天偶然是該軍團集合的日子。兩位執政官得以靠著這個軍團在漢尼拔軍隊前擺開陣勢，而漢尼拔也不得不離開，並放棄了卡普阿返回布魯蒂姆。卡普阿失陷，漢尼拔在坎尼獲勝時取得的威信和名聲完全用罄，接下來只是一連串敗北，漫長地不斷走下坡狀態。

◎西班牙戰線

西元前二一〇年開始，第二次布匿戰爭進入新的局面。取代失去過往光輝的漢尼拔——雖然他仍在義大利南部持續堅持著作戰——的一位新人物登場了。那就是大西庇阿（Publius Cornelius Scipio）。他是戰死西班牙的普布利烏斯．西庇阿同名的兒子，為了重振西班牙的羅馬軍隊而派往的二十五歲青年。相當巧合的是，當姊夫哈斯德魯巴遭暗殺後，被推選為迦太基軍隊西班牙軍將軍時的漢尼拔，也同樣是這個年紀。

大西庇阿前往西班牙赴任的第二年（西元前二〇九年），就以奇襲的方式攻陷了守備薄弱的迦太基西班牙大本營，新迦太基城。該城陷落後還發生了這麼一段軼事。從大量的俘虜中走出了一位年長的貴婦，匍匐跪倒在他的腳邊，流著眼淚請求他以比迦太基人更公正的態度對待自己這群人。這位婦女是西班牙伊爾該特斯族國王安多巴勒斯（Andobales）的兄弟之妻，與安多巴勒斯的女兒們一同被當作人質送到迦太基這方，並在新迦太基城遭到俘虜。

大西庇阿回答，我應當已經指示軍隊給予你們所有必要的物品了。貴婦回應：「將軍呀，如果您以為我們要的只是食物，那我只能說您並沒有聽懂我言語中的真正含意。」大西庇阿突然才理解，看著安多巴勒斯的女兒們和其他諸位王族的女兒們的美麗容貌，眼角浮現了淚光。她們處於何等的危險局面，而這位貴婦又是以多麼委婉的話語傳達此事，大西庇阿動了憐憫之心，發誓會如同自己的姊妹、孩子一般地關心她們，並且派遣值得信賴的男性伴隨護衛她們。

這雖然是面對戰爭期間飽受蹂躪的女性展現羅馬騎士精神的一個例子，不過這自然是一種例外的表演，羅馬軍隊依舊在陷落的新迦太基城內進行有組織的掠奪和施加暴力。根據波利比烏斯的記載，當城門被攻破後，大西庇阿軍隊轉向攻擊城內居民，被他們遇到的人們無一例外皆遭殺害。波利比烏斯還追加記錄，說明這是為了引起其他城市的恐懼，當羅馬占領城市時，不只會殺光居民，連狗都會被砍成兩半，其他動也都將四肢都截斷，以儆效尤。

大西庇阿像　取自 D. Hoyos, 2003。

實際上在殘忍、冷酷程度上，羅馬軍和迦太基軍並不分上下，但即便如此，似乎「西庇阿的寬厚」卻也非完全杜撰。因為這是大西庇阿本身目的明確的政治姿態，他精明計算過，打算把伊比利半島親迦太基陣營的想法從精神面上徹底剷除。

伊爾該特斯人（Ilergetes）是西班牙原住民當中提供迦太基許多騎兵的最大同盟民族之

一，他們的國王安多巴勒斯特別以迦太基的忠實友人廣為人知。前述在西班牙的三位迦太基將軍的內鬨，似乎也是針對如何處理安多巴勒斯上有不同想法，這個伊爾該特斯族群重要到他們選擇歸附誰，都會左右西班牙全體原住民的歸附動向。話說回來，大西庇阿決定攻擊新迦太基城的理由之一，正是因為聽到「來自全伊比利各地的人質都被留在新迦太基城」的調查回報。占領新迦太基，對被迦太基當作人質的伊比利亞各民族採取寬大的舉措，透過大西庇阿一行人的介入，將整個伊比利亞都拉攏到羅馬這一方來，才是他原本的目標。

◎哈斯德魯巴之死

西班牙的巴卡家族因為失去了大本營新迦太基城，哈斯德魯巴被迫做出重大的決定。現在不僅失去人質，在城中儲存已經高達六百他連得的財富和不可或缺的工匠們也都落入大西庇阿手中，更嚴重的是，連接起本國非洲和伊比利半島的最佳良港也被敵人所控制。他判斷，與其繼續就這樣在西班牙消耗兵力，不如前往義大利和兄長漢尼拔的軍隊會合，因此把西班牙戰線委託兄弟馬果及吉斯戈之子哈斯德魯巴，自己嘗試走出伊比利半島。

在瓜達幾維河上游的巴埃庫拉（Baecula）被從新迦太基城進軍而來的大西庇阿軍隊擊

敗後，避開有羅馬軍的地中海沿岸經西班牙內陸北上，西元前二〇八年秋天，穿越庇里牛斯山脈。西元前二〇七年春天，與兄長一樣，越過阿爾卑斯山進入義大利北部，但是，這次羅馬已經做好了準備。哈斯德魯巴從義大利北部遣往義大利南部給漢尼拔送信的信使，就在漢尼拔駐紮的麥塔龐頓（Metapontum）城眼前落入了羅馬軍的手中，因此羅馬軍便完全掌握了哈斯德魯巴的行動。

與漢尼拔作戰的執政官蓋烏斯・克勞狄烏斯・尼祿（Gaius Claudius Nero），與在義大利北部和哈斯德魯巴作戰的另一位執政官馬爾庫斯・李維烏斯・薩李納特（Marcus Livius Salinator）兩軍合流，兩位執政官從注入亞得里亞海的梅陶羅河（Metaurus）河畔渡河迎擊哈斯德魯巴軍。哈斯德魯巴能征善戰，且戰象部隊也讓羅馬軍前線陷入混亂，但也僅止於此。

羅馬軍的右翼從側邊繞回，宛如漢尼拔軍在坎尼時一般，包圍並殲滅了迦太基軍。象群開始狂奔，為了防止傷及自己士兵，操象騎士只好以鑿子在大象兩耳之間給予致命一擊。據李維的說法，共有六萬五千名迦太基士兵被殺。第二次布匿戰爭中，這是第一次出現如此大量迦太基士兵戰死的狀況。哈斯德魯巴本身也在作戰當中陣亡。尼祿把他的首級運往義大利南部，扔入漢尼拔的陣營中。以如此悲劇性的方式和親兄弟重逢，漢尼拔倍受打擊，據說還喃喃自語道，自己已經了悟迦太基的命運了。

西元前二〇五年中，馬其頓的腓力五世終於和羅馬談和（腓尼基和約〔Treaty of Phoenice〕）。被封鎖在義大利南端克羅頓（Krotōn）的漢尼拔，已經無計可施。羅馬軍準備進逼迦太基非洲本土。主持這個計畫的核心人物，是成為本年度執政官的大西庇阿，他力排元老院反對侵略迦太基非洲本土的意見，除了原本職務管轄（海外行省〔provincia〕）的西西里再加上管轄非洲，窺伺著登陸非洲的機會。

◎懷柔馬西尼薩

一如以往，大西庇阿的做法與其說是軍事性的，不如說更具政治目標。與西班牙相同，他首先著手分裂非洲各民族，他根據的線索則來自西班牙戰役。

敘述的時間稍微往前回溯，西元前二〇九年（或者前二〇八年）在巴埃庫拉擊敗哈斯德魯巴時，大西庇阿從非洲人俘虜中認出了一位俊美的王族少年。這位名為馬西瓦（Massiva）的少年是努米底亞人國王蓋亞（Gaia，李維則記錄成蓋拉〔Gala〕）的女兒之子，在伯父馬西尼薩（Masinissa）的帶領下從非洲渡海來到西班牙，但他未告知伯父便參與作戰，因此成為了羅馬軍的俘虜。

馬西尼薩像的硬幣　引自《羅馬人的戰爭》（ローマ人の戦争，吉村忠典編），1985年。

大西庇阿早已知悉蓋亞之子馬西尼薩。去年羅馬艦隊司令官馬庫斯・瓦列里烏斯・梅塞拉（Marcus Valerius Messalla）前往非洲進行偵查，在烏蒂卡附近登陸，並從抓來的俘虜口中問出馬西尼薩非常勇猛，得到的情資當中還包含了給哈斯德魯巴送去了五千名努米底亞士兵等資訊。大西庇阿看到懷柔馬西尼薩的機會，送給了這位少年金戒指、粗花紋托加長袍、西班牙風格的外套及金製胸針（brooch）等禮物，並慎重地把他送回敵軍陣營。

這個效果在幾年後呈現了。西元前二〇六年，伊利帕戰役（Battle of Ilipa）中吉斯戈之子哈斯德魯巴敗給了大西庇阿，伊比利半島上的迦太基軍崩潰。哈斯德魯巴逃往加地斯，並從該處渡海返回非洲。被留置下來的迦太基軍隊散落四處，這段期間馬西尼薩與大西庇阿部將西拉努斯（Silanus）接觸後返回歐洲，並取得國民的同意，從迦太基一方轉為支持羅馬。

這位馬西尼薩的父親蓋亞所統治的王國，是被稱為馬西利（Massyli）民族的王國，位於現今從阿爾及利亞東部到突尼西亞西部的地區，在與迦太基領土相接的努米底亞各國當中，受到迦太基文化影響最深。在兩國交界的杜加（Thugga）城發現過併記布匿語和古利比亞語兩國語言的碑文，此碑文被認為是奉獻給祭祀馬西尼薩的神廟，文中記錄了馬西尼薩的族譜，根據這份碑文我們理解到蓋亞的父親是名為傑拉森（Zelalsen）的「最高政務官」（sufets）。等同於迦太基最高官職的官名，大概是模仿迦太基制度的地方官名。

與此相對，在更西邊隔海與伊比利半島相對的，是以西加（Siga）為首都的馬塞西利（Masaesyli）人王國，其國王西法克斯在眾多諾馬迪斯酋長中具有最高地位，集眾人尊敬於一身。

無論馬西利王國或馬塞西利王國，都是從第二次布匿戰爭期間的史料中開始登場。

杜加的陵墓　被認為屬於努米底亞王族。外觀顯示受到布匿建築的影響。拍攝於2009年。

很可能是傭兵戰爭期間諾馬迪斯（努米底亞人）的起義，以及接下來西元前二三〇年左右諾馬迪斯起義時在迦太基鎮壓過程中，親迦太基的努米底亞貴族（例如那位那拉瓦斯〔Naravas〕一般）對迦太基誓言忠誠後，開始持續使用國王稱號，並被認為在第二次布匿戰爭期間急速成為強國。成為漢尼拔軍隊主力的努米底亞騎兵，實際上就是在這種非洲社會變遷之中登場的人們。

除接觸馬西尼薩之外，大西庇阿當然也接近西法克斯，並大膽地親自前往非洲嘗試說服這位國王。然而從加地斯逃亡而來的吉斯戈之子哈斯德魯巴也在同一天來到宮廷造訪，最終兩者都被帶到西法克斯準備的饗宴上。在國王的策劃下讓大西庇阿和哈斯德魯巴共躺同一張躺椅用餐。對西法克斯王而言，希望能藉此機會讓羅馬和迦太基講和，但終究未能實現。大西庇阿與西法克斯締結友好條約後便返回西班牙。

同樣在西元前二〇六年中，和馬西尼薩直接見面的機會也到來。當時與剩下一位留在西班牙的迦太基將軍馬果一同前往加地斯島的馬西尼薩，找了個藉口回到西班牙本土，和大西

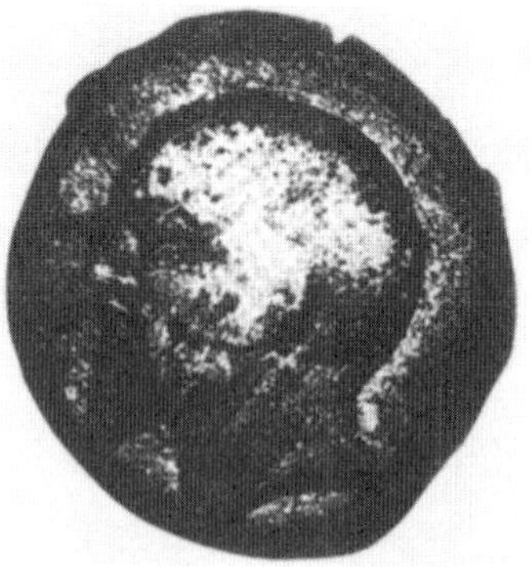

西法克斯像的硬幣　引自 H. G. Horn, C. B. Rüger（hrsg. von）, *Die Numider,* Bonn, 1979。

庇阿進行面談。據說他相當感佩留著長髮、英姿颯爽的大西庇阿魅力，並與大西庇阿約定，迦太基的命數已將盡，如果大西庇阿任司令官登陸非洲，馬西利王國將全面提供協助。

這段期間內，很快地迦太基勢力就要把在西班牙的最後據點加地斯交給羅馬。對於西班牙情勢感到絕望的馬果，一方面也接收到本國的指示，決定率領加地斯的艦隊前往攻擊義大利，為此除了從本國收到的資金外，又掠奪了加地斯的國庫、神殿，並要求全體市民交出金銀，甚至加地斯的海克力士神殿都在破壞對象之列。如此組成了艦隊，通過直布羅陀海峽來到新迦太基城，嘗試要奪回該城卻遭失敗，又返回了加地斯。加地斯城的居民則關緊城門，讓馬果軍吃了閉門羹。憤怒之餘馬果抓來加地斯的高官們（最高政務官）加以鞭打，然後處以十字架極刑，之後掉頭前往伊比薩島。如此迦太基的艦隊便永遠離開加地斯港，也揭示了迦太基對伊比利半島統治的歷史至此告終。

◎索芙妮絲芭的悲劇

在上述的背景下，西元前二〇六年末從西班牙凱旋歸來的大西庇阿成為了西元前二〇五年的執政官，當他策劃登陸非洲時，他應當可以從馬西利和馬塞西利兩個努米底亞王國獲得協助。不過迦太基政府對此危險的情勢並非漠視不管，他們訴諸的是政治婚姻手段。吉斯戈之子哈斯德魯巴的美貌女兒原本似乎與馬西尼薩有婚約，馬西尼薩大概從小就以人質身分在迦太基城成長，哈斯德魯巴看中了他的才能因此約定要把女兒嫁給他。但西元前二〇六年到前二〇五年之間，迦太基政府——根據阿庇安（Appianus）的記錄當時是她父親哈斯德魯巴還在西班牙的期間——把索芙妮絲芭（Sophonisba）送給西法克斯當作妻子。哈斯德魯巴也追認了這件事情，因而馬塞西利王國轉而支持迦太基。

這段期間，馬西利王國的國王蓋亞過世，圍繞繼承人的混亂之中，最終由名為拉庫馬澤斯（Lacumazes）的少年登上王位寶座。只是這個國王不過是個傀儡，操弄他的是娶了漢尼拔姊妹的女兒，身為擁有馬西利王國實權的馬扎埃土魯斯（Mazaetullus），而且馬扎埃土魯斯與西法克斯從過往就有賓客關係。簡要而言，馬西利王國被服從迦太基一派的人所掌握。從非洲回來的馬西尼薩，為了奪回「遭人竊走的父親的國家」，持續以西法克斯軍和迦太基軍為對手發動游擊戰，等待著大西庇阿的軍隊到來。

大西庇阿於西元前二〇四年，自西西里的利利俾率大軍前往非洲，並從烏蒂卡登陸。這支大西庇阿的軍隊中還包含了於坎尼戰爭中存活下來的士兵。因為大西庇阿同意讓他們在這次非洲作戰中參戰，讓他們得以恢復名譽。

面對圍攻烏蒂卡的大西庇阿，表面上仍與羅馬保持友好的西法克斯，再次勸請羅馬和迦太基和解。以迦太基從義大利撤退和羅馬自非洲撤退為交換，加上迦太基承認羅馬領有西西里、薩丁尼亞和其他島嶼以及統治西班牙等條件提出和談，而迦太基政府也對此抱持希望，但最終卻未獲成果。

大西庇阿假裝回應交涉，但第二年春天（西元前二〇三年）突然進攻哈斯德魯巴及西法克斯的陣營並大敗對方。因為這次敗北，反巴卡家族的貴族派代表者，吉斯戈之子哈斯德魯巴失勢，漢尼拔姊妹的兒子波米爾卡（Bomilcar）之子漢諾坐上了將軍的寶座。巴卡家族又再度回到政府的中樞。

大西庇阿朝著迦太基城揮軍前進，就在他持續從海陸雙方封鎖迦太基城之際，在西方努米底亞馬西尼薩將西法克斯逼到絕境。據說萊利烏斯（Laelius）指揮的羅馬軍也加入了馬西尼薩軍。馬西尼薩和西法克斯雙方在某河川附近交戰，敗走的西法克斯落馬被俘。馬西尼薩奪回了馬西利人的王國，而且搶回了已經成為西法克斯妻子的往日未婚妻索芙妮絲芭，並要與她成親。

然而，羅馬方面不可能答應馬西尼薩和哈斯德魯巴的女兒結婚一事。大西庇阿向馬西尼薩要求引渡索芙妮絲芭，派出羅馬士兵前往首都錫爾塔王宮，想要逮捕索芙妮絲芭。馬西尼薩搶先一步把毒藥交給妻子，請她選擇是要成為成為俘虜被帶回羅馬凌辱處死，或者飲毒自盡。哈斯德魯巴之女索芙妮絲芭對送來毒藥的下人說：「這毒藥，我就當作結婚禮物收下。如果我的丈夫沒辦法送給他妻子更好的禮物，我就心存感激地收下吧。不過請轉告他，如果葬禮上不舉行我的婚禮，不如請他給我更致命的東西！」說完便把毒藥一飲而盡。這可說是為了敗北的祖國殉節。

◎漢尼拔歸國

第二次布匿戰爭終於走到最後一局。占領突尼斯的大西庇阿，對迦太基提出了談和條件。知道西法克斯已經成為俘虜的迦太基，一下失去了希望，迅速地傾向談和。派往大西庇阿處談和的三十名迦太基長老們匍匐跪倒——這個動作是李維根據腓尼基人宗教儀式想像出來的——向大西庇阿求和，大西庇阿則提出包含：從義大利及高盧撤退（指義大利北部，從西班牙前來的馬果仍舊在此作戰）、放棄西班牙、將義大利和非洲之間的所有島嶼（因為西西里、薩丁尼亞、科西嘉已屬羅馬領土，所以此處指的是除此之外的伊比薩島、巴利亞利群島、馬爾他島等）、除可保留二十艘之外繳出全數軍艦，再加上大量的小麥、大麥和支付高額的賠款（有各種說法，據說是五千他連得）等嚴苛的條件。

即便如此迦太基仍然同意了此次交涉，同時要求返國的命令也送達在義大利的漢尼拔和馬果手邊。據說漢尼拔說「打敗漢尼拔的不是羅馬人，而是迦太基元老院的惡意和中傷」，對不斷干擾對義大利增援的寡頭派集團表現出了敵意。

西元前二〇三年秋天，漢尼拔終於離開了克羅頓（Krotōn），就這麼離開了持續作戰十五年的義大利。伴隨他離開的共有一萬五千名士兵，不過在幾個傳說中提到他在出發之前虐殺了不願前往非洲的士兵（有的說法直指高達兩萬人）。同時他的弟弟馬果也離開了義大利，但因為在

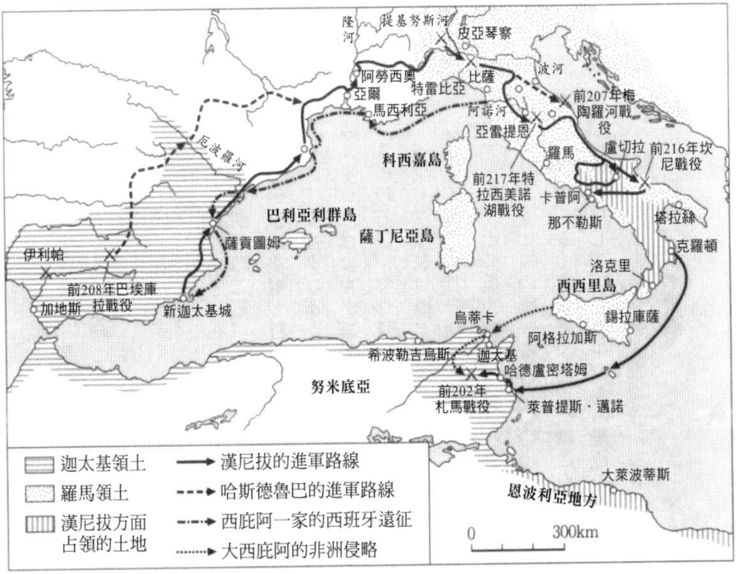

第二次布匿戰爭時，迦太基和羅馬的勢力範圍及各軍的進軍方向

義大利北部戰鬥時的傷勢，讓他不及回到非洲便已死亡。漢尼拔避開大西庇阿軍所在的烏蒂卡城，從更南部的萊普提斯·邁諾（Leptis Minor，今日的勒姆塔〔Lemta〕）登陸。他和士兵們在此處共同生活了數個月。在這附近，或者在南部塔普蘇斯（Thapsus）及阿克拉（Acholla）之間好像有他的宅邸。大概此地也有巴卡家族的大塊領地。目前還留下他讓這些士兵們種植橄欖樹的傳說。

漢尼拔的歸國，激勵了迦太基主戰派和巴卡一黨的氣勢。西元前二〇三年末或者前二〇二年初，一艘從薩丁尼亞前往非洲的羅馬補給船在迦太基附近遇到暴風雨，他們在附近卸下貨物時，從城內看見這種情況的迦太基市民聚集到廣場上，擠在元老院入口抗議，要求不要放過這麼大量的戰利品。雖然正在和羅馬進行和平談判，雙方處於停戰狀態，但迦太基政府最終輸給民眾的力量，派出艦隊掠奪了物資。

大西庇阿對此震怒不已。有學說指出，此時在羅馬已經批准了迦太基的求和條約，並且也交換了誓詞。大西庇阿的使節來到迦太基城，根據波利比烏斯的說法，使節在元老院和公民大會上質問為何迦太基踐踏誓言和條約。然而迦太基政府中大多數都對條約表示不滿，廢止停戰，戰爭以較之前更加激烈的方式重新展開。

◎札馬決戰

如此，在西元前二〇二年，漢尼拔率領的迦太基軍和大西庇阿的羅馬軍，以非洲為舞台進行了最後的決戰。這場所謂的札馬戰役（Battle of Zama），其實戰場的正確位置，戰爭的正確日期皆不詳。只能確定是在離迦太基城西南方五天行程的乾燥平原上發生的。

迦太基軍方面包含了迦太基城民兵、利比亞士兵，再加上來自義大利的利古里亞人、高盧人、巴利亞利的投石兵、毛里人等新的傭兵，合計約有四萬到五萬人。大西庇阿軍則有羅馬士兵，義大利士兵加上馬西尼薩的援軍合計超過四萬，兩者擁有數量相當的兵力。

然而在義大利支援漢尼拔戰術的努米底亞騎兵隨著馬西尼薩投靠了羅馬方面，數量約有四千。漢尼拔這方除了迦太基市民騎兵以外，只有西法克斯的姻親泰凱烏斯（Tychaeus）率領的約兩千努米底亞騎兵。不過漢尼拔手中也握有超過八十頭的戰象部隊。他把戰象配置在部隊的最前線，把全部賭注放在戰象能夠發揮效果上。

在交戰之前漢尼拔發表行前演說。面對著迦太基民兵，他命令大家想像萬一戰敗，將會有多少苦難降臨到自己的妻兒身上；對跟隨自己而來的部隊，則勉勵他們回想這十七年來的同袍情誼，和所有與羅馬人戰鬥的記憶，包括特雷比亞、特拉西美諾、以及坎尼。

於是戰爭開始了。雙方的努米底亞騎兵們開始出現小的衝突。漢尼拔命令戰象部隊進行突擊，喇叭與號角齊鳴，有幾頭戰象失控轉變方向闖入迦太基軍，剩下的則朝羅馬軍前列衝去。不過大西庇阿準備充分，在部隊配置上讓第一列之後的步兵隊空出大象得以通過的間隔，結果戰象們便從間隙中穿走而過，羅馬軍則幾乎沒有受到傷害。萊利烏斯和馬西尼薩的騎兵隊襲擊因象群而混亂的迦太基騎兵隊，迦太基騎兵敗走，同時其他兩軍的步兵隊也展開白刃戰。

最初迦太基軍前列的傭兵們看起來占了上風，但羅馬步兵從後方不斷加入戰局，相對的迦太基的傭兵部隊及其後的迦太基城民兵、利比亞士兵，以及更後方從義大利返鄉的老兵之間則缺乏信賴和團結。最終傭兵部隊崩潰，開始往後砍殺堵塞他們退路的迦太基城民兵。漢尼拔將最強的義大利返鄉老兵部隊放在最後，想要留到最後決戰瞬間做出決定性的攻擊，但這個判斷似乎不是那麼正確。羅馬軍和迦太基軍間的空間堆滿屍體時，追擊迦太基軍的馬西尼薩和萊利烏斯騎兵返回戰場，襲擊漢尼拔軍的背後。接下來就是一場大屠殺，迦太基軍共有兩萬人被殺，兩萬人被俘。

就這樣漢尼拔軍遭到消滅。迦太基只能把大西庇阿提出的新談和條件全部吞下。除前述條件之外，又增加只能留下十艘軍艦；剩下的全數軍艦都交給羅馬；交出戰象；對非洲以外的所有民族都不得發動戰爭，即便在非洲內部沒有羅馬的承認也不可啟動戰事；原本屬於馬西尼薩及其祖先們的所有房屋、城市、財產，全數交給馬西尼薩；五十年內支付銀一萬他連得，也就是每年繳納兩百尤比亞·他連得白銀等，一連串附加的苛刻條件。

迦太基可以保有戰爭發生前所有的非洲諸城，也就是羅馬承認迦太基人可以保有過往以來的土地、家畜、奴隸及其他財產，而且也可以使用自己的法律和習慣，免於遭到羅馬占領。然而，這些優渥的條件就像大西庇阿所再三強調的，是勝利者羅馬賜給迦太基的恩惠，是原本違背締結中的談和條約挑起札馬戰役的迦太基所不配享有的權利。羅馬對迦太基的基本態度就是，原本就算被徹底消滅也不足為奇的狀況，現在羅馬給予了救助，今後在沒有羅馬的許可下即便動一根手指，屆時也得面臨最嚴重的後果。換句話說，寬大的條件背後也隱含著如此冷酷的威脅。在這些五花大綁的的條件和沈重的監視下，迦太基度過了漫長歷史的最後一段時光。

第九章

腓尼基之海的終焉

迦太基城再現圖　可以看到後方圓形軍港。引自 Douglas Sladen, *Carthage and Tunis*, London, 1906。

最後的五十年

◎老加圖現身

西元前一五〇年代的某一天，來自羅馬的使節團造訪迦太基城。他們此行是為了調停迦太基和努米底亞國王馬西尼薩之間近來日趨激烈的領土紛爭。使節團一行人之中，包含了羅馬的年長掌權者，馬爾庫斯·波爾基烏斯·加圖（Marcus Porcius Cato）。身為進入一代政界中樞的「新人」，他在第二次布匿戰爭中首次出征，並一路爬升到執政官的地位，成為了大西庇阿的政敵；第二次布匿戰爭後，擔任監察官（Cēnsor）取締羅馬公民流於奢侈的風俗，是個力倡恢復「祖先成法」（*mos maiorum*）的復古派人士。同時他也是非常嚴格的「取締者」，決不放過無謂的公帑浪費和奢侈，並且把疏忽的政敵一個接著一個地趕出政壇。大西庇阿的兄弟盧基烏斯·西庇阿（Lucius Scipio）也遭加圖一黨所彈劾，並被逐出政壇。

這樣的加圖一行人打著仲裁馬西尼薩國境紛爭的名目，徹底飽覽了迦太基的非洲領土。身為《農業論》作者的加圖，銘感迦太基的田園被多麼勤勉地耕耘，又受惠於各種各樣的財富與資源。使節團尚在迦太基城內視察，見到了敗戰之後不到半個世紀這個城市已經恢復驚人的繁榮，國力和人口也大為增加。另一個說法則是，他們在城內見到貯存了大量用於建造船舶的木材。

因為迦太基拒絕了羅馬的調停（他們因為過往與努米底亞的紛爭中羅馬調停有欠公允而陷入疑神疑鬼的狀態），使節團在無計可施的情況下返國，但返回羅馬不久，就展開了強烈的反迦太基活動。在這波活動中，與其說迦太基是值得忌妒的對象，毋寧說那是一個令人擔心的後患，有這麼龐大的敵對城市就在附近，而且還在持續迅速成長，這除了是威脅之外，別無他物。加圖甚至主張，只要不破壞迦太基，羅馬的自由就會有危險。加圖還有個有名的軼聞，他在之後的其他演說時（即便該演說講的是其他主題），最終仍舊以「迦太基非毀滅不可」做結。阿庇安說明，羅馬的元老院在此時已經下定決心要對迦太基開戰，只是為了找個藉口，因此暫時隱藏這個意圖。只是，元老院中也有人主張應該保存迦太基，那就是以西庇阿．納西卡（Scipio Nasica）為代表的集團，他們認為如果迦太基消失，那麼已經持續放鬆的羅馬將失去規律，他們主張迦太基的存在，她所給予羅馬的恐懼，才能保持羅馬的道德。

第二次布匿戰爭結束後被羅馬放過半個世紀的迦太基，就這樣又遭羅馬盯上，接著數年之後的戰爭，這回，真的就完全毀滅了迦太基。

◎西元前二世紀的地中海

迦太基為何會毀滅？羅馬為何要毀滅迦太基？對於這樣的提問，自古以來人們就提供了各式各樣的答案。迦太基內部的「民主派」，也就是反羅馬派（與巴卡「革命」或漢尼拔改革及其後繼者互相搭配）勢力的抬頭；迦太基的工商業、商品作物生產的發展讓羅馬感到威脅的說法；或者反過來迦太基國勢變得過度衰弱，如果放置不管可能會遭努米底亞王國併吞，如此一來努米底亞強大後將成為威脅，所以羅馬先下手為強，自己先消滅了迦太基。存在類似上述的各式各樣假說。

然而這些說法，都有一種共通的基調，那就是認為第三次布匿戰爭之前迦太基具備其他國家所無之條件——因其「疏失」或者缺乏良好的處事態度——所以才遭滅亡。亦即，這些解釋都以迦太基方面如果沒有造成什麼原因，就不會被羅馬滅亡作為前提，但這樣的前提究竟是否正確？

西元前二〇一年以降的數十年之間地中海周邊的狀態有了改變。波利比烏斯稱，第二次布匿戰爭開始的第一四〇奧林匹亞期（西元前二二〇～前二一六年）以來，世界改變了。在此之前世界各地區的事件都分離、零散，但在此之後歷史展現出一個整體性的結構，義大利與利比亞的事件和亞細亞（小亞細亞）與希臘的事件彼此牽連，所有事物都朝向同一個目標，也就是朝著羅馬統治全世界邁進。羅馬在第二次布匿戰爭中打敗迦太基之後，立刻向其他地區出手，特別是向希臘及亞細亞出兵，也就是這個時間羅馬已提升到明確抱持著要統治世界的構想。

實際上，羅馬在西元前兩百年對馬其頓的腓力五世宣戰並在庫諾斯克法萊戰役（Battle of Cynoscephalae，或稱西諾塞法拉戰役）中獲勝，之後便打著擁護「希臘人的自由」開始跨出征服希臘化世界的步伐。馬其頓之後的目標，就是塞琉古王朝（Seleucid Empire）統治下的敘利亞。敘利亞國王安條克三世（Antiochus III）平定各方的叛亂，打造了統治東起巴克特里亞（Bactria），西至腓尼基、小亞細亞的大帝國，但以進入色雷斯（Thracia）為契機導致了與羅馬的戰爭，在溫泉關（Thermopylae）、馬格內西亞（Magnesia）戰敗而不得不乞和（阿帕米亞〔Apamea〕和約，西元前一八八年）。

在這個敘利亞戰爭期間，漢尼拔暗中作為安條克國王的智庫之一，這也造成迦太基和羅馬關係惡化的種子。如第六章所述，札馬戰役敗北之後，不可思議地漢尼拔竟未失勢，還就任最高政務官，嘗試更為「民主化」的國家制度改革，但卻因為羅馬的介入和寡頭派的捲土重來導致他的失勢，並亡命東方寄身於敘利亞宮廷中。安條克三世統治了包含推羅在內的腓尼基疆域，因此迦太基也可以算敘利亞的臣下資格。

漢尼拔以艦隊奇襲義大利的建議雖然沒有採納，但他實際上也率領腓尼基地方集結的艦隊，與投靠羅馬一方的羅德島進行海戰。然而，這是他對羅馬的最後一役，敘利亞敗北之後怕被引渡到羅馬，漢尼拔輾轉於希臘化世界各處，西元前一八三年在小亞細亞的比提尼亞（Bithynia）自盡。漢尼拔流亡到比提尼亞國王普魯西亞斯一世（Prusias I）的宮廷後，羅馬使節（在庫諾斯克法萊戰役獲勝的提圖斯・昆克修斯・弗拉米寧〔Titus Quinctius Flamininus〕）終於追來，就在被引渡之前漢尼拔自殺結束了他的一生。

西元前一六八年，羅馬在第三次馬其頓戰爭中於彼得那（Pydna）打敗腓力五世之子馬其頓王珀爾修斯（Perseus），戰後，馬其頓王國崩解成四個國家。希臘世界完全落入羅馬的統治下，希臘化諸國中最強大的馬其頓帝國被消滅後，大致已經不存在能在軍事上能夠和羅馬抗衡的勢力。波利比烏斯所說的羅馬的「世界統治」——對地中海周邊整體區域的命令權（Imperium，最高權力、統治權），也於此時期達成。

然而，即便沒有了可以抗衡的對手，羅馬並沒有停止軍事行動的意思。在義大利北部、伊利里亞、利古里亞、西班牙等處仍繼續發起戰爭。特別是進入西元前一五〇年代後半的無數小戰爭中，羅馬對已納入自己勢力範圍圈內的各民族、諸城市採取全面性的掃蕩作戰，雖然目的是鎮壓「叛亂」，但無可否任地這些作戰都給人濫用力量印象。

特別是在伊比利半島，即便已經取得和解，羅馬仍泰然地對該地區的部族實施攻擊。從西元前一五一年至前一五〇年，所謂鎮壓拉西塔尼人（Lacetani）叛亂過程中，海外行省遠西斯班尼亞（Hispania Ulterior）的總督塞爾維烏斯・蘇爾皮基烏斯・加爾巴（Servius Sulpicius Galba）與拉西塔尼人約定贈與他們土地，並將他們分為三群各別帶到應許的土地，以友好的名義解除對方武裝，之後便在四周的壕溝包圍他們並全數加以殺害。

如此一般，第三次布匿戰爭前夕的羅馬，可說已經呈現出輕易發動戰爭，輕易殲滅對方的戰爭機器狀態。會出現這種道德危機的理由，並非單純只是自豪於軍事實力，而有著更複雜的複合性原因。如同理查森（John S. Richardson）所指出的一般，當時羅馬統治階層之間追求軍事光榮，特別是針對舉行凱旋儀式的榮譽出現激烈的競爭。能擔任高階政務官職的階層出現高度世襲化之外，這些貴族（Nobiles）的青年們為了爭奪少數更高的官職，為此在外地的軍事作戰業績也成為必須列舉的項目，並成為政務官選舉時的評選重點。另外，與第二次布匿戰爭相較大型戰爭明顯減少，但凱旋儀式的數量卻高居不下，在這種情況下即便沒有重要戰爭也要有足夠的殺敵數量，滿足這種條件才能被承認進行凱旋儀式，這種儀式的進行已經成為一種形式化的狀態。

羅馬人的眼中，已經不看敵人。也就是進入拿著內政理論濫用於外政（戰爭）上的階段。

另一方面，羅馬的對外政治上，也就是對地中海世界的統治也逐漸出現困境。共和政治時期的羅馬，最終忘卻了如何以安定的方式統治被征服的各民族與城市。他們只剩下「為了保護羅馬同盟者免於不義而戰」的單一統治理論，在此之下只會衍生出無限的戰爭。甚至可以大膽推測，被征服者的社會上層結構有協助寡頭政治因素的傾向。

而這種傾向則與被統治者的下層民眾、各城市的沒落公民階層及奴隸們在反羅馬旗幟下集結的傾向互為表裡。與第三次布匿戰爭同時發生，自稱「珀爾修斯之子腓力」的安德里斯克斯（Andriscus）企圖領導馬其頓王國復興（西元前一四九年～前一四八年）的事件，就是一例。在安德里斯克斯之亂後不久，羅馬和希臘的亞該亞同盟（Achaean League）之間也發生戰爭，詳細的經過不明，但亞該亞同盟內部革命派、反羅馬派的抬頭，也是事件發生的原因之一。西元前一四六年，和迦太基遭毀滅大約同時，亞該亞同盟也被打敗，核心都市科林斯被羅馬占領並遭徹底破壞。這麼做也是為了警告革命派。

西元前一四九到前一四六年的希臘慘狀，在同時代人們的眼中看來，與迦太基的命運完全相同。波利比烏斯將這段希臘的不幸時代視為希臘史中最惡劣的情況，此外他還表示，被滅亡的迦太基因為遭到徹底抹煞所以已經幸運地不用再看到自己更加悲慘的一面，與此相對希臘人的命運，則處於隸屬狀態活著，這種不幸還必須流傳給子孫們承繼，這才是真正需要恐懼的狀態。

如上所述，西元前二世紀中葉地中海世界中，呈現出到處都是城市遭羅馬殲滅的光景，迦太基不過只是其中之一。在反擊迦太基打造的「羅馬包圍網」過程中，羅馬也自動地完成了對地中海整個區域的統治。當羅馬找藉口攻擊統治下的諸民族時，「宿敵」迦太基更不可能逃脫。

◎努米底亞王國

即便如此，發動戰爭前要找出一個確保正義的理由，這仍是羅馬式的作風。對迦太基戰爭的藉口，就是和馬西尼薩的努米底亞王國之間所發生的領土紛爭。從傭兵戰爭、利比亞戰爭時期開始正式展開的諾馬迪斯（努米底亞人）反迦太基抗爭，最終形成了馬西尼薩和羅馬軍隊合作打敗親迦太基的西法克斯馬塞西利王國，這個第二次布匿戰爭的最後局面，雖說札馬戰役後西方仍舊殘留著西法克斯之子維耶米納（Vermina）的王國，但馬西尼薩的王權已

馬德瑞申的努米底亞王墳　遠景（上）和多立克式圓柱（下）。西元前三世紀左右。栗田伸子攝影（兩張皆是）於 1986 年。

經不容撼動。

這個馬西利王國羅馬人稱為努米底亞王國，馬西尼薩王位的正統性，也來自於大西庇阿對其王位的承認。至那位索芙妮絲芭死後不久，大西庇阿才首次稱馬西尼薩為王，並贈與他黃金頭冠、黃金之器、有雕飾的椅子、象牙的權杖、有刺繡花紋的托加長袍及有棕櫚花紋的丘尼卡（tunica）上衣。除了黃金之器之外，這些任何一項都是羅馬凱旋將軍所能持有的物品。身為「羅馬的友人兼同盟者」的馬西尼薩，是當時地中海世界中最親羅馬的勢力。

只是，我們不能將努米底亞王國單純視為羅馬的傀儡政權。諾馬迪斯（努米底亞人）的社會萌芽形成強大王權，可以追溯到第二次布匿戰爭之前，早到西元前三世紀時期。馬德瑞申（Medracen，位於阿爾及利亞東北部）的巨大圓形墓便是證據之一。遠望給人埃及金字塔般印象的這個墳墓，呈現直徑達五十九公尺的巨大圓錐形，是周圍裝飾有多立克式圓柱（Doric Order）的豪華盛大建築，暗示著當時存在著某種集權式的統治體制。

地理上位於歐瑞斯（Aurès）山脈西北，錫爾塔南方，但這個王權也可能及於馬塞西利、馬西利，或者也可能包含其他地方，我們對其整個系譜並不清楚。當西西里阿加托克利斯（Agathokles）進攻非洲時（西元前三一〇年），「利比亞（亞非利加）人國王」艾留馬士（Aelymas）便獨立於迦太基而存在。自西元前四世紀後半至前三世紀，一直以來被統稱為諾馬迪斯（遊牧民族）的迦太基非洲領土周邊各民族，明顯開始形成國家，這種變化我們可從採用多立克式圓柱上看出，他們也可算廣義的受到「希臘化」（當地王權的希臘化）潮流的影響。

這些諾馬迪斯的王權之中，如前所述，和迦太基國土接壤，國境上有杜加城的馬西利王權是最受迦太基文化影響的王權。從首都錫爾塔的艾爾．霍夫拉遺跡大量出土過與迦太基陀斐特形式相同，記載著布匿語奉獻碑文的石碑（stela）。

然而一旦背叛迦太基，形成親羅馬的統一努米底亞政權後，此一馬西利王國僅因和迦太基非洲領土相接，便在第二次布匿戰爭後成為迦太基的致命敵人。根據馬西利國王政權的理論，迦太基於非洲的領土，原本全部都是自己祖先們的土地。

西元前一九三年，漢尼拔逃亡的這年，迦太基因為他從安條克宮廷派出名為亞利斯托（Aristo）的密使事件而陷入一陣混亂。馬西尼薩便趁此機會侵略從屬於迦太基的小賽耳底（Lesser Syrtis）灣沿岸地帶（恩波利亞地方），逼迫這些地區改向自己納貢。這個地區的最大城市大萊波蒂斯富足到一天向迦太基繳納一他連多的程度。迦太基為了解釋亞利斯托密使事件，並同時要訴求馬西尼薩的「不義」之舉，派遣使者前往羅馬，而為了與之對抗，努米底亞王國也向羅馬派出使節。

雙方在羅馬元老院對決。迦太基主張恩波利亞在大西庇阿西元前二〇一年的合約中承認屬於迦太基的領土之內，對此努米底亞一方說明如下：「對於大西庇阿裁定的國界線這點，努米底亞並無討論的打算。如果要說土地所有權的真正歸屬，非洲究竟有哪一塊土地真的是屬於迦太基的呢？以外來者身分來到非洲的迦太基人，為了建設自己的城市他們僅獲贈了一張牛皮可以圍起大小的土地，在他們定居地畢爾莎範圍以外，無論他們領地有多麼寬廣，那也不過是透過暴力不公正奪來的土地。」

如此說明之後，馬西尼薩的使節又指出，問題在於迦太基根本無法證明自己在一定的期間內持續保有恩波利亞地方一部分地區，因此土地的歸屬權應當處於不明確的狀態，由強勢者占有乃理所當然，主張這種土地不在羅馬調停的範圍內。這等於時至今日才批判西元前五世紀希梅拉戰役後迦太基侵略非洲取得領土的整段歷史。在這個時節上羅馬派出以大西庇阿為領導的使節團前往進行調查，使節團調查後保留未下判斷便回國了。實際上，羅馬通過了馬西尼薩的主張，這個結果讓努米底亞王國保有恩波利亞地方一直到西元前一六二年為止。馬西尼薩之後更於西元前一八二年、前一七四年到前一七二年推進他的軍隊，至西元前一七二年羅馬才罕見地警告努米底亞這一方。

◎第三次布匿戰爭爆發前夕

接著從西元前一六〇年代至前一五〇年代，迦太基和努米底亞王國反覆發生領土紛爭。饒富深意的是此時迦太基政治界除了親羅馬派（寡頭派）和反羅馬派（民主派），還出現了並列的第三黨派，也就是親努米底亞派。根據阿庇安的說法，綽號「椋鳥」的漢尼拔為此派的領導者。當時總之也存在這種第三立場，他們認為即便在土地問題上讓步也應該和設法和努米底亞妥協，撲滅可能和羅馬發生戰爭的火苗。

然而，對努米底亞持強硬主張的一派具有優勢，其中的「民主派」急先鋒領導者加太羅於紛爭土地上佈陣攻擊馬西尼薩的臣下，並煽動利比亞農民對努米底亞發動叛亂。這樣的行為可視為違反西元前二〇一年的和約，但此時卻未見羅馬針對此點提出質疑。羅馬的對應方式與之前相同，派遣使節團，但並沒有做出任何決定，僅勸雙方和解。

之後馬西尼薩旋即主張他領有巴格拉達斯河中游被稱為「大平原」的地區。此地是北非數一數二的穀倉地帶，大約有五十個城市在此，被稱為泰斯卡（Tysca）。許多學者認為這次的紛爭與李維摘要中告知的西元前一五七年和前一五三年羅馬派遣的使節團相關。這些使節團的其中一次，那位老加圖也有參加，這也給迦太基的命運投下了一道不吉利的陰影。

非洲領土的核心部分遭到威脅，迦太基的姿態也變得強硬。「民主派」流放了親努米底亞派的領袖約四十人，而且在公民大會上決議，這次的流放乃永久流放，決不撤回。遭流放的人們逃到馬西尼薩的身邊，勸他對迦太基宣戰。馬西尼薩派兩個兒子古盧薩（Gulussa）和米西普薩（Micipsa）前往迦太基，要求讓被流放者返回迦太基。迦太基的軍事長官把城門閉鎖，將兩位使節趕回。據說因為害怕遭流放者的家屬們起了騷亂。此外，打算要折返的古盧薩遭到「民主派」領袖之一哈米爾卡（綽號「薩莫奈人」）的奇襲，還被殺了好幾個隨從。

對馬西尼薩而言，這是攻擊迦太基的絕佳藉口。努米底亞軍隊立刻包圍名為歐洛斯寇帕（Orosñ Copa）的城市。這次迦太基也不再訴請羅馬仲裁，在西元前一五〇年，於哈斯德魯巴帶領下領著迦太基步兵二萬五千人、公民騎兵四百人自迦太基城出發，前往對決馬西尼薩。此舉不同於過往的小紛爭，而是正式的戰爭，明顯地無視第二次布匿戰爭後合約中沒有許可禁止發動戰爭的條款。羅馬元老院所等待的開戰時機，終於降臨。

◎繁榮的殘跡

不過，在開始說明第三次布匿戰爭之前，先一瞥這個時代的迦太基身姿，看看她最後的繁榮樣貌。因為大加圖的演說，讓人覺得滅亡前夕的迦太基已經恢復繁榮，但這樣的說法其實有點誇張。畢竟完全失去了伊比利半島的銀礦，除了十艘軍艦之外，甚至不准成立海軍，這還是給迦太基造成重大的打擊。但即便如此，作為貿易城市的迦太基依然運作著。

阿庇安描寫的迦太基城兩個港，也就是圓形的軍港和方形的商港，大概是在西元前三世紀，也就是第二次布匿戰爭後進行了最後的整備。這兩個港口互通，船隻得以往來，共享一個出入口入海，也可以加上鐵鎖鏈進行封鎖。第一個方形港口為商港，配有所有種類的滑車裝置，第二個圓形港為「軍艦」使用的軍港，中央造有小島，環繞港口周圍及中央小島周圍都隔著一定間隔設有大型埠頭，可以停靠二百二十艘戰艦。港內四處林立著能吊起船隻的器械和裝滿武器設備的倉庫。各碼頭的入口聳立著兩支愛奧尼亞式的圓柱，港和中央「島」皆可看見廊柱裝飾。中央

迦太基的軍港和商港　摘自 P. Cintas, *Manuel d'archéologie punique,* II, 1976。

「島」上有提督的指揮所，設計成可以透過喇叭手從該處傳達訊息，提督也可以自「島」上看到整體海和港口以便進行指揮。「島」高築於港口的入口附近，可以俯瞰全港，反之入港的船隻則難以一窺內部的模樣。為了不讓外部看到軍港內側，還用心地設有兩重的牆壁。

走出掛著神秘面紗的港灣地區後，可以看到加工場的密集手工業小鎮，冶金、金銀精工、鐵工等金屬加工業者，陶器製造者、毛織物工匠和染坊等自古以來的工藝作坊仍舊持續。雖然已經不復西元前五世紀到前四世紀的鼎盛期模樣，這些作坊仍舊維持著地中海數一數二的生產力。根據地理學者斯特拉博的說明，第二次布匿戰爭的期間此處每天可以持續提供大盾牌一百四十面、短劍三百把、長槍五百支、強弩用箭一千支。

這個工匠小鎮的北方，沿岸城牆和畢爾莎之丘中間夾著商店街與住宅街，整體呈現南北狹長的型態。在遠處則是墳墓區。從主要大街回首山丘方向，可以看到包含厄舒蒙神殿在內的層層疊疊巨大建築。迦太基城因為免於第二次布匿戰爭的戰火，所以這些建築物區都保持西元前五世紀左右以來的城鎮發展模樣，神廟的古老建築中也有誇示建國當初歷史的物品。

只是，與過往相較，城鎮可能相當擁擠，呈現出雜亂的狀態。西元前五世紀的那個面海城門已經拆除，民宅一直綿延到海岸邊城牆附近。城牆以外的廣大田園地帶自從阿加托克利斯和雷古魯斯入侵以來，田園宅邸的居民們以及類似科克瓦尼的卡本半島工匠城鎮的居民們，都離開了原本住處遷入迦太基城中。近來因為努米底亞王國的軍隊入侵使非洲領土整體呈現危險狀態，城內人口集中狀態又更急遽加溫。滅亡前的迦太基城人口至少有十萬人，甚至可能膨脹到二十五萬人（斯特拉博所說的七十萬人則顯誇張）。

阿庇安記錄，畢爾莎之丘的山麓上連綿聳立著「六層樓」的建築物。這除了描述最後一個世紀迦太基城的蓬勃發展，這樣的光景也大概反映出了迦太基人只能在城牆之內，甚至在原本最早勢力範圍的畢爾莎地區內，才能感到安心的當時狀況。第六章介紹的「漢尼拔市鎮」的開發，大致也可以在這樣的脈絡下來思考。城市所在位置的海岬與非洲大陸之間的地峽部分設有三重巨大的城牆，這展現著迦太基城居民對城外非洲田園和當地居民，無論是利比亞人或諾馬迪斯（努米底亞人），都懷抱著深深的恐懼和警戒心理。

雖然如此，城鎮依舊繁華。貿易和工商業，從其他非洲城市收取的納貢，都積累著龐大的財富。這種繁榮下的知名軼聞之一，就是每年支付羅馬兩百他連得，總共要支付五十年賦稅作為戰爭賠償一事，也在敗戰後十年便能提出一次全部清償的提議。

比這些情況更饒富深意的，是找到了與義大利半島有著繁盛交易的證據。在「漢尼拔市鎮」中大量發現被分類為「坎帕尼亞式A」型的陶器片。在滅亡前五十年期間，大概有超過往日人數的義大利商人、坎帕尼亞商人來到迦太基。義大利和非洲之間的貿易，從往昔腓尼基人進行的少量奢侈品交易，轉為農產品等大量日常生活用品貿易。這種緊密關係看在主張毀滅迦太基者的眼裡，反而是一種非常令人痛恨的狀態，因為敵人的手甚至已經伸到了自己的餐桌上。大加圖拿著利比亞產的鮮美無花果向眾人展示，強調如此豐饒的土地距離自己僅有三天乘船時間的軼事，實在太過有名，此處羅馬和迦太基的近距離，正好成為他煽動羅馬人危機意識時最大的論述根據，這個宣揚恐懼的重點，確實具有相當重要的意義。

迦太基滅亡

◎最後的交涉

回到西元前一五〇年的事態。哈斯德魯巴指揮下的迦太基軍把努米底亞軍引誘到沙漠，終於來到大決戰之時。八十八歲的老國王馬西尼薩親自上陣，並遵循努米底亞的作風騎著不配馬鞍的馬匹，指揮努米底亞王國的軍隊。迦太基軍隊在稍微劣勢的狀態下戰況呈現膠著，接著因為糧食補給遭到切斷，迦太基軍因為飢餓和疾病而毀滅。生存下來的人們拋棄武器，只穿著一件托加長袍前往敵陣，並獲准得以返鄉，然而馬西尼薩的兒子古盧薩卻率領騎兵隊前往追殺，殲滅了許多人。迦太基全軍五萬八千人之中能平安回到城中的，僅有包括哈斯德魯巴將軍在內的一小群人。

這個戰爭的結果一傳來，羅馬立刻對全義大利進行徵兵，進入戰爭準備狀態，且未清楚說明徵兵目的，只說為了防備緊急事態。狼狽不堪的迦太基政府立刻宣布對提倡馬西尼薩發動戰爭的人們、指揮官哈斯德魯巴、軍長官加太羅及相干人等死刑，此外也遣送使節團前往羅馬，盡力辯解。

羅馬元老院的反應卻十分冷淡。元老院議員的其中一人表示，無論是處罰負責人或者派遣使者，都應該「在戰爭失敗之前」就著手處理。迦太基使節詢問，如果我們做了什麼壞事的話，要如何才能補償這樣的過失；羅馬的元老院則回答「必須要滿足羅馬人。」針對是要增加賠款額度，或是將紛爭土地交給馬西尼薩討論之後，不知如何是好的迦太基再度派遣使節前往羅馬，詢問如何才能滿足羅馬，結果只得到「迦太基人應該很清楚怎麼做」的回答而已。

迦太基居民逐漸從不安轉變為恐懼的這個時期，烏蒂卡叛離了。擁有與迦太基並列的良港，作為進攻迦太基的基地烏蒂卡擁有絕佳的地理位置。這個城鎮迅速覺悟到目前的形勢狀態，投靠了羅馬一方。羅馬元老院接受了烏蒂卡，並在卡庇托里姆（Capitolium）山丘上集合，決議對迦太基進行戰爭，並立即派遣西元一四九年的兩位執政官馬尼烏斯．曼尼利烏斯（Manius Manilius）和盧基烏斯．馬爾基烏斯．凱恩索里努斯（Lucius Marcius Censorinus）率領陸海軍前往西西里。據說他們收到密令，指示他們除非徹底破壞迦太基，否則不准停止戰爭。大艦隊和龐大的軍隊，共集結了八萬步兵及四千騎兵。許多羅馬公民和同盟諸城的人們都搶著擔任志願兵，想要參加這個已經知道結果的龐大遠征。

獲知羅馬宣戰布告的迦太基政府，再次遣使前往羅馬。羅馬元老院這次提出了條件。要求迦太基在三十天之內將城內最高貴家族的孩子們，送出三百人當人質，交給在西西里的兩位執政官，此外如果也遵從羅馬的其他命令，那麼願意保持迦太基的自由和自治，並承認迦太基在非洲保有的土地。迦太基依約交出人質。在迦太基港口貴族的母親們為了阻止運送孩子們出航所乘坐的船隻，有人抱著船錨，有人切斷繩索，有人緊抱住水手，但這些抵抗終究徒勞。在尚未清楚確認所有條件之前就引渡孩子們，這不啻是把城市直接交給敵人，這些抵抗交出孩子的母親們，她們的直覺完全正確。在西西里接收人質的兩位羅馬執政官將孩子們就這麼轉送到羅馬，並且告訴迦太基等羅馬軍開抵烏蒂卡便宣布結束戰爭的條件。

數日後，羅馬軍已經在烏蒂卡登陸，並在往日大西庇阿駐兵的同地點打造了軍隊的基地。來訪的迦太基使節被繩索隔開，不許他們接近坐在高椅上以顯威嚴的兩位執政官。即便如此使節仍舊祈求羅馬的寬大處置，說明迦太基擁有古老歷史，如何長久保持國家規模及跨越海陸的廣大統治範圍，這樣的城市如今面臨如此命運的轉捩點，希望羅馬能夠寄予同情。迦太基不是已經遵守條約，也把船隻、大象、人質都交給羅馬了嗎？對此，羅馬的回答是，要迦太基交出所有的武器。

◎「捨棄大海吧」

迦太基立刻執行交出武器的行動。實際上迦太基方面還是有所顧忌，因為之前對馬西尼薩戰敗被宣告死刑的哈斯得巴魯將軍還在城牆外集結兩萬士兵擺出陣勢，威嚇著迦太基政府，因此迦太基政府交出武器恐將引來政變。聽聞此事後，羅馬方面表示哈斯德魯巴的事情交給羅馬方面來處理，反覆要求迦太基交出武器，以如果真的希望和平就不需要武器的說法逼迫迦太基。

迦太基交出能夠讓二十萬人完全武裝的武器、無數的標槍與箭矢，加上多達兩千件的投石機器，並從迦太基城運輸到烏蒂卡的羅馬軍基地。迦太基元老院的重要人士、公民中的有力人士，甚至神廟祭司等其他貴族們，也都同行前往。羅馬執政官之一的凱恩索里努斯對他們做出最後的要求：交出整個迦太基城。

「你們各自前往自己領土內喜歡的場所，但是必須移到離海至少八十斯塔迪昂（約十四點二公里）的地方。我們將整個剷平你們的城市。」羅馬人還未說完，迦太基人便開始伸手向天哭喊，說羅馬人踐踏信義，口中喊著諸神啊，將復仇降臨在他們身上吧，如此咒罵著羅馬，憤怒的舉動彷彿要殺害使節以犯下重罪進而惹怒羅馬人而一般。接著他們將身體匍匐於地，以不斷以手搥地並敲打自己的腦袋。等到狂亂過後，便如同死去一般長伏在地上。

要求三百名兒童當作人質時，羅馬人約定的——保持迦太基的自由和自治，保持迦太基的領土等——條件中，確實沒有提到將如何處置迦太基城。同時代的希臘人之中，也有些人認為迦太基已將決定權全部委交羅馬，因此之後羅馬如何處理，都不算不敬（違反信義是一種瀆神，故稱不敬），也不算違約。也有些人認為，消滅這個長年以來的威脅，而且在某些情況下可能與羅馬爭奪霸權的國家，使羅馬統治的世界獲得安定，這樣的表現只是一種政治上的理性。此外也有一些批評的意見，認為面對並沒有做出太多不義，而且遵從命令的對手還祭出如此嚴厲的手段，羅馬的統治慾實在過於專橫等。對於羅馬不斷提出瑣碎的條件欺瞞對手以達成自己目標的做法，實在難以說是文明的國家，嚴格來說這終究是不敬且違反信義的處理方式，這大概是當時有良知的知識分子們的立場吧。

如此，羅馬告知將破壞首都的決定。從悲嘆中恢復冷靜的迦太基使節中，最知名的漢諾要求許可他發言。他表示，第二次布匿戰爭之後迦太基遵守合約，並提出曾協助羅馬與三位國王（腓力五世、安條克三世、珀爾修斯）作戰的實際成果，且再次說明在這次的事態中也全部遵照了羅馬的命令。「羅馬做出承諾將保障迦太基的自由和自治。如果破壞了迦太基城算是正當的做法，那羅馬如何保障迦太基的自由和自治？」接著懇請羅馬不要破壞依諸神命令建造的這座古都，讓過往聞名世界的這個城市以及她的榮耀能免遭毀滅。希望羅馬對於從沒有傷害過他們的諸神，能夠維持祂們的祭典、祭祀的隊伍以及神明的莊嚴。哀傷地請求希望不要將死者從墳墓中掘出，不要取走進獻給他們的供品。他請託，至少一次也好，送出使節前往羅馬元老院，給予迦太基人一個請願的機會。

羅馬人回答：「是海洋使你們犯下了罪行。」無論是侵略西西里、西班牙並遭到敗退，或者襲擊羅馬商船，作為處罰將薩丁尼亞交給羅馬等，都是因為海洋之故。過往建構出海上帝國的雅典，也在急速成長後突然衰退。海上帝國猶如商人的財富般如夢似幻，即便今天獲得利潤，明天也可能全數失去。簡要來說，海洋城市與其是說建造在堅實地面上，其實更似漂泊在波浪中的一艘船。今天，你們如果舉目望向沒有船影的海面，就會想起過往擁有大艦隊和戰利品的回憶，那只會再度引誘你們從事壞事。將海洋交給羅馬，你們前往內陸生活吧。在那些地方享受農業和平穩——如此，羅馬的執政官一方面表現出對各個海上帝國的侮蔑，一方面也貶抑過往迦太基的光榮，終究下命迦太基放棄海洋。

◎三年之間

迦太基的居民們一路來到城牆處，迎接一直低著頭返回迦太基的使節團，極度焦慮的居民們幾乎差點當場把他們扯裂。在聽取說明之前所有人都察覺到大難即將降臨。當在元老院議場傳達羅馬的宣告時底下冒出大聲的叫喊，而且也傳染到了在外聚集的群眾們。就在說明和羅馬方面交涉的詳情，以及特別請求再度派遣使節前往羅馬的話語聲中，深沈的靜默壟罩到元老院的議員們和群眾身上。

石頭砲彈　第三次布匿戰爭中用在投石機具的砲彈。摘自 S. Raven, *Rome in Africa*, 1969。

但當知悉連遣送使節也遭拒時，群眾的情感終於爆發。有人要把勸大家交出人質給羅馬的元老院議員們撕裂扯碎，也有反過來襲擊對努米底亞主戰的議員們，還有人朝著帶回惡耗的使節們投擲石頭，城內頓時陷入混亂狀態。此時一同居住在迦太基城內的羅馬商人們也面臨了悲慘的報復。迦太基居民們在街頭徬徨著叫喊最親愛的人們的名字、家人的名字；有些人咒罵未能守護自己的諸神；有些人前往兵器庫看著空無一物的倉庫流淚；有些人看著船塢想著交給羅馬人的船艦而悲嘆。還有些人不斷呼喊著早就已經交給羅馬人的，那些象群們的名字。

在這場大混亂當中，迦太基元老院竟然就在當天對羅馬宣戰。同時解放了全城的奴隸，向被宣判死刑的哈斯德魯巴將軍請罪，並委請他負責城市外的戰鬥。城牆之內的指揮則由另一為哈斯德魯巴負責。但他是迦太基貴族和馬西尼薩女兒所生的孩子，因為這樣的身分導致他在包圍戰最熾烈之際被質疑有通敵嫌疑，因而遭到殺害。

元老院也再度派遣使節前往羅馬軍陣營，請求為了再次派遣使節前往羅馬而互相給予三十天的休戰期間。阿庇安記錄，當這項最後的請求遭到拒絕時，迦太基居民之間出現了顯著的變化。居民們萌生了堅定的意志，不過是要他們捨棄這座城市這種程度的要求而已，他們願意忍耐一切護城奮戰。瞬時所有神廟區域、神廟，甚至稍微空曠一些的地方，都成為了備戰工坊。城市居民們不分男女，都依照著時間表分批進食，不分晝夜持續勞動，每天生產出大盾牌一百面，劍三百把，投石器具使用的彈砲一千顆、標槍、長槍各五百支。除此之外也盡可能打造投石器具。為了打造投石器和製作弓弦，婦女們還割下長髮當作材料。

如此，從西元前一四九年持續至前一四六年城市陷落當天為止的三年期間，正式展開了第三次布匿戰爭。戰爭的實際狀態，就是超過八萬名的羅馬士兵和同盟國軍隊，全力對迦太基這一個單一城市進行包圍戰。

羅馬軍分為兩支，曼尼利烏斯率領一隊從非洲本土繞向海岬和陸地連接的地峽處，對三重城牆的一方進行攻擊。另一方面凱恩索里努斯則從海洋這一側接近。迦太基的銅牆鐵壁防守中，此處存在著一個弱點。雖然沿著海岸的城牆大部分都迫近海洋，攻擊一方無法擺出陣勢進擊，但只有一個場所，就是在岬角南端突尼斯湖和大海之間有著一條如舌頭般延展的帶狀土地，為攻擊城牆提供了施力點。凱恩索里努斯就在此處佈陣。

羅馬軍製作了六千人才能推動操作的巨大破壞器具。湖邊的舌狀接壤土地部分則加以填埋，打造出幅度更寬的道路，並在上面推進兩組破城槌對城牆施以打擊。很快地城壁就出現塌落，從裂縫中可以看到城內狀況。然而迦太基一方趁著夜色緊急修復城牆，並對放置一旁的破城機具縱火。即便遭到壓倒性的大軍包圍，居民們仍舊展現出驚人的熱誠和勇氣，屢屢擊退攻擊。也出現過居民測算風向釋出揚帆點火的小舟，將羅馬艦隊燒毀的戰績。曼尼利烏斯軍想要占領本土補給迦太基的據點那菲利斯時，也曾被哈斯德魯巴軍隊打敗。

在這些最後的日子中，迦太基城內已經連清掃街道的餘裕都沒有了。根據蘭茲（Serge Lancel）的考古發掘結果，畢爾莎南側的某珠寶店——販賣紅瑪瑙、黑曜岩、珊瑚等——前方小路大約三層的石階，因為從都市遭破壞的幾年前開始人們把廚餘等垃圾都堆扔在路上，所以最底下的一層石階已經呈現看不見的狀態。持武器者在城牆上守望，女性和小孩也前往土木工程工作場地，僅有在作業換班的短暫

艾爾．庫魯布陵墓　據信是努米底亞王米西普薩之墓。西元前2世紀。1986年，栗田伸子攝影。

時間，才會暫時返回家中。匆忙的餐飲——也因為封鎖益加嚴厲而逐漸匱乏。

西元前一四八年，雖然僅有一瞬間，但有段期間迦太基人似乎有獲救的希望。新任的執政官盧基烏斯．卡爾普爾尼烏斯．皮索（Lucius Calpurnius Piso）在盛夏之中包圍攻擊位於迦太基和烏蒂卡間一個名為希帕克拉（Hippacra）的港鎮，卻遭居民和迦太基軍所擊退。

另外努米底亞王國的情勢也在變化。馬西尼薩此時終於過世，繼承他的三個兒子當中，僅有古盧薩好戰，米西普薩及馬斯塔納巴爾（Mastanabal）雖然約定出兵加入羅馬軍，但仍有所躊躇。實際上，晚年的馬西尼薩本身也對羅馬決定毀壞迦太基城的決定感到失望。因為這妨礙到他想將迦太基全部領土悉數收歸當地原住民所有的構想，這也讓羅馬對馬西尼薩的忠誠度投以懷疑的眼光。新的努米底亞國王們的厭戰心情，大概也是受到這種影響。只有一個人奔赴前線的古盧薩——他負責軍事、外交事務——陣營中，有一位名為畢席阿（Bithyas）的酋長，率領了八百努米底亞騎兵隊前往支援迦太基一方。獲得幫助的迦太基方面，開始在非洲田園區域的各個城鎮進行反羅馬的演說，並且向米西普薩、馬斯塔納巴爾，以及毛里人們請求援助，甚至還派遣使者前往馬其頓求見安德里斯克斯（偽腓力）王，呼籲建構共同戰線。

◎小西庇阿登場

原本應該可以輕易征服的非洲遠征面臨停滯狀態，這使得羅馬在隔年的執政官選舉中發生了異常的狀態。年紀尚輕根本沒有候選資格的小西庇阿（Publius Scipio Aemilianus），破格被選為執政官。小西庇阿是在彼得那戰役取得勝仗的盧基烏斯·埃米利烏斯·保盧斯的兒子，並且成為西庇阿家的養子。他以高階軍官的身分從軍參加迦太基包圍戰，他表現出來的靈敏作戰姿態，已經數度挽救過執政官們的失敗。馬西尼薩死後調停了努米底亞王國王位繼承問題（最終結果是採取米西普薩、古盧薩、馬斯塔納巴爾的三位國王共治體制）的也是他。羅馬公民大會對小西庇阿寄予打破現狀的期望。他立刻給各地國王及同盟諸國送去自己的信件，請求諸國的援軍。西元前一四七年，成為執政官的小西庇阿由包含他老師的波利比烏斯在內的親信陪同抵達非洲。如此一來，迦太基包圍戰也進入了最後的階段。

小西庇阿首先整頓因為從軍商人在軍營進出導致鬆弛的軍紀，之後先趁夜襲擊了城市北邊的梅加拉地區，此地為有巴卡家宅邸的區域，是混有果園和住宅的郊外住宅區。城牆之外已成為空屋的個人住宅中有一座和城牆大約等高的高塔，幾個羅馬兵從此處擊倒城牆上的衛兵，隔空架橋潛度進城並打開城門，放入了小西庇阿的軍隊。然而，梅加拉地區生長茂密的果樹以及四通八達的灌溉渠道反而阻礙了羅馬軍的行進，一直都快到迦太基城了，路況仍舊非常困難。

小西庇阿放棄攻擊梅加拉地區，接下來著眼於海岸南側那塊舌狀土地。從這個方向攻擊港灣地區，並訂定計畫直接襲擊港灣地區後方鄰接的畢爾莎之丘。為了達成這個計畫，首先要強化對地峽部分的封鎖，他在迦太基的三重城牆外側搭築了有如要覆蓋住城牆般的巨大城寨。四周以壕溝圍繞，並在完全遮蔽地峽部分的這個城寨上搭起高聳木塔，從塔上可以一望無際迦太基城內部，彷彿一伸手便可觸及般。

從路上運糧的路徑遭到阻絕，現在只剩下從海上靠著突破羅馬艦隊封鎖線的冒險商人們取得糧食，迦太基很快地陷入飢餓狀態。此時指揮城內防衛作戰的，是去年在城外率領部隊的哈斯德魯巴。小西庇阿赴任前後的時間，哈斯德魯巴被喚回城內。他為了發洩梅加拉遭到襲擊的怨憤把羅馬人俘虜拉到城牆上，挖掉他們的眼睛和舌頭，並剝除他們腳跟皮膚等加以嚴刑拷打，最後從城牆上將他們推落殺害。這只是單純引發羅馬軍憤怒的無益殺戮行為。而從海上運補的鮮少糧食也被分配給哈斯德魯巴自己的三萬士兵，城中居民更加苦於飢餓。

◎最後的迦太基艦隊

小西庇阿見到此狀，想要完全封鎖來自海上的通路，開始著手一項大工程。他從那塊舌狀土地的位置開始，一直延伸到更北港灣地區為止建造了很長的突堤。領悟到這項工程的危險性，迦太基城居民毫不猶豫地加以反擊。如前所述，迦太基港是由長方形商港和圓形軍港相連而成的結構，出海時由更南方的商港一側進入外海。現在看到羅馬在這個港口前不斷建築突堤，迦太基方面趕緊在北側軍港打通可以出海的水路，並且故意挑在羅馬人視野外的地方，日夜趕工進行貫穿工程。女性和孩童也全體出動參與這項工程。同時他們也利用城內殘留的舊船艦材料，十萬火急祕密打造三層槳戰船和五層槳戰船。

迦太基港突然出現新的出口，多達五十艘的大艦隊從該處出擊攻打而來，看到這種狀況的羅馬軍大驚失色。港口外的羅馬艦隊已經習慣長期包圍戰，無論水手或划槳手都離開崗位讓船隻以無防備狀態停泊在該處。這是迦太基最後的機會了。然而實際上這支迦太基的最後艦隊，僅僅展現威武姿態讓對手感到恐懼，之後又在當天返回港口內。三天後迦太基艦隊在海上發起攻擊時，羅馬方面已經準備妥當，因此作戰頂多只有獲得平分秋色的結果。

這次海戰結束返回港口時，卻給迦太基帶來意料之外的失敗。因為大艦隊一口氣來到狹小入口，較晚到達的大型軍艦便在城牆外側具有相當寬度的埠頭等待。這個舉動等於告訴小西庇阿一個從面海方向攻城的絕佳攻擊地點。戰爭開始後為了防禦這個埠頭還設置了胸牆（欄杆壁），但羅馬軍拿來破城槌加以攻擊，雖然迦太基的敢死隊趁夜游泳進行夜襲造成羅馬人的慌亂，但最終埠頭仍落入小西庇阿手中，在該處築起和城牆相同高度的羅馬軍防衛牆壁。羅馬軍甚至以投石器和標槍從此處發起攻勢對迦太基城內進行槍林彈雨般地投擲，至此面海一側的城牆也不知何時就會陷落。

就這樣，到了西元前一四七年夏天結束要入冬之際，陸地上出現了決定性的戰役。來自非洲本土對迦太基城進行補給——至今仍少量地持續著——的據點那菲利斯被羅馬軍攻陷。狄奧根尼（Diogenes）指揮的迦太基軍敗於努米底亞王古盧薩的騎兵隊，迦太基方面包含非戰鬥人員共有七萬人遭殺害。小西庇阿在迦太基和那菲利斯兩個戰場之間來回奔波指揮作戰。因為狄奧根尼軍被消滅，迦太基的氣數也到此為止。這個部隊才是真正運補食糧的部隊，而且看到非洲領地的居民還與狄奧根尼有所互動，勉強能保持勇氣。那菲利斯被攻陷後，非常短的時間內所有的非洲地區都降伏於羅馬，或者遭羅馬輕鬆地占領。

◎化為廢墟

西元前一四六年春天，在飢餓和恐懼，忍受無止境攻擊與進逼而來的死亡氣氛下努力維持的迦太基居民們，終於走到了最後一步。在對畢爾莎之丘和港灣（Cothon）地區強烈攻勢之下，某天夜裡哈斯德魯巴對四方形商港區域縱火，大概是為了阻止小西庇阿的攻擊。

當迦太基守備軍趕往商港方向時，小西庇阿的部將萊利烏斯部隊爬上圓形港（軍港）的牆壁。湧上牆頭的羅馬兵吶喊聲聽來彷彿他們已經獲勝一般。港口一帶迅速充滿了羅馬的攻城器具、木材和鷹架。既飢餓又害怕的守備兵們抵抗顯勁道衰弱，到了第二天傍晚為止，羅馬軍已經壓制了港口周圍的城牆，也占領了鄰接的公共廣場（*agora*），以武裝的姿態等至天明，接著第二天早晨四千名後續的士兵突入城內。「阿波羅」神殿遭到掠奪，黃金神廟成為戰利品被切碎分配給眾人。這段期間小西庇阿的攻擊也朝向多數居民逃往的畢爾莎之丘推進，從公共廣場到登上畢爾莎有三條通路，兩側密集都是六層樓建築物，戰鬥便沿著一間又一間的建築物展開慘烈的街頭戰。

羅馬軍隊占領一棟建築物後，便在屋頂上往旁邊隔著狹窄通路的建築物架木材，如此往前推進。屋頂上的攻防戰和通路上的殺戮，頭下腳上墜落砸在石板鋪道上的人們。戰鬥的慘狀讓人不忍卒睹。小西庇阿終於來到畢爾莎，下令對三個通路都放火，接著為了不妨礙部隊通行，再下令將燒毀建築物的殘骸自通路上撤除。

大火瞬間包圍了城市街道，房屋一棟接著一棟著火焚毀。羅馬兵迫不及待地推倒建築物，還在屋中的人們被房子的石材壓死。躲在家中最內邊的老人、女性和孩子和房舍一樣渾身傷痕，悲喊著匍匐在地。到處都有從高層建築上落下看不出人形的屍體。但最可怕的場面還在之後。受小西庇阿命令清掃通路的士兵拿著斧頭、鐵鍬和鉤子，從倒塌建築的邊緣開始清出通路，同時不管屍體或尚且殘活的人們，也都以這些工具拖入坑中，為了容易清理通路，不管是人或者瓦礫，都一齊當作垃圾埋入溝中。頭下腳上被活埋的人們兩腳露在地面上長

迦太基滅亡圖　19世紀作品。引自A. Lloyd, 1977。

時間受苦掙扎，也有僅在地面露出頭部的人，這些人的頭部就被趕往畢爾莎的軍馬毫不留情地踏碎。

慘劇連續了六天六夜。羅馬軍為了不讓士兵厭倦殺戮，採取換班制度。只有小西庇阿不眠不休地指揮，最後相當疲倦的他坐在高處，繼續看著羅馬兵的作業。到了第七天，逃入畢爾莎之丘山頂厄舒蒙神廟的人們伸出神廟聖域的橄欖枝請求饒命。小西庇阿接受他們的求饒，除了躲在裡頭的羅馬逃兵之外，保全了這群人的性命。從神廟聖域的窄門中走出了五萬人左右，這些就是所有生存下來的迦太基人。而在城中殞命的城市居民，大概是存活者倍數以上。

畢爾莎遺跡　底座為迦太基時代的遺跡。摘自 S. Moscati(ed.), *The Phoenicians,* 2001。

約九百名的羅馬逃兵絕望之際於厄舒蒙神廟籠城堅守，如字面意義的最後戰役，哈斯得巴魯和他的妻小也都加入戰鬥，由六十段台階隔開的神廟聖域相當便於防守。

但最終他們不敵飢餓和恐懼，放棄了防守區逃入神廟屋內。此時哈斯德魯巴敗給了對死亡的恐懼，手拿橄欖枝向小西庇阿投降。小西庇阿讓他跪在自己腳邊，指著屋頂上的人們，這些遭到背叛的悲慘人們口中吐出無盡的咒罵言語，責難這個投降的迦太基將軍，之後羅馬軍縱火燒毀神殿，這些人們也隨著神殿一同滅亡。哈斯德魯巴夫人把孩子帶在身旁，身著盛裝由屋頂上看著地面上的小西庇阿和丈夫。此時小西庇阿耳中斷斷續續聽到她的聲音：「羅馬人呀，你們握有勝利者的權利，即便做出這樣的事情，諸神們也不至於憤怒吧。但是那個哈斯德魯巴，背叛祖國、神廟群、我和這些孩子們的那個傢伙，祈求迦太基諸神向他復仇。祈求把你們當作道具般向他復仇……」這些言語宛如這個毀滅的城市自身所發出的話語一般。下一個瞬間，正以為她要朝丈夫激烈怒罵時，她卻將孩子們殺害，把他們投入熊熊大火之中，接著自己也隨之而去。

腓尼基人在西方的首都迦太基，如此一般，從傳說中建設開始到此時大約經過七百年（正確來說是六百六十八年），化成了一團灰燼。失去自己主人的城鎮，繼續燃燒了十幾天，海岬上籠罩著沈重的黑煙。小西庇阿給予士兵們幾天自由掠奪的時間，之後將堆積如山的戰利品裝船送回羅馬，報告戰勝的消息。他也遣使前往西西里，請他們將迦太基過往自西西里人們處掠奪各種物品帶回。剩餘的戰利品，以及投降的迦太基人們也迅速全數賣掉。

結語

狄多建設迦太基　1815 年由英國畫家威廉・透納（William Turner）所繪。

腓尼基船隻的身影從地中海中消失了。雖然這不見得與迦太基滅亡同時發生，但即便免於毀滅如加地斯等其他腓尼基裔城市，因為失去了商業網的最大節點，在地方的貿易衰退，最終還是只能被湮沒在義大利、希臘商人的商業活動下。大約兩百年後的龐伯尼斯．梅拉時代，「腓尼基的傳統」已經稀薄到了必須凝神細看、特別關注，並將其書寫流傳下來的程度。

要討論迦太基和迦太基所代表的地中海腓尼基式的事物給後世留下了些什麼並不容易。迦太基「帝國」消滅的過程中也正是羅馬帝國興起的過程，如果光看西地中海此二者似乎是此消彼長、取而代之的形式，但即便如此羅馬並沒有意圖要從迦太基的統治體系中繼承什麼東西。毋寧說如果按照羅馬的宣傳，他們是打倒背信的迦太基「帝國」，樹立起真正的，基於信義的帝國，他們想說的大概會是，自己沒有從「布匿傢伙」那裡繼承到任何東西。

不過還是有例外。那就是以成熟的奴隸購買制度的存在為前提的，古代專注在集約性與合理性的農業經營。迦太基人在非洲領土除了穀物栽培以外，也有多種多樣的果樹栽培和畜牧業績，這些知識都在「馬果的農書」中開花結果。

迦太基毀滅之際，羅馬把圖書館中的藏書都分給「亞非利加的小王們」，但是唯有馬果的農書，他們先行保留並翻譯成希臘語、拉丁語。羅馬著名的農業作家瓦羅（Varro）、科魯邁拉（Columella）等也都提到迦太基人馬果的著作。所謂大莊園（latifundia，特別是羅馬帝國在義大利展開的奴隸制大土地經營）元素中至少有一部分，正是來自迦太基的非洲領土。如此從西地中海奴隸制度發達歷史這樣的框架來思考的話，可以說因為立足於迦太基的階段，所以之後才有羅馬的階段。

然而，若從整體來看，迦太基史和羅馬史之間存在著斷絕。因為這個斷層，往後時代的地中海史、歐洲史便以羅馬帝國作為標準來推進，腓尼基、迦太基的過去至多只是一種異質性的存在，不被當作「正史」來處理（即便提及，對迦太基所存在的古代也不加以考慮，希臘、羅馬的作家們之間毋寧以腓尼基、迦太基和希臘、羅馬的，包括戰爭在內的各種關係來敘述，這才是他們歷史書寫的王道）。

試著抗拒羅馬的標準，即便在西羅馬帝國滅亡後經過十五個世紀的今日，依然有努力的必要，也因此要從正面凝視迦太基、腓尼基的樣貌並不容易。在前述「斷層」之後的我們人類，帶著嚴厲的視線去端詳在理論上存在的迦太基殺人的宗教儀式或以幼兒獻祭的做法，但與此相較，對於羅馬人以涵養武德為名義而舉行的角鬥士競技的娛樂殺人，則抱持著讓人覺得過於寬容的態度。這樣的落差，除了筆者之外應該有其他人也有同感吧。

羅馬帝國和迦太基海上帝國的差異甚多，最大的不同就在於對統治圈的擴大慾望。羅馬的最高權力、統治權（imperium）於第二次布匿戰爭以後的五十年擴大到整個地中海，但迦太基的霸權（hegemony），就算她未曾敗給羅馬，我們也難以想像她會朝著統一地中海世界的方向走去。

迦太基海上帝國設定的世界，應該是在政治上是更多元化的，在文化上更傾向保存各地文化異質性的世界。原本東地中海的先進文明地區和西地中海各地文明之間的落差、區域差，正是腓尼基交易網絡成立的前提條件。因為地區性差異和文化差異，才能賦予交易物品獨特的靈光。如果處於日後羅馬帝國統治下的地中海世界，成為雖然有上下階級差異卻缺乏各地區域差異的世界——一口氣達成同質化、「羅馬化」的世界，但在這樣的世界中腓尼基人、迦太基人的商業應當會窒息吧。

這種找尋相異區域和未知人們的傾向，和腓尼基人、迦太基人對地理學的高昂探究心與發現新航路有所關聯，這點也至關重要。自主性質強烈的羅馬不斷把地中海染上自己的色彩，讓地中海世界侷限為羅馬的內海，隨著羅馬的興盛整個地中海上也有如籠罩著一堵巨大的圓頂般。當迦太基滅亡的時候，地中海世界也失去了向外、向大洋延伸的最敏銳觸角。

在那個羅馬帝國中，被當作羅馬文明普及指標的，是他們統治下各地區的都市化程度。以羅馬的風格重新詮釋的希臘式城邦，標準化的城市制度——自治城市和羅馬殖民城市——

是海外行省的諸社會滲入羅馬的法制習慣、政治文化／宗教、生活樣式時的一個入口。成為羅馬海外行省的北非各地區，特別是舊迦太基領土的非洲，屬於都市化中的優等生。如果看大萊波蒂斯、艾爾迪約姆（El Djem），以及作為羅馬城市重新打造的迦太基城的羅馬時期遺跡，便可以理解到這些地方並非帝國的邊境，而是次於伊比利半島的重要地區。

這樣的發展是來自於迦太基海上帝國的「遺產」，或者是應該視為一種顯示出過去迦太基對非洲嚴酷統治和羅馬「溫和」統治的絕佳對照，判斷上其實相當分歧。短期來看後者的看法相當妥當，然而，若與西地中海的其他部分，也就是在缺乏布匿（迦太基）期的先期階段，以更接近「白紙」狀態自羅馬時期開始都市化的地區，相較北非城市的規模與分布密度或持續性，這種抽離布匿期文明化遺產（也包含負面遺產）的觀點終究無法完整加以解釋。更進一步而言，雖然這是一種悖論式的論證，但我們依然不能忽視一個要素：那就是利比亞人持續忍受數百年文明城市迦太基因為身為文明先進國而施加在他們身上的非人道掠奪，進而使利比亞人從中摸索出他們本身進步之道的這種經驗。

最後，讓我們稍微談一下迦太基城的重建。羅馬征服者將迦太基徹底毀壞，詛咒這個地方，並想方設法不讓任何人居住於此。大約一百年時間，迦太基所在的海岬是一片虛無的空間，成為比腓尼基人到來之前更加杳無人煙的廢墟。格拉古兄弟（Gracchi brothers）主導進

馬圖案的馬賽克磚　被稱為佛利爾（Volière）別墅的羅馬帝政時期迦太基的居住遺跡。1986 年，栗田伸子攝影。

行改革的時期，曾經一度嘗試重建迦太基城，不過失敗了。即便是由羅馬人主持的「重建迦太基」計畫，在羅馬的共和時期這種做法仍舊是一種禁忌。

在羅馬共和政治崩壞的期間打破這項禁忌的，正好就是破壞羅馬共和政體的尤利烏斯・凱撒（Gaius Iulius Caesar）。凱撒本身對殖民城市的建設究竟參與到什麼程度（他是在遭暗殺前才抱有這樣的構想），仍舊有議論的空間，不過他的繼承人屋大維（Octavianus，奧古斯都〔Augustus〕）則確實執行了凱撒的計畫。

如此，羅馬從共和體制轉向帝制（元首制〔principatus〕）的時期前後，以從羅馬城及他處遷入的約數千名殖民者為核心，迦太基以羅馬城市的身分「復活」。根據阿庇安的記載，此時距離迦太基被毀滅已經一百零二年（也就是凱撒遭到暗殺的西元前四十四年）。除了迦太基之外，從布匿期便存在的城市，例如烏蒂卡等在羅馬共和時期早已作為非洲海外行省的的據點持續羅馬化，其他也有許多馬略（Marius）和凱撒讓退役士兵進入殖民的城鎮，因此迦太基本身因為羅馬人的進入殖民，可說也讓舊迦太基領土內的諸城市的羅馬化（指轉變成不是以布匿裔，而以羅馬裔居民為主體的都市之意）跨入了另一個層次。在那之後迦太基的發展如此耀眼，說她的繁榮程度僅次於羅馬，絕沒有言過其實。

滅亡的迦太基人們如果看見這種繁榮，他們是否會說這是他們自己的城市又復活了呢？

羅馬時代的迦太基市民是否有稍微認為自己是布匿迦太基人的子孫？實際上還有許多需要討論的事項，但行文至此，或許是該讓迦太基的人們從他們的滅亡史中解放出來的時候了。今天，我們正在追尋正視他們於橫亙超過六百年的古代地中海歷史中所實際扮演的，一種不再是配角，而是歷史構成中作為必要演員的角色。

學術文庫版代後記

古迦太基港口殘留的地形形狀　1958 年繪。

從原著刊行之後至今已經過了整整七年。這段期間，從突尼西亞發動的「阿拉伯之春」給中東世界帶來重大的影響，雖然經過各種各樣的迂迴曲折，但只能說混亂程度益發增強。持續回顧這七年來的狀況，並加入一些新的見解以及對將來的展望，提筆寫下本文，欲以此代替「後記」。

首先，第二章提及關於日本考古隊在黎巴嫩進行的調查，在此想先做一些補充。我的學生時代，黎巴嫩國內處於長期的內戰狀態，除了無法前往當地，更遑論要進行調查。然而，當內戰結束開始進行重建時，黎巴嫩考古廳委託日本方面協助進行遺跡調查，正式展開調查則是在一九九九年。二〇〇二年起由京都大學泉拓良教授繼任並持續調查至二〇一一年為止。日本考古隊的成果中，有本書也提及的二〇〇三年發現的砝碼之外，也必須一提的是二〇一〇年從泰爾的地下墳墓發現以希臘語記錄的詛咒板和戴奧尼索斯（Dionysus）的面具等業績，這些在日後的調查中獲得重大進展。這一連串的成果，都清楚記錄在二〇〇八年到二〇一一年度科學研究費補助金、基盤研究（A）研究成果報告書（課題編號20251007）《從腓尼基．迦太基考古學所見的東地中海》（フェニキア　カルタゴ考古学から見た古代の東地中海；研究代表：京都大學大學院文學研究科教授，泉拓良）中。承蒙能夠成為這個由泉教授擔任研究代表者的科學研究費獎助事業的協同研究者，才能一償夙願於二〇一〇年二月首次踏上黎巴嫩的土地。當時借居於發掘調查中的日本調查隊宿舍，參觀、學習作業情況，並在黎巴嫩人考古學者的介紹下，得以繞了一圈黎巴嫩國內各地殘留下來的腓尼基相關遺跡。然而很可惜的是，目前留下來的遺跡大多是羅馬時代以後的，即便如此，驅車沿著海岸東部奔馳，看著沿海邊分布的現代城市，仍讓人實際感受到這些都會完全是基於古代城市發展而來的。在巴勒貝克（Baalbek）遺跡所在的貝卡谷地（Bekaa Valley）兩旁看見了連綿不絕的黎巴嫩山脈和前黎巴嫩山脈（Anti Lebanon Mountains），在卡迪莎溪谷（Kadisha Valley）中被矗立雪中的高大黎巴嫩杉木所震撼。第二年春天又蒙能夠作為科研隊的一員隨行前往黎巴嫩進行調查，再次體驗現場踏察的寶貴經驗。對於泉教授研究隊的諸兄諸姊，在此記上一筆感謝。

二〇一三年三月筆者獲得一個機會，在革命之後首次前往之前造訪過數次的突尼西亞。在前往參觀的遺跡中，有些整備不充分且遭放置，有些管理遺跡的職員則發出擔心觀光客減少的憂慮。之後二〇一五年三月還記得發生襲擊巴爾杜博物館（Bardo National Museum）的事件，讓人震驚。當本書原著（精裝）出版的二〇〇九年，適逢突尼西亞國立博物館群在日本推出了「古代迦太基和羅馬展」（主辦：東映株式會社），原著（精裝本）和本書（文庫版）封面獲准使用了當時的出版作品，算是和突尼西亞研究者們友好情緒高漲的時期。在此也重新向在革命中犧牲的諸位致敬並祈求他們的冥福，也希望研究活動的進展不要受到任何的影響。

接著，有一件非得附加說明不可的事情。關於第六章觸及的迦太基幼兒獻祭問題，實際上自二〇一〇年以來，腓尼基、迦太基史再次燃起替陀斐特翻案的風潮。從一九二一年以來的數次發掘調查過程中，經常對陀斐特發現的納骨壺內容物進行分析，最近一九七〇年代後半在美國的發掘中，隨著對挖掘出的納骨壺內的牙齒和骨片進行精密科學分析，對幼兒犧牲持否定態度的匹茲堡大學的史瓦茲（Jeffrey H. Schwartz）博士團隊，和持肯定論的希伯來大學（Hebrew University）的史密斯（Patricia. Smith）博士團隊，雙方在雜誌上持續論爭讓這個議題廣為人知。因為兩者採用幾乎相同的標本，因此得出的差異就出在決定兒童死亡時間（月齡）的基準誤差上。後者團隊認為，若將燃燒屍體時骨頭萎縮程度也考慮近來，死亡的孩子平均月齡比自然死亡假設的出生前或出生後便死亡更多上一些時間，也就是約當出生後一到兩個月，而這種特定死亡期間出現很集中的高峰現象時，就能考慮明顯是意圖性殺害，也就是在施行一種犧牲儀式。

另一方面不僅根據科學性資料，也對奉獻石碑刻鑿的碑文和圖像資料進行分析，透過文獻史料的解釋從更廣泛的社會性的、考古學的以及歷史脈絡來審視而肯定幼兒獻祭的第三方集團P．庫塞拉博士也出現了，時至今日論爭的熱度依舊。在美國東方研究學會的年度大會上，二〇一四年關於陀斐特的工作坊，或者二〇一五年的主題會議上都吸引了大量聽眾的眼光，至今依舊讓人記憶猶新。若要說一九八〇年代摩斯卡提（Sabatino Moscati）教授推論的「陀斐特是無法進入成人社會的，專為幼兒的墓地」的說法，今日已被迫重新修正，應該也不為過。

另外在西西里、莫提亞島的可頓（Cothon）內港周邊發掘調查所發現的神廟遺跡等，在這不滿十年的期間出現了許多驚人的腓尼基、迦太基研究進展，值得人們矚目。二〇一七年預定在薩丁尼亞島奧里斯塔諾（Oristano）舉行四年一度的腓尼基、迦太基國際學會，將會發表發掘相關報告，向世人披露最新的研究成果。

在序章中也提及，腓尼基、迦太基研究，是透過過往希臘史或羅馬史的研究範疇所無法完整建構，亦即一種得以完整補充古代地中海歷史的重要研究領域，但在日本也是至今為止鮮少被正面處理的分野。從我本身相關的經歷而言，這幾年特別以島嶼為主，踏察了腓尼基人在地中海進出過程中進入殖民的各地遺跡。另外在中央地中海的西西里島、薩丁尼亞島、馬爾他島，以及更西方的伊比薩島、東地中海的賽普勒斯島等，腓尼基人的痕跡遍布地中海各地。為了追求缺少文獻史料的腓尼基人真實樣貌，今後類似這樣的當地考察仍是必要的。

在面臨今日多樣化的國際社會時，在不斷重新思考不畏風浪航向海洋，縱橫無盡活躍於大海的腓尼基人歷史，以及學習他們的歷史究竟具有什麼樣的意義之中，將在此暫且擱筆。

二〇一六年　七月　　佐藤育子

・長谷川博隆『ハンニバル――地中海世界の覇権を掛けて』講談社学術文庫　2005年
・キャヴィン・デ・ビーア『ハンニバルの象』時任生子訳　博品社　1996年
・フロベール『サランボオ』上下　神部孝訳　角川文庫　1953～1954年
・S. Lancer, *Hannibal*, Oxford, 1998.
・L. Loreto, *La grande insurrezione libica contro Cartagine del 241-237 A. C. : una storia politica e miltitare*, Rome, 1995.
・R. E. A. Palmer, *Rome and Carthage at Peace*, Stuttgart, 1997.

第9章

・栗田伸子「ヌミディア王国と negotiatores――ローマ共和政期における〈クリエンテル王国〉の一断面」『躍動する古代ローマ世界――支配と解放運動をめぐって』倉橋良伸・栗田伸子・田村孝・米山宏史編　理想社 2002年
・栗田伸子「〈ローマの和平〉とアフリカ社会」『ギリシアとローマ――古典古代の比較史的考察』弓削達・伊藤貞夫編　河出書房新社　1988年
・吉村忠典『支配の天才ローマ人』（人間の世界歴史４）三省堂　1981年
・吉村忠典『古代ローマ帝国の研究』岩波書店　2003年
・歴史学研究会編『古代地中海世界の統一と変容』（地中海世界史１）　青木書店　2000年
・アラン・ロイド『カルタゴ――古代貿易大国の滅亡』六本彰子訳　河出書房新社　1983年
・ストラボン『ギリシア・ローマ世界地誌』全２巻　飯尾都人訳、龍渓書舎　1994年
・P. MacKendrick, *The North African Stones Speak*, London, 1980.
・S. Raven, *Rome in Africa*, London, 1969.
・J. Rich, G. Shipley(eds.), *War and Society in the Romen World*, London; New York, 1993.
・J.S. Richardson, *The Romans in Spain*, Oxford, 1996.

第6章
- 佐藤育子「碑文史料にみられるカルタゴの政務職について」『史艸』33号 1992年
- 佐藤育子「カルタゴにおける幼児犠牲——その現状と課題をめぐって」『史艸』35号　1994年
- M. H. Fantar, *Kerkouane* (2nd ed.), Tunis, 2005.
- E. Lipiński(ed.), *Carthago* (Studia Phoenicia VI), Leuven, 1988.
- E. Lipiński, *Dieux et déesses de l'univers Phenicien et punique*(Studia Phoenicia XIV), Leuven, 1995.
- L. E. Stager, "Carthage: A View from the Tophet", in H. G. Niemeyer(ed.), *Phönizier im Western*, Mainz, 1982.
- H. Donner-W. Röllig, *Kanaanäische und Aramäische Inschriften* (KAI) I-III, Wiesbaden, 1973-79.
- *Corpus Inscriptionum Semiticarun* (CIS) Pars Prime, Paris, 1882-1962.

第7章
- 『プルターク英雄伝』四　川野与一訳　岩波文庫　1953年
- 『プルターク英雄伝』六　川野与一訳　岩波文庫　1954年
- ベルナール・コンベ＝ファルヌー『ポエニ戦争』石川勝二訳　白水社文庫クセジュ　1999年
- ポリュビオス『歴史』1（西洋古典叢書）城江良和訳　京都大学学術出版会 2004年
- ポリュビオス『世界史』全3巻　竹島俊之訳・編　龍渓書舎　2004～2007年
- B. Caven, *Dionysius I: War-lord of Sicily*, New Haven; London, 1990.
- R. R. Holloway, *The Archaeology of Ancient Sicily*, London; New York, 1991.
- B. D. Hoyos, *Unplanned Wars: the Origins of the First and Second Punic Wars*, Berlin: New York 1997.
- J. F. Lazenby, *The First Punic War*, London, 1996.
- S. Moscati, *L'Empire de Carthage*, Paris, 1996.
- F. Rakob, "Die internationalen Ausgrabungen in Karthago", in: W. Huss(hrsg. von), *Karthago*, Darmstadt, 1992.
- F. W. Walbank, *A Historical Commentary on Polybius*, 3vols., Oxford, 1957-1979.

第8章
- 栗田伸子「〈敵〉のイメージ——もう一つのポエニ戦争」『ローマ人の戦争』——名将ハンニバルとカエサルの軍隊」（世界の戦争２）古村忠典編　講談社　1985年

- R. Batti, "Mela's Phoenician Geography", *The Journal of Roman Studies* 90, 2000.
- E. Lipiński, *Itineraria Phoenicia*, (Studia Phoenicia XVIII), Leuven, 2004.
- E. Rakob(hrsg. von). *Karthago: Die deutschen Ausgrabungen in Karthago*, II, Mainz, 1997.

第4章

- 桜井万里子「異形のギリシア世界――シチリア」『地中海世界と古典文明』（岩波講座世界歴史4）　岩波書店　1998年
- 平田隆一「ギリシアとローマの狭間――エトルリア」『地中海世界と古典文明』（岩波講座世界歴史4）　岩波書店　1998年
- トゥーキュディデース『戦史』上中下　久保正彰訳　岩波文庫　1966～1967年
- ヘロドトス『歴史』上中下　松平千秋訳　岩波文庫　1971～1972年
- ホメロス『オデユッセイア』上下　松平千秋訳　岩波文庫　1994年
- ポンペイウス・トログス　ユニアヌス・ユスティヌス抄録『地中海世界史』（西洋古典叢書）合坂学訳　京都大学学術出版会　1998年
- P. Cintas, *Manuel d'archéologie punique*, I, II, Paris, 1970, 1976.
- A. Ferjaoui, *Recherches sur les relations entre l'Orient phénicien et Carthage*, Fribourg Suisse; Göttingen ; Carthage Tunisie, 1993.
- E. Gubel, E. Lipiński, B. Servais-Soyes(eds.), *Redt Tyrus / Sauvons Tyr-Histoire Phénicienne / Fenicische Geschiedenis* (Studia Phoenicia I-II), Leuven, 1983.

第5章

- アリストテレス『政治学』山本光雄訳　岩波文庫　1961年
- エドワード・ギホン　『図説ローマ帝国衰亡史』吉村忠典・後藤篤子訳　東京書籍 2004年
- プラウトゥス『ローマ喜劇集』3（西洋古典叢書）木村健治・岩谷智・竹中康雄・山沢孝至訳　京都大学学術出版会　2001年
- W. Ameling, *Karthago: Studien zu Militär, Staat und Gesellschaft*, München, 1993.
- G. Camps, *Berberès: aus marges de l'histoire*, Toulouse, 1980.
- J. Carcopino, *Le Maroc antique*, Paris, 1943.
- V. Krings, *Carthage et les Grecs c.450-480 av. J.-C.: texes et histoire*, Leiden; Boston; Köln, 1998.
- C. Picard, "Les navigations de Carthage vers l'ouset. Carthage et le pays de Tharsis aux VIII-VI siècles," in H. G. Niemeyer(ed.), *Phönizier im Westen*, Mainz, 1982.

・杉本智俊『図説聖書考古学　旧約篇』河出書房新社　2008年
・周藤芳幸『古代ギリシア　地中海への展開』京都大学学術出版会　2006年
・山田雅道「アマルナ文書とその世界（１）～（５）」『古代オリエント』第58号、59号、61号～63号　日本放送協会学園　1999年～2000年
・H・クレンゲル『古代シリアの歴史と文化——東西文化のかけ橋』江上波夫・五味亨訳　六興出版　1991年
・W. Burkert, *The Orientalizing Revolution: Near Eastern Influence on Greek Culture in the Early Archaic Age*, CambridgeMS, London, 1992.
・*Bulletin of the American Schools of Oriental Research* 279, Baltimore, 1990
・W. L. Moran, *The Amarna Letters*, Baltimore, 1992.
・J. Sasson(ed.), *Civilizations of the Ancient Near East*, New York, 1995.

第2章
・泉拓良他「レバノン共和国ティール遺跡の学術調査」『今甦る古代オリエント・2003：第11回西アジア発掘調査報告会報告集』2004年
・小川英雄・山本由美子『オリエント世界』（世界の歴史４）中央公論社　1997年
・高橋正男『旧約聖書の世界——アブラハムから死海文書まで』時事通信社　1990年
・月本昭男『目で見る聖書の時代』日本基督教団出版局　1994年
・H・クレンゲル『古代オリエント商人の世界』江上波夫・五味亨訳　山川出版社　1983年
・ヨセフス『アピオーンへの反論１』秦剛平訳　山本書店　1977年
・ヨセフス『ユダヤ古代史２～３』秦剛平訳　筑摩学芸文庫　1999年
・J. D. Grainger, *Hellenistic Phonicia*, New York, 1991.
・D. Harden, *The Phonicians* (2nd ed.), Harmondsworth, 1980.
・N. Jidejian, *Tyre though the Ages*, Beirut, 1969.
・H. J. Katzenstein, *The Hisroty of Tyre* (2nd ed.), Jerusalem, 1997.

第3章
・アッリアノス『アレクサンドロス大王東征記』上下　大牟田章訳　岩波文庫　2001年
・アポロドーロス『ギリシア神話』高津春繁訳　岩波文庫　1978年
・スエトニウス『ローマ皇帝伝』上　国原吉之助訳　岩波文庫　1986年
・ディオドロス『神代地誌』（付・ポンポニウス・メラ「世界地理」、プルタルコス「イシスとオリリス」飯尾都人訳　龍渓書舎　1999年
・T・ブルフィンチ『ギリシア神話と英雄伝説』上下　佐渡谷重信訳　講談社学術文庫　1995年

參考文獻

為了準備本書而參照的文獻當中，以重要度高、容易取得且以日文撰寫的為主進行列舉。另外，各章的參考文獻由各章執筆者提出。

貫穿全書主題的作品

- 楠田直樹『カルタゴ史研究序説』青山社　1997 年
- 栗田伸子「アフリカの古代都市——カルタゴ」『地中海世界と古典文明』樺山紘一他編（岩波講座世界歴史４）岩波書店　1998 年
- 長谷川博隆『カルタゴ人の世界』講談社学術文庫　2000 年
- アズディンヌ・ベシャウシュ（森本哲郎監修）『カルタゴの興亡——甦る地中海国家』藤崎京子訳　創元社　1994 年
- ゲルハルト・ヘルム『フェニキア人——古代海洋民族の謎』関楠生訳　河出書房新社　1976 年
- G. E. マーコウ『フェニキア人』片山陽子訳　創元社　2007 年
- マドレーヌ・ウルス＝ミエダン『カルタゴ』高田邦彦訳　白水社文庫クセジュ　1996 年
- マリマ＝ジュリア・アマダジ＝グッゾ『カルタゴの歴史——地中海の覇権をめぐる戦い』石川勝二訳　白水社文庫クセジュ　2009 年
- M. E. Auber, *The Phoenicians and the West* (2nd ed., trans.), Cambridge, 2001.
- S. Gsell, *Histoire ancienne de l'Afrique du Nord*, I-VIII, Paris, 1921-1928, rep., Osnabrück, 1972.
- M. H. Fantar, *Carthage*, 2vols., Tunis, 1993.
- W. Huss (hrsg. von), *Karthago*, Darmstadt, 1992.
- S. Lansel, *Carthage*(trans.), Oxford, 1995.
- S. Moscati(ed.), *The Phoenicians*, London; New York, 2001.
- G. C. Picard, C. Picard, *The Life and Death of Carthage*, London, 1968.

第 1 章

- 大貫良夫他『人類の起源と古代オリエント』（世界の歴史 I）中央公論社　1998 年
- 岡田泰介『東地中海世界の中の古代ギリシア』（世界史リブレット 94）山川出版社　2008 年
- 杉勇他訳『古代オリエント集』（筑摩世界文学大系 1）筑摩書房　1978 年

哈斯德魯巴（Hasdrubal）
①馬果「王朝」的馬果之子。哈米爾卡的兄弟或伯父。奪回薩丁尼亞時受傷死去。迦太基的國王。②哈米爾卡・巴卡的女婿。繼承西班牙的巴卡家族統治，建設了新迦太基城。與羅馬締結厄波羅條約。③哈斯德魯巴・巴卡。哈米爾卡・巴卡之子，名將漢尼拔的弟弟。於第二次布匿戰爭中戰死。④吉斯戈之子哈斯德魯巴。第二次布匿戰爭末期的領導者。索芙妮絲芭的父親。⑤第三次布匿戰爭，迦太基滅亡時的領導者。投降於小西庇阿。⑥努米底亞王馬西尼薩之女和迦太基貴族所生。

哈米爾卡（Hamilcar）
①馬果「王朝」的馬果之子或之孫的哈米爾卡。遠征西西里，於西元前四八〇年在希梅拉戰役中死去。迦太基的「國王」。②西元前四世紀末擔任馳援錫拉庫薩救援軍的將軍，與阿加托克利斯聯手。③吉斯戈之子。西元前四世紀遠征西西里，攻破阿加托克利斯，包圍了錫拉庫薩，但被捕遭殺害。④哈米爾卡・巴卡。名將漢尼拔之父。第一次布匿戰爭末期以來開始活躍，為巴卡一派的領導者。

漢尼拔（Hannibal）
①西元前四一〇年西西里戰爭的司令官。馬果「王朝」哈米爾卡（於希梅拉死去）的孫子。吉斯戈之子。②漢尼拔・巴卡。第二次布匿戰爭的主角、名將。哈米爾卡・巴卡之子。哈斯德魯巴及馬果之兄。③第三次布匿戰爭前夕親努米底亞派的指導者。綽號「椋鳥」。

漢諾（Hanno）
①馬果「王朝」的哈米爾卡（於希梅拉死去）之子，漢諾・薩培里烏斯（Hanno Sabellius）。②指揮漢諾航海的國王。有些學說認為與①為同一人。③西元前四世紀對西西里主戰派的領導者，被稱為大（偉大的）漢諾。④第一次布匿戰爭末期、傭兵戰爭時期的寡頭派領導者，為哈米爾卡・巴卡的勁敵。被稱為大漢諾。⑤第三次布匿戰爭前夕的寡頭派領導者。他也曾被稱為大漢諾。

龐伯尼斯・梅拉（Pomponius Mela，生卒年不詳，1 世紀）
出身伊比利半島的地理學者。著有以拉丁語寫成的三冊《地誌》（*De Chorographia*），系統性地描述諸大陸及海洋的地理位置，被認為也有可能是基於世界地圖進行描述的作品。

查士丁（Justinus，西元 2 ～ 3 世紀左右，也有說法認為是 4 世紀）
著有特洛古斯《腓力比史》的抄錄。雖然忠於原文，但也包含了他本身的觀點。

蒂托・李維（Titus Livius，西元前 59 ～西元 17 左右）
羅馬歷史家。出身義大利北部帕塔維姆（Patavium，今帕多瓦〔Padua〕）。著有一百四十二冊的《羅馬史》（*Ab Urbe Condita Libri*，書名意為從羅馬建城開始〔Books from the Foundation of the City〕），現僅存一到十卷及二十一到四十五卷。唯除一百三十六卷、一百三十七卷之外仍留有摘要（西元四世紀時彙整）。為布匿戰爭相關的基本史料。

●腓尼基、迦太基的人名　腓尼基、迦太基的人許多同名，容易混亂。本書僅針對書中出現的著名人物進行說明。

希蘭（Hiram）
①推羅王。在位期間西元前九六九～前九三六年。和以色列所羅門王友好，兩者共同開啟海運事業於紅海進行貿易。同為推羅王，在位期間西元前七三九～前七三〇年，與亞述提格拉特・帕拉沙爾三世為同時代國王。③同為推羅王，在位期間西元前五五一～前五三二年，和阿契美尼德王朝波斯的居魯士二世同時代。

謁巴力（Ethbaal）
①推羅王。在位期間西元前八八七～前八五六年。施行積極的對外政策，推進推羅的海外發展，讓女兒耶洗別和以色列的亞哈結婚。②同為推羅王。在位期間西元前五九〇～前五七三年。統治期間中推羅遭到新巴比倫的尼布甲尼撒二世包圍十三年，最終投降。

馬果（Mago）
①西元前六世紀後半馬果「王朝」的創始者。②前四世紀的將軍，受百人會召喚問罪，自殺。③馬果・巴卡。哈米爾卡・巴卡的兒子，漢尼拔的弟弟。參加了第二次布匿戰爭。④農業書的作者。生卒年不詳，有西元前六世紀、前四世紀末、前三世紀等諸說法。

費比烏斯・皮克托爾（Fabius Pictor，生卒年不詳，西元前 3 世紀）
最早的羅馬人歷史家。元老院議員。以希臘語記錄從羅馬建國到第二次布匿戰爭期間為止的羅馬史。其著作現已不存，但李維在《城市建設以來的歷史（羅馬史）》中有引用一部分。被認為受到提麥奧斯的影響。

菲林諾斯（Philinus，生卒年不詳）
出身西西里島阿格拉加斯的希臘人歷史家。以撰寫了「親迦太基」的史書而聞明，波利比烏斯一方面引用此書一方面加以批評。他所記錄迦太基與羅馬之間的第三次條約（可能在西元前三〇六年），據信包含了禁止迦太基進攻羅馬與禁止羅馬進攻西西里的條款。

弗拉維奧・約瑟夫斯（Flavius Josephus，約 37 ～ 100 左右）
猶太出身的歷史家。擔任猶太教的祭司，在西元七〇年耶路撒冷淪陷前身為領導者之一，但拒絕對羅馬進行抵抗戰爭。將自己經驗過的猶太戰爭撰寫成七冊《猶太戰記》（*The Jewish War*），此外尚著有《猶太古史》（*Antiquities of the Jews*）二十冊、為猶太教辯護的《駁斥阿比安》（*Against Apion*）。

普勞圖斯（Plautus，生卒年不詳，西元前二世紀前半）
羅馬喜劇作家。他的作品算是以完整型態被保存下來的最早拉丁語作品。據信他撰寫多達一百三十篇喜劇，現存的共有二十一篇。許多是改編自所謂希臘新喜劇的作品。

波利比烏斯（Polybius，西元前 200 ～前 120 左右）
麥加洛波里斯（Megalopolis）出身的希臘歷史家。父親李克塔斯（Lycortas）為亞該亞同盟的領導者之一。第三次馬其頓戰爭羅馬擊敗馬其頓國王珀爾修斯之後，亞該亞同蒙送出一千名人質前往羅馬，波利比烏斯也是其中一人，之後作為小西庇阿的家庭教師，成為西庇阿集團（Scipionic Circle）的一員。隨行小西庇阿出征伊比利半島及非洲（第三次布匿戰爭），親眼目擊迦太基的滅亡。他的主要著作《歷史》四十冊當中目前僅有第一到第五冊以完整的形式保留下來，加上其他斷簡殘篇，今天仍保留了大概三分之一左右，屬於布匿戰爭的基本史料。

龐培烏斯・特洛古斯（Pompēius Trōgus，生卒年不詳，西元前 1 世紀後半～ 1 世紀前半）
出身納博訥高盧（Gallia Narbonensis）的羅馬作家，著有四十四冊《腓力史》（*Philippic Histories*），唯目前僅存查士丁整理抄錄的版本。內容包含了從亞述時代到奧古斯都皇帝時代的羅馬史，算是一種地中海世界史，為迦太基的基本史料之一。

維吉爾（Vergilius，西元前 70 ～前 19）
羅馬詩人。從羅馬共和末期到帝政初期的拉丁語文學黃金時代中最知名的詩人。代表作《埃涅阿斯記》（*Aeneis*）為敘事詩，記錄了從特洛伊被攻陷後逃亡的埃涅阿斯經過大量苦難後建立了與羅馬有著淵源的拉維尼（Lavinium）城經過。

埃福羅斯（Ephorus，西元前 405 ～前 330 左右）
出身小亞細亞庫梅的希臘人歷史家。作品《歷史》現已不存，但為狄奧多羅斯主要的引用文獻之一。作品省略了神話時代，自「海克力士之子們」的歸還起，一直記錄到自己所處的時代，被視為是最早具備世界史性質的敘事。波利比烏斯也有參照此作品。

撒路斯提烏斯（Sallustius，西元前 86 ～前 35 左右）
羅馬共和政治末期的歷史學家。出身於薩賓地方的阿米特努（Amiternum）。元老院議員。內亂期擔任凱撒的部將成為羅馬新亞非利加省（Africa Nova）的總督。著作有兩本專著《朱古達戰爭》（*Jugurthine War*）、《喀提林陰謀》（*Bellum Catilinae*），以及處理西元前七八年以降歷史的《歷史》（*Histories*）。

賽列努斯（Silenus，生卒年不詳）
出身西西里島的希臘人歷史家。與出身斯巴達的歷史家一起參加了索緒羅斯（Sosylus）一同隨漢尼拔參加了義大利遠征，並寫下了官方歷史，成為波利比烏斯和李維烏斯使用的史料。

（西西里的）狄奧多羅斯（Diodorus Siculus，西元前 80 ～前 20 左右）
出身西西里的阿吉理翁（Agyrion），希臘人歷史學家。主要著述為四十冊的《歷史叢書》（*Bibliotheca Historica*），是從神話時代一直記錄到西元前六〇年為止的世界全史，現僅存第一到第五卷、第十一到第二十卷。埃福羅斯、菲利斯托斯（Philistus）和提麥奧斯等皆有把他今日已不存的部分當作史料使用，並且沒有多加修改，因此特別珍貴。

提麥奧斯（Timaeus，西元前 350 ～前 260 左右）
西西里陶爾米納（Tauromenium）出身的希臘人歷史家。與阿加托克利斯對立而逃亡到雅典。西地中海的希臘歷史學家中最為重要的一人，但著作僅存殘篇。主要著作《西西里史》三十八卷，記錄從從神話時代到阿加托克利斯之死（西元前二八九／八年）為止的期間，其他還有著有記錄皮洛士戰爭與第一次布匿戰爭開始之前的事件史。波利比烏斯則由提麥奧斯擱筆之處接著開始書寫。

人名、作家名一覽

●希臘、羅馬的作家 僅列舉本書中提及的人物。

阿庇安（Appianus，西元 1 世紀末～ 160 年代）
出身埃及亞歷山卓城的希臘人歷史學家。取得羅馬公民權以騎士身分活躍。將羅馬歷史按照被征服民族、地區撰寫成二十四冊書籍。據信採用波利比烏斯等著作為史料，現存的有包括漢尼拔戰爭、第三次布匿戰爭、伊比利半島上的戰爭等部分。

阿里安（Arrianus，86 ～ 160 年左右）
出身於比提尼亞的尼科米底亞（Nicomedia），希臘裔的歷史家。因為羅馬皇帝哈德良（Hadrianus）之故得以晉身羅馬元老院議員。雖著有《比提尼亞誌》（Bithyniaca）、關於羅馬皇帝圖拉真（Trajanus）東征的著述（《帕提亞（Parthica）誌》）等書，但今已不存。主要著作為《亞歷山大遠征記》，記錄了亞歷山大大帝自即位起至死去為止共七卷。另外還有《印度記》，現存。

阿波羅多洛斯（Apollodorus，生卒年不詳，約在西元 1 世紀或 2 世紀）
除《希臘神話》作者之外，其他經歷不明。

亞里斯多德（Aristoteles，西元前 384 ～前 322）
生於哈爾基季基半島（Chalcidice）的希臘哲學家，柏拉圖的學生，呂刻昂學園（Lyceum，逍遙學派）的創始者。其著述《政治學》原標題是帶有《關於城邦的事務》（*The Things Concerning the Polis*）之意，論及古代的城邦的國家制度並探求有可能實現的最佳國家型態。第二卷中提及了迦太基的國家制度。

伊索克拉底（Isocrates，西元前 436 ～前 338）
希臘辯論家。雅典民主政治後半期的辯論家，也是著名修辭學者。以希臘人（Hellēnes）應大團結與野蠻人一戰的演說最為知名。據說他賦予馬其頓國王腓力二世發動對波斯戰爭的想法。

維萊伊烏斯．帕特爾庫魯斯（Velleius Paterculus，西元前 20/19 年～卒年不詳）
羅馬帝國政治初期的著述家。元老院議員。著有《羅馬史》，記錄了從特洛伊被攻陷到皇帝提貝里烏斯（Tiberius）的統治時代。

西元前	迦太基、腓尼基世界	西亞和世界
216	漢尼拔取得坎尼戰役的勝利	
215	漢尼拔和馬其頓的腓力五世締結同盟條約	第一次馬其頓戰爭（～205）
202	札馬戰役，漢尼拔敗於羅馬的大西庇阿	中國漢朝成立
201	迦太基和羅馬締結談和條約	
200		第二次馬其頓戰爭（～196）
198	推羅脫離托勒密王朝的統治，進入塞琉古王朝敘利亞的統治下	
192		敘利亞戰爭（～188）
180左右		印度形成最初的統一國家
171		第三次馬其頓戰爭（～168）
149	第三次布匿戰爭（～146）	第四次馬其頓戰爭（～148）
146	迦太基滅亡	馬其頓成為羅馬的一省
64	敘利亞的塞琉古王朝被羅馬消滅	

西元前	迦太基、腓尼基世界	西亞和世界
332	推羅被馬其頓的亞歷山大大帝征服	
323		亞歷山大大帝死去
310	迦太基圍攻錫拉庫薩 錫拉庫薩僭主阿加托克利斯自卡本半島登陸，進攻非洲（～308或307）	
306	迦太基與羅馬更新條約	
304		羅馬在第二次薩莫奈戰爭中獲勝
295		羅馬在森提努姆戰役中戰勝伊特拉斯坎人和薩莫奈人的聯合大軍
279	因為對伊庇魯斯王皮洛士的戰爭，迦太基和羅馬形成軍事同盟	羅馬展開對皮洛士的戰爭（～274）
272		塔拉絲成為羅馬同盟國。羅馬完成對大希臘地區的征服
264	第一次布匿戰爭（～241）	
263	錫拉庫薩僭主希倫與羅馬友好	
261	羅馬軍奪取阿格拉加斯	
260或259	迦太基海軍徹底敗給羅馬海軍（米列海戰）	
256	羅馬軍隊登陸非洲，占領突涅斯，進逼迦太基城	
249	迦太基艦隊在德雷帕那海戰中戰勝羅馬	
242	埃古薩外海（埃加特斯外海）海戰中羅馬獲勝	
241	迦太基敗給羅馬，喪失西西里島。迦太基爆發傭兵（利比亞）戰爭	
237	迦太基放棄薩丁尼亞島 哈米爾卡・巴卡抵達加地斯。巴卡家族開始統治西班牙	
229或228		羅馬在第一次伊利里亞戰爭中獲勝
226或225	哈斯德魯巴和羅馬締結厄波羅條約	
221		秦始皇統一中國
219	漢尼拔攻陷薩貢圖姆	第二次伊利里亞戰爭
218	第二次布匿戰爭（～201）。漢尼拔翻越阿爾卑斯山。在提基努斯河戰役、特雷比亞戰役中獲勝	
217	漢尼拔在特拉西美諾湖戰役中獲勝	

西元前	迦太基、腓尼基世界	西亞和世界
480	迦太基在與錫拉庫薩僭主希倫的戰爭中敗北（希梅拉戰役） 迦太基船前往非洲大西洋沿岸探險（漢諾的航海）	薩拉米斯海戰中波斯海軍敗給雅典海軍
5世紀中葉	希臘人史學家希羅多德至推羅造訪美刻爾神廟	羅馬完成十二銅表法
415		雅典開始遠征西西里（～413）
410	馬果家的漢尼拔應塞傑斯塔城邦要求派兵西西里，占領塞利農特和希梅拉（～409）	
410～390	迦太基開始發行金屬貨幣	
406	希米爾卡率領迦太基軍占領、破壞阿格拉加斯	
405	錫拉庫薩僭主狄奧尼西歐斯一世和迦太基談和	
404		埃及反叛波斯恢復獨立
403		中國開始戰國時代（～221）
397	迦太基統治下的莫提亞島因狄奧尼西歐斯一世的攻擊而遭毀壞，逃離的難民建立了利利俾	
396	迦太基圍攻錫拉庫薩，但軍隊因流行病而毀滅，希米爾卡自殺（馬果「王朝」統治結束）	
370年代	迦太基轉移成寡頭政治	
368	漢諾掌握迦太基權力，對西西里再次發動戰爭（～367）	
367		羅馬通過李西尼亞．薩克斯提亞法案
4世紀中葉	迦太基元老院將漢諾家族全體處死	
351或350	西頓和埃及聯手反叛波斯。 因為波斯徹底的報復導致西頓喪失在腓尼基諸城邦內的領導優位	
348	迦太基和羅馬締結第二次條約	
345	迦太基軍打算再度介入西西里而登島	
338	迦太基在與科林斯的泰摩利昂作戰中戰敗，簽訂合約	羅馬征服了拉丁姆地方
334		馬其頓的亞歷山大大帝開始遠征東方

西元前	迦太基、腓尼基世界	西亞和世界
734左右		希臘人進入西西里島殖民，建立奈克索斯及錫拉庫薩
730～720年代	開始正式殖民迦太基	
721		以色列王國滅亡
701	腓尼基諸城因亞述王辛那赫里布遠征而背叛推羅，推羅王盧利（埃魯萊歐斯）逃亡至賽普勒斯。亞述在西頓成立傀儡政權，推羅和西頓的共主聯邦結束	
671		亞述王以撒哈頓遠征埃及
7世紀左右		馬其頓王國建國
7世界中葉	推羅王巴力一世雖反叛亞述王亞述巴尼拔，卻遭包圍而投降	
655		埃及第26王朝，反叛亞述
654	迦太基人於伊比薩島建設殖民城市	
612		尼尼微被攻陷，亞述滅亡
7世紀末	腓尼基人順時針方向繞非洲航行	
600左右		佛卡亞人建立馬西利亞
586		猶大王國屈服於新巴比倫王國（巴比倫囚虜）
6世紀初	推羅遭新巴比倫王尼布甲尼撒二世圍攻13年	
564	推羅王政中斷7年	
6世紀中葉	迦太基的馬爾庫斯將軍政變失敗	
551左右		孔子誕生
550左右	馬果家族開始統治迦太基	
540或535	阿萊里亞海戰後伊特拉斯坎人與迦太基掌握西地中海的制海權	
539		新巴比倫王國遭波斯阿契美尼德王朝消滅
525		波斯征服埃及（～404）
509或508	迦太基和成立共和政體的羅馬簽訂第一次的條約	
492		波斯戰爭（～449）
490		波斯在馬拉松戰役中大敗給雅典軍隊

年表

西元前	迦太基、腓尼基世界	西亞和世界
15世紀	迦南的城邦發展活躍	
14世紀	烏加里特全盛期	阿瑪納時代（西元前14世紀前半～中葉）
1190或1184		特洛伊戰爭
1110或1104左右？	建設加地斯、烏蒂卡	
12世紀末～11世紀初期		亞述對地中海方面展開首次的遠征
1070左右	溫阿蒙造訪腓尼基	
11世紀末		古以色列（希伯來）王國建國
10世紀	推羅的希拉姆一世和以色列的所羅門王建立友好關係。共同從事紅海方面貿易	亞述的亞述・丹二世重新對周邊諸國展開遠征
926		以色列王國分裂成北邊的以色列王國和南邊的猶大王國
924		埃及第22王朝的舍順克一世展開巴勒斯坦遠征
887	謁巴力一世篡奪希蘭王朝的王位（～856） 推羅、西頓形成共主聯邦 謁巴力一世在腓尼基的波特里和利比亞的奧薩建設殖民城市	北王國以色列王暗利的兒子亞哈，迎娶謁巴力的女兒耶洗別
853	包含阿拉朵斯在內的腓尼基諸城邦12王國聯合軍隊，反叛亞述（夸夸戰役）	
814或813	根據傳說愛麗莎建立了迦太基	
～800左右	以推羅為中心的腓尼基人貿易網絡確立，範圍從海琴海到地中海西方為止。	
770		中國春秋時代開始
753		傳說中羅馬建國
738左右	除了比布魯斯之外，北部腓尼基沿海城市皆併入亞述的屬省	

興亡的世界史 04

迦太基與海上商業帝國

非羅馬視角的六百年地中海史

通商国家カルタゴ

迦太基與海上商業帝國：非羅馬視角的六百年地中海史
栗田伸子、佐藤育子著／黃耀進譯／初版／新北市／八旗文化出版／遠足文化發行／二〇一九年二月
譯自：通商国家カルタゴ
ISBN 978-957-8654-43-3（精裝）
一、古羅馬 二、歷史
740.2236 107021861

作者 栗田伸子、佐藤育子
日文版編輯委員 青柳正規、陣內秀信、杉山正明、福井憲彥
譯者 黃耀進

總編輯 富察
責任編輯 穆通安、張乃文
企劃 蔡慧華
封面設計 莊謹銘
排版設計 宸遠彩藝
彩頁地圖繪製 青刊社地圖工作室（黃清琦）
社長 郭重興
發行人兼出版總監 曾大福
出版發行 八旗文化／遠足文化事業股份有限公司
地址 新北市新店區民權路 108-2 號 9 樓
電話 〇二～二二一八～一四一七
傳真 〇二～八六六七～一〇六五
客服專線 〇八〇〇～二二一～〇二九
信箱 gusa0601@gmail.com
臉書 facebook.com/gusapublishing
部落格 gusapublishing.blogspot.com
法律顧問 華洋法律事務所／蘇文生律師
印刷 成陽印刷股份有限公司
出版日期 二〇一九年二月（初版一刷）
二〇二〇年四月（初版五刷）
定價 五五〇元整